RENEWALS 458-4574

OBRA POÉTICA

I

WITHDRAWN
UTSA LIBRARIES

CM
CLÁSICOS MADRILEÑOS

Esta edición de la

OBRA POÉTICA DE JUAN JOSÉ DOMENCHINA

contiene:

VOLUMEN I

DEL POEMA ETERNO (1917) - LAS INTERROGACIONES DEL SILENCIO (1918) - POESÍAS ESCOGIDAS. CICLO DE MOCEDAD. 1916-1921 (1922) - LA CORPOREIDAD DE LO ABSTRACTO (1929) - EL TACTO FERVOROSO. 1929-1930 (1930) - DÉDALO (1932) - MARGEN (1933) - POESÍAS COMPLETAS. 1915-1934 (1936)

VOLUMEN II

POESÍAS ESCOGIDAS. 1915-1939 (1940) - DESTIERRO (1942) - PASIÓN DE SOMBRA (1944) - TRES ELEGÍAS JUBILARES (1946) - EXUL UMBRA (1948) - PERPETUO ARRAIGO. 1939-1949 (1949) - LA SOMBRA DESTERRADA (1950) - NUEVE SONETOS Y TRES ROMANCES (1952) - EL EXTRAÑADO (1958) - OTROS POEMAS (1936-1953)

JUAN JOSÉ DOMENCHINA

Obra poética

VOLUMEN I

Edición e introducción
de
AMELIA DE PAZ

Presentación a cargo de
EMILIO MIRÓ

EDITORIAL CASTALIA

Comunidad de
Madrid

Copyright © Ernestina de Champourcin, 1995
© Comunidad de Madrid - Consejería de Educación y Cultura, 1995
© Editorial Castalia, 1995
Zurbano, 39 - 28010 Madrid - Tel.: 319 89 40

Ilustración de cubierta: *Violín y guitarra* (detalle).
© Juan Gris, VEGAP, 1995
Diseño: Víctor Sanz

Maquetación: SLOCUM (Madrid)
Impreso en España - Printed in Spain
Unigraf, S. A. - Móstoles (Madrid)
ISBN: 84-7039-714-1 (vol. I)
84-7039-713-3 (O.C.)
ISBN Com. de Madrid: 84-451-1050-0 (vol. I)
84-451-1054-3 (O.C.)
Depósito legal: M. 17.103-1995

Queda prohibida la reproducción total o parcial de este libro, su
inclusión en un sistema informático, su transmisión en cualquier forma
o por cualquier medio, ya sea electrónico, mecánico, por fotocopia,
registro u otros métodos, sin el permiso previo y por escrito de los
titulares del *Copyright*.

Library
University of Texas
at San Antonio

SUMARIO

A Antonio Carreira

LA RESTITUCIÓN DE UN POETA EXPATRIADO

Nacido en 1898 –como Lorca, Aleixandre, Alonso, Concha Méndez y Rosa Chacel–, el madrileño Juan José Domenchina pertenece a esa amplia generación artística, literaria, que alcanzó una cima de creatividad y renovación estética en las postrimerías monárquicas y en los años vibrantes y esperanzados de la segunda república española. Fue, ciertamente, un poeta del 27, pero no del reducido grupo amistoso –más o menos–, la nómina canónica de ocho o diez poetas que, habitual y pertinazmente, se suele confundir con dicha generación. Con seis poemarios publicados entre 1917 y 1933, comentado y elogiado por nombres muy diversos, desde Azorín hasta Enrique Díez-Canedo, y, sobre todo, por su amigo y mentor, Juan Ramón Jiménez, J. J. Domenchina confirmó su valía y significación creadoras en 1934, al ser incluido por Gerardo Diego en su segunda, fundamental, *Antología (Contemporáneos)*. Allí, en su Poética, defendía la voz, el *numen*, original e intransferible, identificado por él con un término recurrente en el breve texto: «*Numen* propio es acento propio. Lo esencial es el acento. Un poeta sin acento propio, inconfundible, no es tal poeta. En poesía solo lo estrictamente personal es valedero».

Ya editadas sus *Poesías completas (1915-1934)*, en 1936, el fin de la guerra y la derrota supusieron un antes y un después para el escritor madrileño: un tajo cruel que nunca cicatrizaría por completo en los veinte años restantes de su vida, en la desgarradura del exilio. Convertido en una *sombra desterrada*, en un *extrañado*, su supervivencia mejicana alienta, temblorosa y trágica, en su voz lírica, en una serie de libros publicados entre 1942 y 1958, el año anterior a su muerte. Poemarios –sonetos, sobre todo; romances y otras formas poéticas– henchidos de nostalgia española, de soledad y sufrimiento insoportables, como en los desolados octosílabos –casi en carne viva– del romance «Mal de Castilla»:

11

Me pesan los pies, los ojos,
la voz, el huelgo, la sangre.
....
No lloro. Al crujir en seco
se resquebraja mi carne.
....
Pero yo no tengo llanto
que me moje y que me salve.
Mi soledad de Castilla,
mal de ausencia inconllevable,
....

Su queja –más bien, quejido– insistente, la desazón de un
hombre partido y vaciado, desposeído de su ser más íntimo, de
la circunstancia determinante de su yo («hombre quitado de su
sitio»), dio a luz, desde las propias tinieblas, una de las obras poéticas más intensas y personales de la España peregrina. En este
contexto de extrañamiento y arraigadura (*Perpetuo arraigo* tituló,
en 1949, uno de sus libros), Juan José Domenchina ahondó y alzó,
al mismo tiempo, su estatura humanísima de poeta, amasando
infortunio y lenguaje, desdicha personal y riqueza léxica, en «bru-
ñidos versos de añoranza irremisible» (con palabras de otro español del éxodo: Manuel Andújar). Un itinerario de orfandad casi
metafísica que se inició en junio de 1939 y concluyó el veintisiete
de octubre de 1959, «en la noche / interminable y dura» evocada
por su viuda, Ernestina de Champourcin, en el poema, de su libro
Primer exilio (1978), «El último diálogo».

La necesaria, ineludible recuperación de su obra poética se sitúa
en el marco amplio de rescate de nombres injustamente prete-
ridos, olvidados. De sutura de una vieja y profunda herida colectiva. Esta edición, por tanto, es un paso más en el rehacimiento de
las mutiladas señas de identidad de España y su cultura. Se une
a las de otros poetas desterrados, como Cernuda y Alberti, Prados
y Altolaguirre, Pedro Garfias, Champourcin y Rosa Chacel. Y no
desterrados: Fernando Villalón, Mauricio Bacarisse, José María
Hinojosa, etc. Poesías más o menos completas, antologías y estudios de estos y «otros poetas del 27», que van llenando huecos into-
lerables, completando el mapa de la creación poética en la primera
mitad de este siglo, y de una generación que no puede prescindir
de ninguno de sus componentes: desde las cumbres dominadoras
hasta los montes y montículos, pues todos ellos configuran la realidad e integridad del paisaje. En él no puede faltar quien fue fiel

a la poesía –su voz y su consuelo– durante más de cuarenta años, desde los barroquismos y conatos vanguardistas, la alianza de clasicismo y renovación, de sus libros de preguerra, hasta la palabra interiorizada, ensimismada, agónica y apasionada de sus años mejicanos, vividos «desviviéndose» en su «dolorido sentir», su casi infinito y telúrico destierro.

Sean, pues, bienvenidas a su tierra y a su pueblo las palabras reunidas de Juan José Domenchina, poeta del intelecto que terminó hablando, escribiendo, «como muerto en guerra, / desde una fosa, con mi voz de España».

EMILIO MIRÓ
Universidad Complutense de Madrid

INTRODUCCIÓN

I. VIDA Y OBRA

1

¡Lúcido frío de Madrid!
J. J. D.

Primeros años. Primeras obras

El dieciocho de mayo de 1898 nace Juan José Domenchina Moreu en un número, tal vez el ochenta, de la madrileña calle de Serrano. El domicilio familiar quedará fijado posteriormente en el cuarenta y ocho de la misma calle hasta la guerra civil. No existen precedentes literarios, y apenas perdura el afán especulativo de antaño en esta familia de posición holgada, a la que respaldan las rentas de algunas posesiones en Filipinas y una casa, propiedad de la abuela materna, en la calle Pelayo de Madrid. El *desastre* colonial ha consumado el final de una época. Juan José, futuro poeta consagrado en exclusiva al oficio literario, es –Christian Buddenbrook hispano– el último retoño, improductivo, con que la historia paga los afanes practicistas burgueses. La ausencia de apremios económicos proporcionará a los hijos, Mercedes y Juan José, una existencia cómoda –no sabemos si venturosa; la bonanza debió de verse enturbiada en 1907 por la muerte del padre, don Francisco Domenchina Gónima, ingeniero de Caminos–, y favorece la precoz afición de JJD a las letras. Según confesión propia –de dudosa credibilidad en el Domenchina de 1926–, hacia las fechas del fallecimiento paterno habría escrito ya un poema, bajo los efectos de una alta fiebre provocada por el sarampión. Su madre, doña Encarnación Moreu Batlle, que acompañará al poeta casi de por vida, sabrá suplir en estos primeros años la ausencia del padre.

Estudia Juan José en el madrileño Colegio Clásico Español y, tras breve pacto con los imperativos académicos, obtiene en 1913 el grado de Bachiller. Años después, durante la guerra, dará cobijo a un sacerdote del Colegio, quien legitima la unión de JJD con la poetisa Ernestina de Champourcin. Nada sabemos con certeza de la adolescencia del autor. El muchacho sensible, inquisitivo, que traslucen sus dos primeros libros, demasiado tempranos, sigue con fidelidad excesiva el prototipo de la época como para permitirnos ilusiones acerca de su autenticidad. Imaginarlo, como es de rigor, retraído y rebelde a un tiempo acaso no sea sino otra convención; lo cierto es que más adelante ostentará Juan José una feroz independencia, respuesta probable al ambiente mesocrático en que crece.

Ignoramos cuáles fueran sus primeras lecturas, seguramente desordenadas –la biblioteca de Domenchina, que podría habernos dado alguna pista, se perdió en la guerra–, pero antes de cumplir los veinte años considera su maestro a Ramón Pérez de Ayala. Debió, eso sí, de someterse por esta época a un riguroso aprendizaje de la lengua francesa; también estudiaría inglés, aunque sin tanta perfección. Con el tiempo llegará a dominar ambas literaturas, de las que será ocasional traductor. Pasa fugazmente por la Universidad, «universalmente muda para los que se niegan a oír su voz... docta» –dirá de ella con un dejo de ironía en *El extrañado*–, abandonando la carrera de Filosofía y Letras. El futuro escritor no tiene un porvenir claro. Se matricula –lo matriculan– en la Escuela Normal de Toledo a instancias de un tío suyo, a la sazón gobernador civil de la ciudad. Allí obtiene «por arte de birlibirloque» el título de Maestro Nacional, pero jamás se reconocerá «ni aprendiz de pedagogo».[1]

Entre los diecisiete y los diecinueve años escribe los poemas que constituyen su primer libro, *Del poema eterno*. Mimado de las letras como de la vida, publica muy pronto: en 1917, *Del poema eterno*; al año siguiente, otro poemario, *Las interrogaciones del silencio*. Entre 1921 y 1922, varios poemas inéditos en *La Pluma*, bajo los auspicios de Manuel Azaña y Cipriano Rivas Cherif. En

---

[1] Gerardo Diego, *Poesía española. Antología (contemporáneos)*. Madrid: Signo, 1934, p. 275. Los datos biográficos no documentados proceden de nuestras entrevistas con la viuda del poeta, Ernestina de Champourcin.

1922 *Las interrogaciones* van por su tercera edición. Ese mismo año –él tiene veinticuatro– ya se siente en condiciones de reunir y revisar su anterior obra (*Poesías escogidas. Ciclo de mocedad, 1916-1921*). Desde entonces irá anticipando en el semanario *España* poemas de un libro futuro, que piensa titular *Neurastenia,* y prepara un volumen de relatos, *El desorientado,* del que solo llegarán a editarse unos fragmentos bastante tiempo después.

Las dos primeras obras de Domenchina –sus particulares «borradores silvestres»–, participan del intimismo en que vino a parar la *manera* modernista con el último Rubén. Juan Ramón Jiménez, los Machado, Unamuno o González Martínez sabrán dar lo mejor de sí a partir de ese punto, recorriendo, de modos diversos, las galerías del alma. Para el bisoño Domenchina la introspección apenas pasa de ser un ejercicio adolescente, en el que Pérez de Ayala saludaría, con tanta generosidad como olfato, el inicio de una genuina vocación poética. Pertrechado con su experiencia libresca –«después de leer y pensar mucho», confiesa prosaicamente (poema nº 7 de nuestra edición)–, el poeta en ciernes explora los enigmas de la vida, el amor y la muerte con versos propios de un joven receptivo, pero que apenas tienen hoy otro interés –si no es el impecable cuidado de la forma– que el de constituir un documento histórico y psicológico. Buena parte de los lugares comunes de la época tienen cabida en ellos: el *pathos* de fin de siglo, la oposición, no resuelta, de los contrarios –expresada en *Las interrogaciones del silencio* por el contraste dialéctico entre el Alma y la Voz–, la noción de genio, un marcado fatalismo, los estados difusos de la conciencia, el erotismo cósmico y hasta blasfemo. No sabemos si la publicación de estos libros prematuros beneficiaría a Juan José. Sus tanteos iniciales no tienen la madurez que por las mismas fechas demuestra en su primer poemario el también jovencísimo Mauricio Bacarisse (*El esfuerzo,* 1917), pronto malogrado, y tan desconocido hoy, por lo demás –a pesar de la reciente edición de su poesía–, como el propio Domenchina. El tono candoroso de sus comienzos más adelante habrá de causarle rubor.

Pero casi simultáneamente a la aparición de *Las interrogaciones del silencio,* empieza Domenchina a afirmar sus pasos. Toda una década le llevará la elaboración minuciosa de su obra más singular de preguerra, finalmente titulada *La corporeidad de lo abstracto,* y no *Neurastenia,* en los antípodas de las anteriores. Serán tiempos de trabajo intenso y, ya para siempre, autónomo, porque «en poesía solo puede entenderse por unión la eficaz congregación

lírica de los elementos de un poema para el logro del mismo. [...]
No es posible creer –lo repetimos hasta la saciedad– en la eficacia
artística de los grupos».[2] Fastidiado «con las exhibiciones trabajo-
samente excéntricas de los acróbatas del ultraísmo», ensaya en
solitario, como José Moreno Villa, el propio Bacarisse, Antonio
Espina o Ramón de Basterra por esos años, otros caminos.

No obstante, Domenchina aprovecharía el fecundo clima intelectual del Madrid de la época más de lo que su aversión manifiesta hacia los cenáculos literarios pueda dar a entender. En 1923
comienza su amistad con Manuel Azaña, de tan amplias consecuencias vitales para Juan José. Al año siguiente conoce en
Madrid a Enrique González Martínez; algún tiempo después, a
Martín Luis Guzmán, en la redacción del diario *La Voz*. Asiste a
las reuniones que el pintor Valentín de Zubiaurre celebra en su
estudio de la calle Cedaceros. Allí coincide con Ernestina de
Champourcin, por mediación de la cual Domenchina inicia una
curiosa e intensa relación, telefónica, con Juan Ramón Jiménez.
De la obra y el carácter de todos ellos, como de tantos otros, dejará
testimonio en prosa y algún homenaje lírico. Frecuenta la tertulia
del Café Regina, a la que acuden también el propio Azaña, C.
Rivas Cherif, «Sindulfo de la Fuente», Araquistáin, Díez-Canedo,
Pedroso, Espina, Valle-Inclán, P. Masip, «Juan de la Encina», Max
Aub y, ocasionalmente, Pío Baroja. Pasa los veranos en su finca
familiar de Pozuelo.

En 1926 se estrena Juan José como narrador con la inclusión de
un relato, *El hábito,* en las populares series de La Novela Mundial. La obra, publicada en el mismo número que *Una mujer,* de
Gorki, narra las peripecias de un neurasténico en el que ya se presiente a Arturo, el protagonista de su próxima novela, *La túnica
de Neso,* mucho más ambiciosa. Empiezan entonces los anun-
cios de proyectos nunca realizados: un volumen de poesías eróticas
–*El mármol y el bronce*–, y un drama, en prosa, en tres actos. La
autoexigencia de Domenchina irá aumentando poco a poco el catá-
logo de promesas incumplidas en varios géneros (*Un idilio simu-
lado, La familia Anssorena, Cisterna, Anodina y Nataniel, Fray
Toribio de Benavente, Viento y marea, El Político*).

Ausente de los actos de homenaje a Góngora en 1927, da, sin
sospecharlo, un paso decisivo hacia el olvido que hoy padece.

---

[2] J. J. D., «Poesía española contemporánea», *Romance*, XXIV (31-V-1941), p. 5.
La siguiente cita procede del mismo artículo.

La superación del modernismo

Tan cierto como que el modernismo –«aquella gran conmoción de conceptos y de técnica poéticos»–[3] vino a traer aires nuevos a la viciada poesía decimonónica, es que, por la dialéctica inherente a las artes, acabó cayendo en excesos parecidos a los que pretendía combatir. De este modo, la que fuera avanzadilla en la lucha contra el retoricismo se convirtió a su vez en prototipo de amaneramiento y decadencia al que era de rigor aplicar, igualmente, un correctivo. Las varias orientaciones conocidas como «vanguardias» se opondrían así a una estética cuya razón primera –el afán de renovación oculto tras el anquilosamiento propio de lo consagrado–, en el fondo compartían.

Más que ningún otro de los libros de preguerra de Domenchina, *La corporeidad de lo abstracto* se sitúa en el punto de inflexión de este conflicto. Con esta obra, publicada en 1929, el autor se atreve ya a alzar el vuelo por libre, lejos de sus comienzos miméticos. De ahí, posiblemente, el tono extremoso del libro: nos hallamos ante un ajuste de cuentas del poeta con sus orígenes. Para cuando publique, un año más tarde, *El tacto fervoroso,* ya no se sentirá Domenchina en la obligación de cargar las tintas sobre lo grotesco –el revulsivo, en *La corporeidad,* al íntimo *Weltschmerz* de sus dos libros anteriores–, por más que en la obra perduren aún resabios del léxico abundante con que el autor intentaba afirmar su voluntad de estilo.

Paradójicamente, los procedimientos esgrimidos por el poeta en *La corporeidad* contra sus antecedentes tardomodernistas –la acentuación de lo feo y macabro, la abundancia verbal– no son sino la consagración, llevada al límite, de algunos de los métodos del propio modernismo; el modernismo –la tradición– continuaba vigente. Pero el mayor peso de rasgos feístas produce en *La corporeidad de lo abstracto* un cambio cualitativo: por vez primera, el poeta no se toma en serio a sí mismo, ni comparte la reverencia del modernismo tardío hacia lo morboso. El modernismo es necrófilo; Domenchina, irónico: he ahí su auténtica modernidad.

A pesar, sin embargo, de la ironía que JJD derrocha en la obra al combatir al modernismo con sus mismas armas, supo también sacar de esta estética lo que tenía de lección provechosa. La

---

[3] Pedro Salinas, «El problema del modernismo en España» (*Literatura Española Siglo XX,* Madrid: Alianza, 1972[2]), p. 24.

influencia, de acarreo en sus dos primeros libros, será menos epi-
dérmica en obras sucesivas, por no responder ya tanto a un reflejo
ambiental como a una asimilación voluntaria de sus logros. Así, el
aprendizaje modernista se manifiesta desde la métrica: no faltan
en *La corporeidad* alejandrinos al uso, como los de la «Estampa de
un barzón ciudadano» (nº 110), o los del seudosoneto «El Fervor»
(nº 84), donde los monorrimos simples recuerdan el esquema popu-
larizado por José Martí, Julián del Casal, Rubén Darío, Ricardo
Jaimes Freyre.[4] Es también frecuente el eneasílabo, por lo general
en esquema de serventesio (nº 77):

> El Alcoholismo y la Epilepsia
> hubiéronle en rápido coito:
> Enfermo nato, la dispepsia
> es de sus males el introito.

Así como las cuartetas heptasilábicas (nº 92):

> Y el seductor diabólico
> —diabólico y cornígero—
> enloda con perjurios
> la flor del sacrificio.

Un curioso poema en aleluyas proclama su propia condición
(nº 86):

> ¡Siempre con su andar de grulla
> y su ritmo de aleluya!

Abundan en la obra las combinaciones diversas con endecasílabos polirrítmicos (silvas, sobre todo), y octosílabos. El hexasílabo
hace su aparición al menos en una «Estampa» (nº 115) y en el
romancillo «Ritmo de pueblo» (nº 166); hay también ejemplos de
pentasílabos, tetrasílabos, e incluso trisílabos:

> Montaña
> de instinto

es para Domenchina el corazón (nº 120). En su siguiente libro, *El
tacto fervoroso* —también en *Margen*— prosiguen los ejercicios con

---

[4] Cf. M. Henríquez Ureña, *Breve historia del modernismo*, México-Buenos
Aires: Fondo de Cultura Económica, 1962², p. 15.

todo el espectro versal; hasta el bisílabo llegan en este momento
de mayor contracción silábica (nº 215). Aun en la obra del destierro
perduran los ecos de aquella revolución métrica, por remotos que
sean los temas y el tono, y por más que el autor se desbandase en
el prólogo a *El extrañado:* «El modernismo –que produjo una trivial sarta de sonetos en serie– pasó por el mío sin afectarle». Pero
los sonetos de dos rimas, «diazmironianos», dominan con mucho
sobre el resto en esta última etapa. No por casualidad será un
soneto en alejandrinos el que encabece *Destierro,* su primer libro
escrito fuera de España.

Tampoco las japonerías faltan en *La corporeidad:* la serie de
doce hai-kais (núms. 138-149) recrea uno de los metros preferidos
de José Juan Tablada:

> Pájaro muerto:
> ¡qué agonía de plumas
> en el silencio!

Incluso la mitología griega tiene cabida, tanto en alusiones
esporádicas como, con más detalle, en la serie de «Eutrapelias
mitológicas», donde el mito toma un sesgo lucianesco que el protagonista de *La túnica de Neso* aprovechará por extenso en un episodio.[5] La preferencia, en fin, por ciertos temas crepusculares
(nº 110), nocturnos (núms. 131, 134), otoñales (nº 153), e incluso
vínicos –como en el soneto «Acibarado fruto» (nº 173), donde el vino
es motivo subsidiario– no oculta la misma filiación; tampoco el
sensualismo presente en muchos versos, la adjetivación colorista,
el juego de sinestesias («Interior», nº 155). El propio recurso al
símbolo en la serie más numerosa, «Caprichos», recuerda la técnica que consagrara Rubén Darío en uno de sus poemas emble-
máticos, «El reino interior», donde Vicios y Virtudes aparecen cor-
porizados, con aire de acertijo, bajo hojarasca alegórica.[6]

---

[5] *La túnica de Neso.* Madrid: Biblioteca Nueva, 1929, pp. 170-192: «El sueño de
la noche de un martes (Una pesadilla helénica)». En ese pasaje Arturo reproduce
casi literalmente, a propósito de Afrodita, el verso 8 del poema de *La corporeidad*
«Génesis» (nº 169). La resonancia bíblica del título da al contenido pagano de este
poema un aire sacrílego semejante al de composiciones modernistas, y que también
poseen las dos estampas contrapuestas donde se describen anverso y reverso del
Cristianismo (núms. 98 y 99).

[6] *Prosas profanas y otros poemas,* en *Obras completas,* vol. I. Edición, introducción y notas de Alfonso Méndez Plancarte, aumentada con nuevas poesías y
otras adiciones por Antonio Oliver Belmás. Madrid: Aguilar, 1967, p. 603. Este

Hasta en el detonante de *La corporeidad* no es difícil rastrear la huella del modernismo: en la experimentación léxica de Domenchina, cuya actividad cultista y neológica nada tiene que envidiar a casos extremos en esta línea, como el del argentino Ángel de Estrada (1872-1923). La indiscriminada profusión verbal de JJD –su «apoteosis lingüística»– procede, a juicio del propio autor, del «afán de exactitud, de precisión rigorosa y casi científica que obsede al creador auténtico»:[7]

> Hay que tener el valor de imponer el sacratísimo derecho a la vida que poseen los vocablos exentos de gracia eufónica y de simpatía corriente y moliente. No es una simple cuestión de buen gusto, de estética; es una cuestión ética, de probidad literaria. [...] Teófilo Gautier dijo que no conocía libro más digno de ser leído por un poeta que el diccionario.[8]

De paso, el fiel adepto de Juan Ramón Jiménez se vacunaba de «juanramonismo» poblando su obra de terminachos precisos e inusitados.[9]

---

procedimiento tiene antecedentes medievales: a propósito de los *rhétoriqueurs,* «grupo de escritores franceses, a la vez historiadores, oradores y poetas, que vivieron en la segunda mitad del siglo XV y los primeros lustros del XVI, y que presentan una comunidad de tendencias literarias y una común concepción de la poesía –la Poesía como parte de la Retórica–», escribe Carlos Clavería: «Se reconoce que el punto de arranque del estilo de estos poetas está en el célebre *Roman de la Rose,* cuyo prestigio perdura en Francia hasta bien entrado el siglo XVI [...]. Desde el *Roman de la Rose,* la moda de prestar una vida independiente y personal a las facultades del alma, a los vicios y virtudes, a las pasiones, etc., y suponerles además un cuerpo material, se generaliza. La personificación o divinización de cualquier sentimiento o de cualquier idea se logra casi siempre cargándole una mayúscula a su nombre. En ese mismo instante adquiere papel e intervención en el poema como un personaje más, es decir, que se constituye un enorme cortejo de alegorías que, personificando abstracciones, acompañan al hombre por los campos de la literatura» («*Le Chevalier délibéré*», *de Olivier de la Marche, y sus versiones españolas del siglo XVI,* Zaragoza: C. S. I. C, 1950, pp. 13-15). Idéntico afán corporizador que Domenchina experimenta el ficticio Arturo (cf. *La túnica de Neso,* ed. cit., p. 10).

[7] J. J. D., «El culto del idioma y la fruición del pensamiento» (*El Sol,* 26-VII-1931. Incluido en las *Nuevas crónicas de «Gerardo Rivera».* Barcelona: Juventud, 1938, p. 160).

[8] *Ibidem,* pp. 160 y 162.

[9] Así lo ha visto A. Carreira, que encuentra en esta tentativa de renovación léxica una afinidad remota con la de Góngora: «Cabe pensar que entre las razones de tal opulencia verbal hay una fuerte reacción frente a la penuria franciscana de J. R. Jiménez, confinado en un reducido vocabulario preciosista cuyo enrarecimiento llega a ser angustioso y correlativo de su ombligolatría. Góngora había reaccionado de manera semejante contra las limitaciones lingüísticas del solipsismo

Miseria del lenguaje poético. La novela

La corporeidad de lo abstracto es un libro amargo. Una ojeada
superficial por sus temas nos enfrenta a un mundo patético: a la
representación simbólica de un puñado de pasiones humanas,
nobles e innobles –aquellas no más amables que estas– se suman
paisajes crepusculares (nº 110), decadentes (nº 112), tétricos
(nº 111). Asistimos al drama de una joven casada, como la protagonista de *El hábito,* con un viejo Cañizares sordo y gruñón (nº 166).
Al lamento de un marido, atormentado por las consecuencias de un
achaque pertinaz (nº 167). Al desamparo de un «niño sin madre»
(nº 152). A un velatorio (nº 164). Cuatro poemas tienen por título
«Elegía» (núms. 124, 162, 163, 172). Epígrafes como «Neurastenia»
(nº 123), «Hastío» (nº 133), «Agotamiento» (nº 159), «Agonía»
(nº 161), «Angustia» (nº 132), completan esta triste panorámica. Se
diría que el Domenchina de 1929 se encuentra muy lejos de pensar,
como Guillén por esas mismas fechas, que el mundo esté bien hecho.
Al menos, él insiste sobre lo que a su alrededor hay de aborrecible y
fraudulento. Cuanto podría tener algo de positivo está plasmado con
un sí es no es de ironía («El Fervor», nº 84; «El Entusiasmo», nº 87;
«La Perseverancia», nº 91; «La Caridad», nº 105; «La Memoria»,
nº 108) o de escepticismo («La Verdad», nº 106; «Amor», nº 135).

Es este escepticismo acre la actitud vital que vertebra todo el
libro, desde los gestos histriónicos de los goyescos «Caprichos»
hasta los aforismos finales, encabezados por una cita del amargo
Gracián. Más allá del relativismo presente, por ejemplo, en buena
parte de la poesía de Manuel Machado, Domenchina, como el protagonista de *La túnica de Neso,* ha perdido toda confianza: hasta
en el amor, «ese juego esotérico del amor, que es, por las trazas,
la quintaesencia de los deleites terrenales» –según la expresión
de Arturo (*op. cit.,* p. 22)–, y que, llamado a suprimir la barrera de la
individualidad, no pasa de estupro («La Credulidad», nº 92; «Alegoría
de la juventud», nº 129):

¿El amor? ¡Los mosquitos!

---

petrarquista» («El gongorismo involuntario de Juan José Domenchina», *Bulletin
hispanique,* XC, julio-dic. de 1988, p. 309). Curiosamente, no faltó quien mentara la
soga en casa del ahorcado: «Pero el retoricismo cerebral, los *monstruos de la razón*
a que aludió Goya, no pueden ser nunca motivo de verdadera poesía. Le pediríamos
a Domenchina más finura, elegancia y desnudez juanramonianas. Las *agujas de la
culta Latiniparla,* de la que nos habló Quevedo, solo cosen remiendos» (Lorenzo
Varela, «Versos crudos y poesía ácida», *Romance, nº 5, 1-IV-1940, p. 18).

proclama el «Poema insalubre» (nº 168). El pesimismo erótico
se acentuará en *El tacto fervoroso:* el amor, fuerza incoercible (núms. 216, 218), queda en tentativa fallida de extroversión
(núms. 215, 217), representada a lo largo del libro por el motivo
recurrente del espejo, pura superficie, impenetrable (nº 222):

> Terso, terso
> como un verso
> parnasiano.
>
> Mano en mano,
> boca en boca.
>
> Pero choca
> con su roca
> (que es arcano)
> todo humano
> que lo toca.

El espejo, símbolo de la frustración, no devuelve sino la imagen
más detestable de quien lo contempla (núms. 221, 235). Este conocimiento epidérmico no satisface, claro es, al poeta, que

> A la zaga de lo bello,
> y hollando bellezas vivas,
>
> tras abstracciones
> facticias,

padecerá «Inquietud» (nº 247) y «Desasimiento»: sus únicas potencias –pensamiento y sentidos–, ineficaces, son dos heridas (nº 249):

> Me queda: la úlcera roja
> de mi pensamiento.
>
> La úlcera verde
> de mi sensibilidad remota.
> Un espejo.
> Mi vida de siempre.

Domenchina y Guillén constituyen así dos modos opuestos de
superación del solipsismo simbolista. Ambos han conseguido salir
del reino interior de la conciencia: a partir de ese momento, la
poesía ya no es disección enfermiza del sujeto. Los dos se asoman

al mundo: Guillén, atento a lo favorable, percibe la «esencial compañía» de las cosas y se entrega entusiasta a «vivificar la conciencia de nuestro pleno ser en el mundo»,[10] en una actitud afirmativa que alumbrará todo un universo poético prácticamente inédito hasta la fecha. Domenchina, Tántalo castigado a una dieta rigurosa de deleite mundano (núms. 250-254), concibe la existencia como fraude, niega, tantea, busca sin encontrar.

A Domenchina, por temperamento, tuvo que resultarle inaceptable la solución de Guillén: le parecerá que propende a «desmesurar artificialmente el volumen de las cosas tratando de *magnificarlas*». Y que «llega a la fruición de la palabra por la palabra: a la degustación contumaz y morosa del vocablo fetiche».[11] La afirmación guilleniana del mundo no es para JJD más que un montaje verbal, hueco, en el fondo. Porque Domenchina, ávido explorador de los arcanos del diccionario, siente que las palabras no son capaces de salvar la distancia entre el hombre y su entorno. Su poema preferido de *El tacto fervoroso* es un soneto, «Luz abstracta», donde asoma la que para él es la más honda tragedia del poeta, y del hombre: el carácter intransferible de pensamientos y sentimientos. El fracaso, en definitiva, de la palabra:

> La luz abstracta, de incomunicable
> espectro, al ritmo puro se abandona.
> Pero el ritmo, pueril, no concreciona
> la nébula del iris inefable.
>
> Sector de pensamiento, inalienable.
> En cripta de individuo evoluciona
> su enjundia intransferible, que se encona.
> Senda, para el extraño, intransitable.
>
> ¡No! ¡Sí! Palabra: génesis de ruidos.
> Sangre verde, letal, de mis sentidos.
> Ponzoña, cáncer rubio que me come.
>
> Sin nexo —mutua luz—, sin la acordada
> recíproca visión, en mi sagrada
> nada, ¿quién será el yo que a mí se asome?

---

[10] Jorge Guillén, *El argumento de la obra,* Madrid: Taurus, 1985, pp. 92 y 120.
[11] J. J. D., «La poesía de Jorge Guillén» (*El Sol,* 2 y 9-VII-1933. Incluido en las *Crónicas de «Gerardo Rivera»,* Madrid: Aguilar, 1935, p. 78) y «Poetas españoles del 13 al 31, II» (*El Sol,* 19-III-1933, p. 2), respectivamente.

Palabra: génesis de ruidos. «¿Palabras? / No. / No sirven» ha sentenciado también Antonio Espina pocos años atrás en su *Signario*. El mismo desencanto padece, cómo no, Arturo (*La túnica de Neso*, pp. 15-16).

Títulos como *La corporeidad de lo abstracto* y *El tacto fervoroso* no enuncian, pues, más que anhelos incumplidos: la aprehensión de los estados anímicos en el cuerpo fónico-semántico de la palabra, el acercamiento al mundo y al otro. En estas obras se inicia así una línea que encontrará en *Margen* su culminación y las formulaciones más perfectas. El conflicto esencial del Domenchina de estos años es el de quien ha descubierto algo que ya sabía Demócrito: que las palabras son espectros de las cosas. Roto el hilo entre el lenguaje y el mundo, el hombre cobra como nunca conciencia de su soledad sin remedio, una soledad lingüísticamente articulada e inoperante. Así lo manifestará JJD en versos, en cierto sentido, premonitorios (n.º 160). Otro poema de *La corporeidad de lo abstracto*, «Ofrenda entrañable», cifra, ahora sin retóricas, el nihilismo más descarnado (n.º 136). El ser humano no es, en suma, más que «un cero de carne viva» (*El tacto fervoroso*, n.º 269).

La túnica de Neso, exponente del mismo sentir, se publica en 1929. Con esta obra insiste Domenchina en sus modos adustos, en el sañudo empleo del léxico, en sus amplias incursiones por los dominios del vocabulario médico. También en sus veleidades de novelista. Pero acaso consciente ya de que su auténtica vocación es la poesía, el autor presenta el relato como apócrifo de un desconocido Juan Miguel Anssorena. A la heteronimia recurrirá en lo sucesivo el infatigable JJD cuando quiera dar salida a inspiraciones distintas a la lírica. La novela suscitará el mismo tono censor que se ha de prodigar a su poesía:

> Prosa elaborada y encumbrada, pacientemente víctima de saber retórico, al servicio de una acción que se enturbia y desasosegadamente se crispa entre peripecias que a sus personajes enfermizos acontecen tanto por culpa de su afición a vivir hundidos en las turbias zonas de la lascivia, como porque el autor los hace ejemplos pacientes de la propia y excesiva credulidad en sus estudios superficiales de psicología patológica.[12]

---

[12] Juan Chabás, *Literatura española contemporánea (1898-1950)*, La Habana: Cultural, 1952, p. 557. Un juicio semejante acerca de la obra manifiesta Eugenio G. de Nora (*La novela española contemporánea. 1927-1939*, Madrid: Gredos, 1968, vol. II, pp. 233-234).

Arturo, el dandy protagonista de *La túnica de Neso,* como hemos ido viendo, es en buena medida trasunto de Juan José. Algún otro autorretrato, esta vez en verso, nos ha legado Domenchina en *El tacto fervoroso* (nº 270). Juan Ramón Jiménez, en su caricatura lírica (cf. *infra,* pp. 269-270), presenta al poeta con un libro bajo el brazo, caminando «entre las acacias lacias en segunda flor de la calle de Serrano», «alto, lleno, apeponado», tal y como lo muestran también las fotografías y dibujos de la época. Luego, tras la guerra, Domenchina adelgazará, y ya menos orgulloso de su estatura (1'82 m.) que en la juventud, podrá jactarse tan solo de «contar con unos centímetros más de miseria orgánica que la mayoría de mis semejantes» (prólogo a *Nueve sonetos y tres romances*).

La República. *Dédalo.* Primeras reacciones

El advenimiento de la República, «esa tiranía de profesores, de gentes cobardes acurrucadas tras los libros, para quienes más valen los versos o los cuadros que la Historia y las gestas del ejército»,[13] hace a Domenchina –así lo confesará más tarde– «concebir esperanzas ingentes acerca del porvenir político de España». El *ocioso* señorito del barrio de Salamanca que no ha tenido otra ocupación en la vida que los libros, acude entonces a Azaña para, ante el estupor de los amigos, pedirle trabajo. «Hombre esencialmente hogareño que, por pura paradoja, no se resuelve a contraer matrimonio», abdica en apariencia de su aversión a la vida pública y obtiene un empleo algo más lucrativo (quiere casarse) que la labor de cronista literario que, hasta septiembre de 1931, ha ido desarrollando de modo esporádico en *El Sol.* También *La Gaceta Literaria* ha publicado en julio un artículo suyo, «Los poetas y los *tribunos*», en sintonía con el momento vital en que se halla el autor. Desde octubre ejerce el cargo de secretario particular de don Manuel, entonces Presidente del Consejo de Ministros, y, a partir de 1932, por dimisión del secretario político, don Vicente Gaspar, reúne en su persona ambas secretarías, cargo que seguirá desempeñando también en la oposición. Problemas de salud –el reumatismo, su dolencia crónica–,

---

[13] Max Aub, *Cara y Cruz. Drama en tres actos,* 1944 (*Teatro completo,* México: Ed. Aguilar, 1968, p. 617). Las dos siguientes citas proceden del testimonio recogido por G. Diego en su *Poesía española. Antología (contemporáneos), loc. cit.*

finalmente lo harán abandonar, dice él, un puesto tan laborioso.[14] Lo cierto es que la crisis reumática del poeta coincide sospechosamente con el nombramiento de Azaña como Presidente de la República. En 1932 se ha publicado *Dédalo*. La anterior exaltación de lo inestético culmina en esta obra, que pretende ser un vejamen de las maneras «falsamente toleradas como líricas»:[15]

> Con *Dédalo* —escrito en 1931— conseguí yo exonerarme de muchas pesadumbres. A la sazón, cada quisque se desayunaba con *su* Eliot, almorzaba con *su* Joyce, se bebía, a manera de té, los posos o rebañaduras de Freud, resignándose, por último, con una colación surrealista o a la francesa. Era un difícil y crítico momento literario que había que superar. El auge de lo andrógino, lo blandengue, lo sibilino y lo contrahecho —es decir, de lo jorobado, de lo confeccionado, contra la naturaleza, adrede— me exasperaba. Como reacción natural, concebí mi *Dédalo* (*Ibidem*).

Ya una décima de *El tacto fervoroso* había expresado el mismo estado de ánimo (nº 233). Pero ahora Domenchina prefiere el cauce libre del versículo a los esquemas prefijados (nº 296):

> Palabras en libertad: he aquí un hombre
> que balbuce sin el control del cálculo:
> por mucha que sea mi desmaña de ambidextro
> mi canicie sitúa su nieve sobre el negro carbón
> de los cretinos, seres amables, desmadrados,
> quizá reata y resistencia acemilar; pero dignos
> de su emporio, por lo demás, miseria, y ¿qué
> pizarras dicen válgame Dios ab urbe condita?

Poca atención han prestado a esta obra los estudiosos del surrealismo en España, a pesar de la advertencia de Díez-Canedo. Próximo al planteamiento bioculturalista que P. Ilie ha estudiado a propósito de Lorca, *Dédalo* constituye una inmersión en los estratos ancestrales del ser humano, de la que el poeta saldrá, como de una fiebre benigna, renovado. Algunos creerán ver en el poema la influencia del *Anabase* de Saint-John Perse, que Juan José asegura no haber leído aún, a pesar de que esta obra había sido

---

[14] J. J. D., «Un entendimiento ejemplar: don Manuel Azaña, escritor y político», *Universidad de La Habana*, núms. 100-103 (1952), p. 261.

[15] J. J. D., «Alfonso Reyes y su *Visión de Anáhuac*, II», *Hoy*, nº 175 (29-VI-1940), p. 64.

parcialmente publicada en 1924 nada menos que por la *Nouvelle Revue Française,* familiar a los círculos del Café Regina, y aunque circulasen traducciones al inglés (Eliot), italiano (Ungaretti) y español (Barreda) desde comienzos de los años treinta. Según el propio JJD, fue por medio de esta última versión, aparecida en un número de la revista mexicana *Contemporáneos* (1931), como –recién publicado *Dédalo–* conoció el *Anabase* gracias a unos amigos. Sea como fuere, es cierto que, lejos de seguir un modelo determinado, JJD aprovecha su conocimiento de la tradición lingüística, literaria y moral para hacer tabla rasa:

> Ni las suras del *Corán,* ni los versículos de la *Biblia,* ni la prosa rimada de Claudel –dispuesta tipográficamente como versículos–, ni esas líneas sesquipedales con que la poesía al uso nos escamoteaba la respiración, podían servirme de pauta. Me propuse algo distinto. Y *Dédalo* fue lo que tuvo que ser: un poema difícil; difícil por las citas y las alusiones que en él se emulsionan y por el vocabulario de absoluta precisión, y, por ende, insólito, que lo define y caracteriza. Sin embargo, algunos críticos supieron descifrar los claros enigmas de esa esfinge desperdigada en laberinto, sin valerse de clave o clavícula de índole más o menos salomónica. *Dédalo,* en el fondo, no es sino la exaltación y la burla de los siete pecados capitales, y en la forma, la dignificación y la befa de ciertas maneras líricas y pseudolíricas que por entonces nos estomagaban («Alfonso Reyes y su *Visión de Anáhuac,* II», *loc. cit.*).

El estilo abrupto, disonante, sostenido desde *La corporeidad* hasta este experimento de *Dédalo,* provocó en un amplio sector de la crítica una reacción unánime: la de amonestar a Domenchina por lo que no era, y acaso jamás pretendió ser. «Más finura, elegancia» le pedía, por ejemplo, Lorenzo Varela en la reseña citada (nota 9). Difícilmente puede pensarse que pretenda finura y elegancia quien escribe un verso así (nº 289):

> También el fraile deglute latericio soconusco:
> mixtura opoterápica de su propio intelecto.

A pesar de la ilustre factura de los varios elogios cosechados por el Domenchina de estos libros –Pérez de Ayala, Juan R. Jiménez, «Azorín», A. Espina y Díez-Canedo figuran entre sus mentores–, pocos sabrán comprender la intención del autor. Pasando por alto que el goce no es constitutivo del arte, los historiadores de la literatura recriminan al poeta que, contra el lema horaciano, ha querido no deleitar. El aire crispado de los críticos hace pensar que Domenchina logra ese propósito –*épater le bourgeois*–, que tan caro costará a su buen nombre. Recoge el parecer común a propios y extraños el juicio anacrónico de un comentarista mexicano, que, en el siglo del expresionismo, achaca «esa evidente ineficacia de la obra poética de Domenchina» a «una falla intrínseca o congénita en su esencia o bien una incapacidad que impide de cualquier manera ese diálogo, ese divino acoplamiento que hay o debe haber en toda obra genuina de arte»:

> No nos asustan sus erotismos –menos de los que se le señalan o más inofensivos de lo que a primera vista parecen– ni sus arcaísmos o uso exagerado, casi infantil, de palabras obsoletas. No nos torturan sus frases macarrónicas ni las volutas de su caprichosa sintaxis, ni el uso inmoderado de frases cortas, de dos puntos, de guiones o paréntesis. Y mucho menos la falta casi asfixiante de preposiciones y copulativas o la repetición de palabras un tanto gastadas como «numen» y «frenesí» u otras. Ni tampoco la fuerte dosis de términos prosaicos ni aliteraciones o cacofonías. [...] La falta no está en aquello sino en lo otro [...]: en ese *no sé qué* de que hablaba Feijóo, en esa ausencia de espíritu de grandeza y legitimidad. En esa falta del don, en una palabra, así se posean los mejores propósitos y virtudes.[16]

Primera madurez. «Domenchinismo»

Mientras, Domenchina sigue explorando, concienzudo, tendencias polares y adiestrándose en el ejercicio de la forma. En marzo de 1932 ven la luz en la *Revista de Occidente* varias décimas suyas, rápido antídoto contra los excesos de *Dédalo*. En este poemario se anuncia ya la publicación de otro, *Margen del estío*, insospechado a la vista de aquel. El libro, que sale en enero de 1933, acaba por titularse, a secas, *Margen,* y sin duda constituye la obra más injustamente olvidada del Domenchina anterior a la guerra.

Tras la búsqueda arqueológica de *Dédalo*, Domenchina retoma en *Margen* los motivos medulares de su anterior poesía: el afán de dar forma tangible a sensaciones y pensamientos, y la constatación

[16] Carlos Zalcedo, «De la rosa que no es rosa», *Letras de México*, 15-IV-1940, p. 4. Con motivo de *Poesías escogidas. 1915-1939* (1940), edición mexicana de la poesía compuesta por J. J. D. en España.

de la insuficiencia de la palabra. Hasta aquí nada nuevo. Tres lustros lleva JJD fundando sus iniciativas poéticas en la dificultad de atrapar el entorno por el lenguaje. No ha sido, bien es verdad, Domenchina el único en llegar a la poesía con el lastre de la intención filosófica. Al final de tan largo itinerario –al final de *Margen*–, parece decaer esa pretensión. Y es entonces cuando el filósofo en verso, abandonándose por un instante, descubre, sin pretenderlo, la más pura inspiración lírica (nº 346):

> Mejor que tú, pensamiento,
> este olvido de enramada
> donde todo vive en nada:
> hoja al sol, pájaro al viento.
> De azul de luz sin cimiento,
> ¡qué cúpula! Maravilla
> de ingravidez amarilla.
> Mejor, pensamiento, el río;
> donde apenas moja el frío
> de su límite la orilla.

Sorprende que hayan pasado inadvertidos los hallazgos de *Margen*. El don de la forma perfecta, tan precoz en Domenchina, consigue en esta obra logros definitivos: en especial sus décimas, metro que JJD lleva ensayando desde *El tacto fervoroso*, revelan ya un poeta consumado. Pero nunca, por lo visto, habrán de perdonarse a Domenchina las anteriores excentricidades.

Al tiempo, devora lo último que se publica. Desde febrero a primeros de julio de 1933 escribirá dos veces por semana en la página literaria de *El Sol* con el seudónimo de «Gerardo Rivera». Por esa época, Luis Bello lleva a cabo en el mismo diario una campaña en favor de las escuelas, a la que se suma Juan José, con sus inseparables Azaña, Cipriano Rivas Cherif y «Juan de la Encina». Juntos realizan excursiones por la periferia de Madrid, según el relato de Manuel Andújar.[17]

El año de 1934 –con *Margen* ya en la calle– va a ser fecha clave en los destinos de la poesía española anterior a la guerra. Ese año se publica la histórica antología de Federico de Onís, primera obra colecticia, con la segunda edición de la *Antología* de G. Diego, que incluye a Domenchina. Para desgracia de este, la cobertura de

---

[17] «El exilio y Madrid en la poesía de Juan José Domenchina», *CuH*, nº 331 (enero de 1978), p. 8.

aquel florilegio abarca solo hasta 1932, así que deja fuera a *Margen*. Varios poetas de filiación dudosa aparecen en él agrupados bajo un marbete híbrido, «ultramodernismo», seguido de un subtítulo aclaratorio: «transición del modernismo al ultraísmo». Tales autores son Moreno Villa, Bacarisse, Espina, Vighi, León Felipe, Basterra, Villalón y el propio Domenchina. El apartado anterior se compone de una extensa nómina de poetas «postmodernistas», distribuidos, según el signo de su respuesta al fenómeno novecentista, en un amplio espectro de «reacciones» –hacia la sencillez lírica, la tradición clásica, el romanticismo, el prosaísmo o la ironía sentimental–, que dan buena cuenta de los últimos vestigios de la estética dominante en el cambio de siglo. El epígrafe siguiente, «ultraístas», reúne lo más granado de la que acabará por llamarse «generación del 27». Quedaban así unos cuantos poetas demasiado jóvenes para postmodernistas y demasiado poco solidarios para 27, relegados a tierra de nadie. Si en principio los grupos establecidos por el antólogo no eran sino el fruto de un intento estimable de clarificación y síntesis, la fórmula feliz con que se reducía a unidad a estos ocho *descastados* tiene algo de oxímoron rebajador: ni antirrubenianos ni vanguardistas. ¿Qué eran, pues, tales poetas? ¿Acaso carecen de la talla suficiente para ser alguna de las dos cosas? De ahí a considerarlos prescindibles faltaba sólo un paso. ¿Qué son *Evoluciones, Mitos, Signario, Versos y oraciones del caminante, Vírulo, La toriada, La corporeidad de lo abstracto*? La dificultad de encontrar parentescos a obras tan peculiares acabó por arrinconar, sin remedio, a sus autores, y no siempre con justicia.

No corresponde aquí decidir qué marbete conviene a esa etapa de Domenchina. Los libros concebidos por el autor en el ambiguo periodo de entreguerras son libros extraños, jánicos también ellos, que vulneran las categorías maniqueas de la historia literaria. Está por dilucidar su significado en el panorama de la época. Su propensión a recrearse en los aspectos menos amables, sus disonancias verbales, el escepticismo vital del poeta, parecen aproximarlos en cierto sentido al movimiento expresionista, tan mal asimilado, por demás, en los ambientes hispanos como la obra del propio Domenchina. Cabe incluso pensar que el «barroquismo» que se ha señalado en su estilo no sea otra cosa que la versión hispana de aquella vanguardia europea, más acaso por afinidad espiritual que por influencia directa de una cultura alemana que JJD no conoce a fondo. Pero a la espera de estudios que vayan situando a Domenchina en el lugar que le corresponde, tales encasillamientos –también de «cubista» motejó esta poesía un coetáneo–[18] resultan por ahora conjeturas tan precarias como los juicios viscerales que sin reparos han sido vertidos sobre el autor. Con más cautela, al igual que para apresar al proteico Gómez de la Serna se convirtió en un *ismo* más su nombre de pila, alguien ha hablado de «domenchinismo» en el caso de Juan José:

> Ya hemos dicho que no tiene nada que ver con nadie, que aparece independiente y singular –nos atreveríamos a decir que también orgulloso– entre sus contemporáneos. No hay *ismos* para calificar su poesía. En todo caso se podría hablar de *domenchinismo*, y, sin embargo, todas las tendencias, todas las preocupaciones estéticas caben y tienen eco en su obra.[19]

«Gerardo Rivera». *Poesías completas*

El treinta de marzo de 1934 «Gerardo Rivera» se traslada a *La Voz,* donde, a pesar de no haber «sentido nunca el prurito de la colaboración periodística, que desazona a los jóvenes y a los que ya no lo son»,[20] ejercerá la crítica literaria hasta el estallido de la guerra civil. De la intensidad de su esfuerzo dan idea el número y la variedad de los títulos comentados. En 1935 se recoge en volumen una antología de estas crónicas; tres años después, ya en plena guerra, sale en Barcelona una nueva entrega, donde al contenido literario predominante se suma alguno de los trabajos que el autor ha publicado en *La Política.* Estas crónicas «circunstancialmente polémicas, agrias, dogmáticas y comineras» –en palabras de Chabás que resumen de nuevo la opinión más extendida (cf. nota 12)– harán del *alter-ego* de Domenchina un sujeto no menos controvertido que el poeta y novelista: en abril de 1936, las redacciones de *El Sol* y *La Voz* homenajean al asiduo colaborador.

---

[18] Gil Benumeya, «Juan José Domenchina: *El tacto fervoroso*», *La Gaceta Literaria,* nº 87 (1-VIII-1930), p. 10.

[19] Reseña anónima de las *Poesías escogidas (1915-1939)* de J. J. D., aparecida en *El Noticiero Bibliográfico del FCE* en mayo de 1940. Incluso un cierto *ramonismo* es rastreable en *La corporeidad de lo abstracto.* Tienen aspecto de greguerías algunas metáforas insólitas («El bonete –en la silla / próxima– es una muela negra, / comida por el neguijón», nº 111) o ciertas apreciaciones jocoserias («¿Y las cuartillas? Seriedad de lápidas. / En la pulquérrima del ortodoxo / no falta ni el detalle de la cruz», nº 118).

[20] G. Diego, *Poesía española. Antología (contemporáneos), loc. cit.*

No hace un mes que Alberti, Altolaguirre, Bergamín, Cernuda, García Lorca, Guillén, Neruda y Serrano Plaja han firmado en *El Heraldo de Madrid* una protesta colectiva contra la actividad crítica de «Gerardo Rivera»: *genus irritabile vatum!*

Pero no solo en el terreno cronístico la primera mitad de 1936 constituye para Domenchina un balance de su actividad hasta la fecha, simbólico, casi, a tenor de los acontecimientos de ese año: también, la prestigiosa editorial Signo publica en enero sus *Poesías completas (1915-1934)*, con prólogo y epílogo de Juan Ramón Jiménez. La obra sale precedida de unos aforismos donde el autor expone los fundamentos de su estética. Al Domenchina conocido –depurado de lo que al poeta ya le parece ajeno–, como nuevo registro se añaden en este compendio las *Elegías barrocas*, atisbo, para nosotros, de por qué sendas podría haber discurrido el autor, de no echar todo por tierra la contienda civil. El erotismo, larvado en *Margen,* toma cuerpo en estas *Elegías.* Por las fechas en que Domenchina compone tales poemas, «Gerardo Rivera» reseña *La voz a ti debida:*[21] nada más lejos del panerotismo de JJD que el tratamiento intelectualista que Salinas da al amor. Algo de la exaltación telúrica –más próxima a Aleixandre que a Lorca– que Juan José asocia a las vivencias decisivas se había presentado ya, con tonos distintos, en *Del poema eterno,* en la sección «Curso solar» de *El tacto fervoroso* y hasta en *Dédalo,* y años más tarde volverá a manifestarse de forma notoria en *La segunda elegía jubilar.*

En 1936 se revela además otro aspecto ignorado del Domenchina filólogo al dar este a las prensas su edición de las *Obras poéticas completas* de Espronceda, primera muestra de una tarea que tendrá prolongaciones notables en la década siguiente. Aparte de los reconocimientos de sus colegas de *El Sol* y *La Voz,* el 6 de mayo tiene lugar en Madrid una cena-homenaje al poeta y al crítico que organizan «Azorín», Ricardo Baeza, Díez-Canedo, Espina, «Juan de la Encina», J. R. Jiménez, los Machado, Marañón, Moreno Villa. Asisten también al acto otras personalidades de la vida política y cultural de la República: Azaña, los ministros de Trabajo, Agricultura y Marina (E. Ramos, Ruiz Funes y Giral), algún embajador (el de Uruguay), Gutiérrez Abascal, Paulino Masip, Tapia, Lázaro Somoza, Ernestina. Debió de tenerse Juan José por mal orador: será Ruiz Funes quien lea en público el discurso de aquel; también

---

[21] J. J. D., «*La voz a ti debida*», *La Voz,* 3-IV-1934. (Incluido en las *Crónicas de «Gerardo Rivera»,* pp. 87-90).

en otra ocasión semejante –el coetáneo homenaje póstumo a Valle
Inclán–, la actriz Paulina Singerman relevará a Domenchina de la
lectura de la conferencia que este ha escrito para el acto, «Mito de
la verdad y arrogancia de la Triste Figura».

A primeros de junio se reorganiza el Instituto del Libro Español.
Domenchina es nombrado delegado del Gobierno en el Instituto y
presidente del Comité Ejecutivo. Su misión, en buena medida
frustrada por la guerra, iba a ser la difusión de la cultura y del
libro españoles, tanto en España como en el extranjero.

La guerra. El exilio

El catorce de julio aparece el «El Conde-Duque de Olivares»,
última crónica publicada por «Gerardo Rivera» en La Voz. El pro-
nunciamiento militar del día dieciocho sorprende a Domenchina
convaleciente en Pozuelo. En septiembre se entrevista en el
palacio presidencial con Azaña, un Azaña avejentado y lúcido, que
confiesa a su amigo que la guerra está perdida de antemano con el
beneplácito de las potencias europeas:

> Francia es fácil que nos ayude subrepticia e insuficientemente.
> Rusia irá a su negocio. [...] Inglaterra está decidida, como siempre, a
> no precipitarse y a pescar lo que se pesca en todo río revuelto. [...] Y
> las demás potencias... Checoeslovaquia, que ya no es la Checoeslova-
> quia de Masaryk, también está amenazada de una invasión súbita.
> Austria y Polonia, que nos son hostiles, o casi hostiles, caerán en
> poder del Führer cuando le pete. Y el resto no es apenas residuo.[22]

Los sucesos se precipitan: a primeros de noviembre Juan José
contrae matrimonio con Ernestina. Navarro Tomás acaba de
firmar una orden por la que JJD es admitido en el Cuerpo Facul-
tativo de Archiveros: nombramiento de circunstancias, para alejar
al poeta del peligro incontrolado de una ciudad en pie de guerra,
donde indistintamente «patriotas, patrioteros y malvados» portan
armas suministradas por el inerme gobierno republicano (ibidem,
p. 264). Quieren destinarlo a Murcia. Entretanto, la diáspora de la
pareja ya ha comenzado en el propio Madrid: «habitaron en Bar-
quillo, esquina con Gravina, inmediaciones ruidosas de la Casa del

---

[22] J. J. D., «Un entendimiento ejemplar: don Manuel Azaña, escritor y político»,
loc. cit., pp. 267-268.

Pueblo; en Marqués de Villamejor, por General Oraa, en la casa
que fue de Valle-Inclán y luego del marqués de Lozoya».[23] Mientras, campa por sus fueros «la criminalidad peripatética de aquellas rondas de *paseantes* o paseadores disfrazados, cuya conciencia
errante los empujaba, como un impulso centrífugo, a cometer sus
fechorías en las afueras de la ciudad». Al cabo se impone el abandono de la capital, la «vergonzosa fuga hacia Levante»: el dos de
diciembre, Ernestina y Juan José llegan a Valencia, entre los intelectuales evacuados de Madrid por el Quinto Regimiento.

En Valencia se asigna a Domenchina la jefatura del Servicio
Español de Información, Textos y Documentos, adscrito a la Subsecretaría de Propaganda. En su suplemento literario difundirá
Juan José durante un par de años poemas ajenos y alguno propio
(núms. 375, 376, 727), gritos agónicos en verso de tan descabalada
factura como las mismas circunstancias que los motivan. El desga-
rrón vital de la guerra ha hecho a Domenchina, como a otros
artistas, replantear el sentido del propio quehacer estético: no
ignora en la nueva coyuntura el impecable autor de *Margen* «que el
espíritu, que es una cosa extraordinaria, no se puede poner nunca,
y menos aún ordinariamente, al servicio de la ordinariez».[24] Pero
no quiere, en tan precaria situación, dejar de asumir una respon-
sabilidad de la que considera que su credo poético no le exime:

> El poeta, el artista y el científico son –o deben ser– ante todo y sobre
> todo, hombres libres, ciudadanos patriotas. No pueden eludir su con-
> dición de hombres. El numen poético, la gracia estética y la prepara-
> ción científica no eximen a ningún español de sus deberes indeclina-
> bles e inalienables de español vivo. En esta lucha de la barbarie contra
> la inteligencia, la inteligencia, si ha encarnado en un hombre, puede
> soslayar la carnicería y el encarnizamiento, pero no escatimar sus efu-
> siones: la efusión de su pensamiento y la efusión de su sangre.[25]

---

[23] M. Andújar, «El exilio y Madrid en la poesía de Juan José Domenchina», *loc.
cit.*, p. 8. Las dos siguientes citas están tomadas del ensayo de J. J. D. citado en
notas 14 y 22 (pp. 265 y 270).
[24] J. J. D., «Consideraciones inactuales: Divagación miscelánea», *La Vanguardia,* 15-IX-1938.
[25] J. J. D., «Reflexiones Inactuales –Bajo el signo de Nietzsche–», *La Voz Valenciana,* 20-I-1937. Con la misma firmeza, al comentar la poesía de guerra de Pedro
Garfias, concluye tajante: «Y ahora no podemos dejar escrita nuestra protesta en
las inmaculadas alas de los cisnes, como aquel *hijo de América y nieto de España.*
No. Ya no podemos. Ya no debe de haber cisnes impolutos en los lodazales de
Europa» («Poesías de la guerra», *ibidem,* 18-II-1937).

Así, el veintitrés de febrero de 1937 firma Domenchina un «Manifiesto a la conciencia del Mundo» que divulgan *El Pueblo, La Correspondencia Valenciana, Fragua Social*. Los artículos de asunto bélico y literario se suceden, también en *La Voz Valenciana* y *El Mercantil Valenciano*. Quedan interrumpidos, tal vez para siempre, los viejos proyectos morosos: es ahora cuando Juan José da salida a unos episodios de su anunciado libro de relatos, *El desorientado*, que reseña en *El Mercantil* Antonio Machado, por entonces ya enfermo, y abrumado por la tarea de comentar los Cuadernos del Boletín. Las urgencias del momento reclaman frutos perentorios: algún poema de circunstancias mal pergeñado por el peor Domenchina cruza el Atlántico (núms. 725, 727, 728). Pero al mismo tiempo, la revista *Hora de España* acoge unas décimas suyas, nada circunstanciales (núms. 369-373, 726): como puede va sorteando Juan José el escollo de la elección entre probidad moral y estética. No colabora en el *Romancero de la guerra civil*. Haciendo nuevos equilibrios sobre el alambre de la propia integridad, Domenchina endosa a «Gerardo Rivera» más versos ocasionales en *La Vanguardia* (núms. 729-731), y asume la autoría de algún otro (nº 732). En este mismo diario, coincidiendo con los últimos estertores de la República, JJD dará fe de su adhesión a Azaña.

Entretanto, no se siente «bien hallado en la generosa y ubérrima hospitalidad valenciana». Desde la mediterránea «retaguardia tan remota», los padecimientos del pueblo madrileño lo torturan aún más que el reúma. Todavía no lleva dos meses fuera, y ya se proclama *«extrañado, escamoteado»* de su «destino matritense».[26] El enero benigno de Valencia arranca al poeta trenos elegíacos al evocar los rigores del invierno madrileño. Muchos inviernos habrán de venir en que Domenchina pueda seguir anhelando el «radiante frío de diamante» (nº 517) de su ciudad natal. A finales de junio aún tiene ocasión de visitar fugazmente su Madrid –no sabe que por última vez–, con un permiso de la Subsecretaría de Propaganda del Ministerio de Estado. Durante los meses de agosto y septiembre, mantiene correspondencia con Américo Castro, residente en Buenos Aires y consternado por la tragedia que destroza la República. El avance de las tropas franquistas se hace imparable: el treinta y uno de octubre, al hilo de los sucesos

---

[26] «Madrid», *La Voz Valenciana*, 27-I-1937, p. 1. Todas las citas proceden de este artículo, que reproducimos íntegro en el apéndice «Otros poemas, II» (vol. II).

bélicos, Juan José recibe la orden de desplazarse a Barcelona para continuar allí sus servicios como funcionario del Ministerio de Estado; el propio Ministerio le concede, a mediados del mes siguiente, una subvención de dos mil pesetas con que costear el traslado del Servicio Español de Información.

Cada vez más cerca de los Pirineos, se hace preciso dotar a Domenchina de una nueva situación legal que lo ampare: el antiguo secretario de Azaña, depositario de sus confidencias, puede correr peligro cuando se produzca la quiebra final del ejército republicano. Algunas unidades militares han sido ya obligadas a cruzar la frontera. Habrá que dejarse de heroísmos: por disposición del Ministerio de Estado fechada en Barcelona el diecinueve de abril de 1938, Domenchina, que pertenece al cuerpo diplomático desde el año anterior, es adscrito al Gabinete del Presidente de la República –dirigido por Cipriano Rivas Cherif–, con el cargo de Secretario de Embajada de Primera Clase. En agosto de ese año, haciendo ya finiquito, Larrea pasa revista en la *Voz de Madrid* a las fidelidades e infidelidades literarias a la causa republicana.

Llegan y se van –«y en lugar de rabeles, sordas yeles» (nº 470)– las terceras navidades de Juan José fuera de Madrid. En enero se dirige con su familia a Perelada, tras los pasos de Azaña, «tirando libros por el camino para recoger a amigos en el coche», como recuerda Ernestina. Entonces debieron de perderse las *Nuevas crónicas de «Gerardo Rivera»*, recién impresas. Consigue JJD, con riesgo de su persona, obtener a tiempo en la vecina Figueras pasaportes diplomáticos para sí y los suyos. Barcelona cae el veintiséis de ese mes. El uno de febrero Domenchina y su esposa abandonan España, acompañados por la madre del poeta, la hermana, viuda, y los hijos, gemelos, de esta, Encarnación y Rodrigo Calderón.

Tras una breve estancia en Le Boulou, la familia se traslada a Toulouse. Todo hace sospechar a Domenchina que la guerra no tardará en llegar también a Francia: hay que buscar un destino seguro. Escribe a Langevin, para gestionar su marcha del país; México, Argentina, Uruguay constituyen sus preferencias. Entretanto, a pesar de la separación forzosa, no ha perdido la pista al Presidente: el dieciséis de febrero Juan José recibe una carta de Azaña, desde París, desaconsejándole su traslado a aquella ciudad, y proponiéndole entrar en contacto con Jean Cassou, director del comité que gestiona el asentamiento de intelectuales republicanos en América. El veinticinco de febrero, mientras Domenchina se ocupa del almacenamiento de la biblioteca de Azaña, que ha quedado en Toulouse, el cónsul de España en aquella ciudad le concede permiso de libre tránsito por Europa, África y América.

Pronto las gestiones empiezan a dar fruto: en marzo se le ofrece a Domenchina, el reacio a las pedagogías, un puesto docente en México. Aún le queda humor a Azaña para hacer un chiste: «Ese podría ser un camino, bien entendido que está usted obligado a proclamar en el Anáhuac que Valbuena Prat no es un gran historiador de nuestra literatura».[27] A primeros de abril todavía se barajan distintas posibilidades: Colombia, México. Urge encontrar un destino: el quince de abril contesta Azaña a una carta antitolosana que ha recibido del irascible Juan José. Por mediación de Favela, embajador de México en Ginebra, o tal vez gracias a Bassols, que desempeña el mismo cargo en París, no tardará el Presidente en conseguir para Domenchina, como para su propio cuñado, Manuel Rivas Cherif, la vía más idónea: una invitación de la recién fundada Casa de España en México.

Por fin en mayo, Juan José emprende con su familia la travesía a América a bordo del *Flandre*, barco de la Compañía Transatlántica Francesa. En la expedición figuran, entre otros, José Giral y los Tapia. Tras desembarcar en Veracruz, Domenchina pasa unos días en Orizaba. En junio se desplaza en ferrocarril a la ciudad de México, donde es recibido por Alfonso Reyes e Indalecio Prieto; se le proporciona alojamiento y un sueldo de la Casa de España. A pesar de la hospitalidad mexicana, nunca volverá a ser el que fue.

En carta fechada el tres de septiembre, Azaña ruega a Domenchina: «Escríbame usted de cosas y personas. Cuénteme algo de ese pequeño Madrid que han instalado ustedes en Méjico. El otro, el verdadero, no puede estar peor». En febrero de 1940 aún prosigue don Manuel la complicidad epistolar: «Me satisface, me rejuvenece, volver a los tiempos en que yo estaba al margen, incluso en la tertulia del Regina, cuando José Miguel exhibía el último número de la N. R. F. y yo no tenía *vitola*. Arrepintámonos juntos de no haber promulgado la ley de idiotas».[28] Es la última carta que Juan José recibe del Presidente.

---

[27] «Mª Á. Hermosilla Álvarez, «Cartas inéditas de Manuel Azaña a Juan José Domenchina», *Anuario de Estudios Filológicos,* V (Cáceres, 1982), carta nº 2, p. 72. Esta malicia de Azaña bien podría ser respuesta al adjetivo *retorcida,* con que Valbuena Prat había calificado la prosa de *Mi rebelión en Barcelona* (*Historia de la literatura española.* Barcelona: Gustavo Gili, 1937, vol. II, p. 911).

[28] *Ibidem,* cartas núms. 8 y 9 (pp. 77 y 79).

2

¡Cómo siento que estoy en ningún lado!
J. J. D.

Nuevas y viejas perspectivas

Los dos decenios posteriores al fin de la guerra civil fueron el tiempo en que Domenchina alcanzó su plena madurez poética, eminente y prolongada, casi milagrosa. En ellos se inscribe una línea sostenida, sin altibajos ni zigzagueos, cuya contemplación nos asoma a más de trescientos poemas acendrados que convirtieron en prehistoria su obra anterior. El destierro, que en sentir de J. Burckhardt, «o aniquila al hombre o contribuye en grado máximo a su formación»,[29] hizo de Domenchina el poeta hondo y doliente que apenas presagiaran sus iniciales confesiones tardomodernistas, y perfeccionó los procedimientos del autor hasta cotas antes jamás soñadas.

Tras el fecundo período de experimentación versal de la preguerra, los metros quedan reducidos al empleo casi exclusivo del soneto y la décima. (De modo ocasional, el poeta recurrirá a la lira, la sextilla, los tercetos encadenados –*Tres elegías jubilares*, 1946–, o al romance –*Nueve sonetos y tres romances*, 1952.) Limitada también a un mínimo la variedad temática –el desarraigo, con sus variaciones, es casi el único tema mexicano de Domenchina–, el autor porfía con una materia cada vez más bruñida, en busca de su más exacta expresión. Los títulos, también monocordes, se suceden: *Destierro* (1942), *Pasión de sombra* (1944), *Exul umbra* (1948), *Perpetuo arraigo* (1949), *La sombra desterrada* (1950), *El extrañado* (1958). Arrancado de su tierra por la fuerza, el poeta sentirá su existencia presente como sombra o espectro del vivir pretérito, y –nada más lejos de la realidad– su voz actual como eco de su antigua voz (nº 466):

> Ya mi voz a sí propia no se alcanza,
> y su acento es apenas añoranza
> –sobreagonía– de mi acento vivo.

[29] *La cultura del Renacimiento en Italia*, 2ª parte, cap. I, trad. de R. de la Serna, Buenos Aires, 1944, p. 114.

Pero la escisión que se ha producido en la vida de Juan José no se manifiesta desde el comienzo. Domenchina desembarca en México con varios proyectos en mente, que lo mantienen, por un tiempo, vinculado a su última actividad literaria desarrollada en España: el primero, prioritario, la reedición de su poesía completa. La Casa de España en México hace posible de inmediato ese deseo en 1940. (También las madrileñas *Crónicas de «Gerardo Rivera»* verán la luz del exilio seis años más tarde, reimpresas por la Editorial Centauro.) Los otros propósitos, expresos, del autor son la publicación de sus trabajos inéditos acerca de la República Española y la guerra de España, así como una biografía de Azaña, en la que lleva trabajando desde 1933. Al primero de ellos da salida la sustanciosa serie «Pasión y muerte de la República española», publicada en *Hoy* entre octubre del mismo año 40 y marzo del siguiente, sin que por el contrario llegue a darse a la imprenta el anunciado *Viento y marea,* conjunto de episodios de la guerra civil española. El segundo, probablemente frustrado en su verdadera dimensión, se limitará al anticipo de un ensayo, «Azaña, escritor y político», en *Romance* (noviembre de 1940), y la reimpresión tardía (1952), en Cuba, del que ya publicara *La Vanguardia* entre 1938 y 1939.

La colaboración de Domenchina acompaña a *Romance* en su breve andadura (1940-1941), y debió de suscitar la consabida polémica, a juzgar por algún comentario aparecido en la propia revista. Luego van a ser otras las publicaciones periódicas, mexicanas y del resto del Continente, que acojan sus trabajos: guerra y exilio no parecen haber agotado sus energías, estimuladas por el apoyo de los medios editoriales mexicanos. También muy pronto, en 1941, sale en México la primera edición de una controvertida *Antología de la poesía española contemporánea (1900-1936),* a todas luces elaborada por Domenchina cuando aún residía en España. Incluso le quedan ganas y tiempo para desplegar una cierta actividad social, asistiendo a las tertulias que los españoles han organizado en nuevo suelo, o participando en homenajes a los amigos, como el que el Centro Asturiano dedica a Daniel Tapia en julio de ese año. Este aparente optimismo inicial habrá estado alimentado por la esperanza de que el alejamiento de España no sería largo, y que el desenlace del conflicto europeo traería un cambio de régimen político en España, y con él, el regreso, tras el acogedor paréntesis ultramarino.

Pero la procesión va por dentro: durante el mes de septiembre de 1940, en diez noches de vigilia, Domenchina ha compuesto su *Primera elegía jubilar,* duro examen de conciencia que lleva rumiando largo tiempo. No sabemos qué «falsos testimonios» (prólogo a *Tres elegías jubilares*) suscitaron este desahogo en liras. El corte severo, a duras penas contenido, de la elegía mal disimula las heridas recientes que intenta cerrar –en falso– el estoicismo sentencioso de que se acoraza el poeta: en algún momento llega el autor a romper en imprecaciones contra el régimen franquista, que luego habrán de antojársele «aditamentos pegadizos y excusables» (prólogo a *Tres elegías jubilares*), pues «a un dictador se le lapida con piedras de verdad y no con *cantos* poéticos» (prólogo a *El extrañado*). Pocos testimonios habrá en la poesía española tan descarnados, tan iliterarios, como la *Primera elegía jubilar* de Domenchina. El lector hispano, acostumbrado a una tradición poética que suele eludir con artificios la expresión íntima, ante esta *Primera elegía* no puede menos de sentir la propia presencia como una intromisión. El poema se publica en *Romance* en octubre; sólo varios años después (1946) se atreverá su autor a darlo, retocado, como libro.

Es en esa misma fecha tardía cuando se conoce también la *Segunda elegía jubilar,* escrita a comienzos de 1941. Seguramente, tan vano es pretender acertar con las razones que hicieron a Domenchina guardar el poema para sí durante un lustro como con las que lo movieron a divulgarlo en 1946. La demora en la entrega puede desvirtuar a los ojos del lector la verdadera trayectoria del poeta, depurada con los años de todo lo accesorio –y, al cabo, casi de todo lo humano, hasta trascenderse a sí misma. La *Segunda elegía jubilar,* dedicada a la memoria de Azaña, constituye un vivero de padecimientos aún plurales, y demasiado orgánicos, palpitantes todavía:

> En húmedos y fibrosos
> ayes, gruñen las raíces
> retorcidas
> y a medio arrancar: es planto
> de mandrágora la queja
> que se escucha

que con el tiempo habrán de cristalizar, mineralizados, en unos pocos motivos y formas. No será difícil reconocer en el poema al autor de las *Elegías barrocas,* aunque los alejandrinos fluidos de entonces se recorten ahora en sextillas abruptas, que no disfrazan con postizos el muñón irreparable de los versos tercero y sexto. La *Segunda elegía jubilar* comienza con un nocturno angustiado, pesadilla telúrica que revive con intermitencia impresionista los afanes del éxodo, y que, a la llegada del día, acaba por transformarse en un no menos inquietante «reconocimiento de la ingratitud de la palabra» (prólogo a *Tres elegías jubilares*). Sin la atadura de la rima, y hasta en algún momento sin la de la estrofa, pues esta llega a desvanecerse en estribillos obsesivos, las nuevas aflicciones vitales de Juan José se van superponiendo sin trabas a su antigua motivación poética. El resultado es un repertorio de inspiración múltiple y fragmentaria, que extrae de su propio entramado excesivo sus mejores logros, pero lejos todavía de la contundencia que Domenchina habrá de alcanzar cuando, definidas las líneas maestras de su dolor, encuentre en la «validez absoluta de los catorce versos» su «expresión más efectiva y dilecta» (prólogo a *El extrañado*).

En la primavera anterior (1940) ha recibido Juan José, por medio de Alfonso Reyes, una invitación de la Universidad de Columbia para trabajar junto a Federico de Onís. Ya en 1939, con Domenchina todavía residente en Francia, se había contemplado la posibilidad de que se trasladase a alguna universidad norteamericana. Pero la animadversión de JJD hacia la enseñanza académica, para la que, además, carece de legitimación oficial, daría al traste con el proyecto, entonces como ahora. Ya que no la docencia, se impone buscar otro medio de vida: en la traducción de enjundiosos tratados de tema económico y sociológico para el Fondo de Cultura se va a volcar Ernestina ayudada por Juan José, que en 1942 firma, a su vez, un par de versiones más a tono con sus propios intereses: *El hombre y lo sagrado*, de R. Callois, y la *Historia de Europa, desde las invasiones al siglo XVI*, por H. Pirenne. Póstumamente publicará el Fondo su traducción del estudio de M. Raymond *De Baudelaire al Surrealismo*.

El mismo año (1942) aparece *Destierro*, el primer poemario *oficial* compuesto por Domenchina en México. En él, a pesar del título, la angustia del exilio apenas se deja sentir, conforme a la entereza de que se reviste Juan José en esta etapa. Tampoco se perciben aún los motivos que luego serán dominantes en su poesía. Es cierto que aquella va filtrándose ya en el soneto, donde, como se ha dicho, más adelante encontrará el mejor amparo. Pero la sección más amplia del libro está formada por décimas que reanudan, no sólo en el título, la inspiración de las concebidas allá por 1936 para el *Cántico inútil* de Ernestina (núms. 720-724) y alguna de las publicadas durante la guerra en *Hora de España* (núms. 369-373). El tono epigramático, a ratos especulativo, del Domenchina de estas composiciones, con algún ribete de reconvención moral, resulta ya familiar en México gracias a las *Poesías escogidas* de 1940 y, hasta cierto punto, por la *Primera elegía jubilar*.

Como novedad, decepcionado ya de «ese gárrulo y poco feraz movimiento de *las vanguardias* de Europa»,[30] en la última parte del libro ensaya Domenchina un casticismo sobrio, en homenaje a Castilla. Con el madrileñismo a ultranza de los responsables de *Los cuatro gatos* sin embargo no se identifica, aunque en 1946 publique en la revista un nuevo ensayo de título recurrente, «Madrid». Castilla simboliza la hombría de bien que tanto obsesiona al autor desde la *Primera elegía jubilar*. En la gravedad del paisaje castellano y sus gentes reconoce el poeta su presente disposición de ánimo. Pueblan las «burlas y veras» de *Destierro* seres taciturnos, nada versátiles, que labran la aspereza del páramo. Su terquedad (nº 439), sus escarnios (núms. 429, 453), su fe (nº 436), su intransigencia (nº 443). Sus esquilmadores (nº 438). Y hasta su miseria, ennoblecida (nº 434). El modo veraz con que el castellano vive y muere sirve de pauta a Domenchina en estos compases iniciales del exilio. Pero ninguno de los poemas será recogido, al final de la década, en la antología *Perpetuo arraigo*. Tampoco las dos canciones incluidas en *Exul umbra* (1948) tocan ya, sino de pasada, este registro poético; menos aún los romances publicados en 1952.

Pasión de una sombra. Los trabajos y los días

Para 1944 la confianza inicial ha empezado a desvanecerse: la vuelta a España se retrasa más de lo previsto. Ni siquiera la victoria aliada, que ya empieza a vislumbrarse, parece ilusionar a Domenchina. Ese año publica dos obras cruciales, ya desesperanzadas: la *Tercera elegía jubilar* y *Pasión de sombra*.

Por fin sin tapujos, en los tres tiempos de la *Tercera elegía jubilar* se explaya, con poderío, el auténtico drama del desterrado: «la disociación o desdoblamiento sentimental e intelectual

---

[30] J. J. D., «Poesía española contemporánea», *loc. cit.*, p. 5.

que sufre en el exilio el español inerradicable» (prólogo a *Tres elegías jubilares*). Los tercetos encadenados de la primera parte apenas logran contener en su andadura clásica la pasión desbordada: tras el aparente remanso que sigue al episodio central, *grito* –también él– *hacia Roma*, el endecasílabo último de cada estrofa se quiebra en la segunda sección; en la tercera, desaparece la rima. El motivo inspirador recurre envuelto en halos distintos, obsesivamente, como el tema de unas interminables variaciones musicales (nº 561):

> Por mucho que las plantas asegures,
> por más que las congojas acrisoles,
> la voz conserves y el recuerdo apures,
>
> sabes ya que hay dos vidas –o dos soles
> sucesivos–, dos modos de existencia,
> dos secuestros de instantes españoles.

Fruto del mismo padecimiento, *Pasión de sombra* ha sido concebido en un rapto de fiebre creadora sostenido a lo largo de tres meses. «El soneto está bien en los que aguardan», reza la preceptiva dramática de Lope. Mejor aún en los que ya nada esperan: solo sonetos constituyen el calvario poético de *Pasión de sombra*, porque sólo el «pequeño y perpetuo espacio del soneto» –según la fórmula herreriana– puede confortar a Juan José en estos instantes en que va viendo alejarse la posibilidad del regreso y se sabe, acaso para siempre, erradicado (nº 495):

> ¿Allí? Sí, allí fue España, feudo ardiente
> que te tiene, sin yugo, subyugado:
> que te guarda el futuro y el presente,
>
> que no deja que pase tu pasado.
> Ni aquí ni allí, la vida, que te siente
> morir, ¡cómo te siente en ningún lado!

Motivos difusos (la huella, el eco) son los símbolos que relevan tal cual vez en esta poesía al otro, omnipresente, de la sombra (nº 469):

> Por mucho que me inmute, y que me asombre
> mi sombra al eludirme, más me asombra

> que tal contrafigura, que se escombra
> de mí, me venga a dar su sobrenombre.[31]

Junto a la antítesis, recurso inseparable del Domenchina de posguerra, con frecuencia acude el poeta a la paronomasia y al políptoton, como si no le bastase la cadencia repetitiva de las rimas –a menudo limitadas a dos– y necesitara apegarse a un lenguaje poblado de reminiscencias fónicas y léxicas (nº 465):

> Tierra sola, de solos, desolada.

Ocasionalmente, algún episodio erótico hace olvidar a Domenchina por un momento su pesadumbre. Con cierta asiduidad, esta deja paso a su afición metapoética; más raramente en este libro, a la nostalgia. A veces se adivina en *Pasión de Sombra* al autor de *La corporeidad de lo abstracto* (nº 525):

> Sobre sucios andrajos, la greñuda
> cabeza de facciones insondables.
> Una mujer, en pingos miserables,
> está, bajo su mugre, mal desnuda

que se presenta con trazas cada vez más quevedescas (nº 491):

> En su oficio fatal, que es peliagudo,
> rebasados cantores, los malsina
> su timbre –bien castrado, o bien barbudo–,
>
> que es coro angelical en la Sixtina
> o trueno de pistones, pistonudo...

«Pero no hay burlas, antes bien muy tristes veras, en mis aparentes salidas de tono y extravíos de lenguaje» (prólogo a *Nueve sonetos y tres romances*). El mismo año, un número de la revista *Cuadernos Americanos* incluye ya un adelanto de su próximo poemario, *Exul umbra*. Durante esa temporada y la siguiente, colabora con su esposa en la traducción del francés de varias obras orientales para la editorial Centauro. «Traduce» entonces *El*

---

[31] Un precedente de este motivo se halla en el poema de Rosalía de Castro «Cando penso que te fuches» (*Follas novas*, edición de L. Fontoira Suris, Vigo: Galaxia, 1986, p. 58): «En todo estás e ti es todo, / pra min i en min mesma moras, / nin me abandonarás nunca, / sombra que sempre me asombras».

diván de Abz-ul-Agrib (cf. *infra*, «Esta edición», nota 47). Otro anticipo de *Exul umbra* ve la luz en 1945 en la colombiana *Revista de las Indias*. Mientras, Ernestina y Juan José elaboran papeletas para la monumental *Historia de la literatura* coordinada por Prampolini. Director de la colección «Poesía Mejor» de la editorial Centauro, hasta fines de 1946 publica JJD versiones de Rilke y E. Dickinson, y ediciones de fray Luis de León y Unamuno; la prevista de Antonio Machado no llega a realizarse, quizás para no sumarse a la que acaba de salir en la editorial Séneca. Ese año además se reúnen en volumen las *Tres elegías jubilares*; aparece su antología *Cuentos de la vieja España* y la mencionada reimpresión de las *Crónicas de «Gerardo Rivera»*. También, una segunda edición de la *Antología de la poesía española contemporánea (1900-1936)*, de la que queda excluido León Felipe por voluntad propia; la obra conocerá su tercera edición al año siguiente. El veintinueve de mayo de 1947 Andújar lee en el Casino Español de México la conferencia de Domenchina «Cervantes y la violencia española».

Fuera de esta extenuante actividad literaria, pocos sucesos marcan el periodo mexicano de Domenchina, «hombre desistido» que ha hecho votos expresos de «no vivir –porque no se pliega a vivir interinamente– hasta que pueda recobrar su vida íntegra de español en España» (prólogo a *Tres elegías jubilares*). En la epístola que antecede a *Nueve sonetos y tres romances* anunciaba JJD la redacción de unas memorias que seguramente nos hubieran permitido reconstruir aspectos ignorados. Nada sabemos de su paradero. Y acaso tampoco importe: el testimonio desnudo de su obra, la exclusividad febril con que Domenchina se consagra a revisar, desde todos los ángulos posibles, la literatura materna y se nutre por ella de vivencias irrecuperables reducen lo demás a pura anécdota, despojo. Andújar ha descrito así la cotidianidad del poeta:

Domenchina y su esposa ocupaban en México el pequeño departamento que antes evocábamos. Avistaba, en ligera comba, el hermoso, señorial paseo de la Reforma. De ahí proviene mi memoria de los poetas, de su digno y sobrio estilo de vida. Se apostillaba que los gastos mayores de Domenchina eran los taxis, el café-tertulia, al que (señalemos la preponderancia médica: los doctores Urbano, Ignacio Guzmán, Manuel Martínez Báez) concurrían él, Paulino Masip, Juan de la Encina, el paniego autor del sainete *El ruedo de Calatrava,* muy leído en los corros y nunca representado, Sindulfo de la Fuente, «don

Sindulfito», como lo llamaban, gracejo mexicano al pairo, las empleadas, en estado de merecer, del Fondo de Cultura (*loc. cit.,* p. 9).

Aún se pueden añadir a la lista los nombres de Pío del Río Ortega, M. Rivas Cherif, J. Xirau. Cuando los echan del café por pasar toda la tarde conspirando tras un vaso de agua, marchan a casa de Domenchina. Durante una época será en ella donde organicen la tertulia; luego, esta acaba disolviéndose. Entretanto, Juan José se ocupa de establecer por carta las relaciones de que prescindiera mientras vivió en España: entre 1947 y 1951, con motivo de la preparación de una cuarta edición de su *Antología de la poesía española contemporánea,* cuya cobertura pretende extender hasta los años cincuenta, mantiene correspondencia con numerosos poetas residentes en suelo patrio. Con tal pretexto se inicia en junio de 1948 su relación epistolar con Aleixandre, proseguida hasta la muerte del autor. Sorprende, a la vista de su nula repercusión, el respeto que poetas consagrados y nuevas promociones dicen sentir en este momento por la poesía de JJD. Cuando se estudie a fondo el *caso* Domenchina, uno de los fenómenos que habrá que dilucidar es la extraña disociación de actitudes pública y privada que el autor suscitó, con excepciones contadas, entre sus coetáneos: no solo los modelos comunes definen las generaciones literarias; también, al parecer, las aversiones consciente o inconscientemente compartidas.

Marsyas en el exilio

Publica entonces *Exul umbra.* Como sus décimas de «sombra y luz», el libro, todo él, es un libro de claroscuros: desazón y recuerdos todavía se debaten en sus versos, pero ahora con cierto incremento de los últimos. Y el endecasílabo desabrido, aún pedestre adrede en *Pasión de sombra,* se va mondando de añadiduras en este libro donde ya «la muerte suena» (n⁰ 566):

> Es que... acendré, saldando conjeturas,
> todas mis convicciones, sin respeto
> humano, en frases, como el alma, duras,
>
> diciéndome del todo, por completo.

Como sucediera en *Pasión de sombra,* el poso amargo adquiere en los sonetos de la sección titulada «La vida acerba» un regusto burlesco: así, por ejemplo, en el escarnio de un tipo cómico (núms. 586 y 587). En contraste, Domenchina conserva en la memoria una imagen arquetípica de Castilla, de Madrid, sus paisajes, sus gentes; sus escritores incluso. Las «Evocaciones» ahondan en la vena nostálgica, hasta entonces no explorada, salvo a ráfagas, por el poeta (nº 588):

> Y siempre la llanura, la llanura
> de seca lentitud, que no acababa...

Es notable en el Domenchina del exilio esta afición a empezar sus sonetos con una copulativa, que hace de su poesía un solo lamento, interrumpido y de nuevo proseguido. Únicamente la caída de unos copos de nieve, o la lluvia, que lo distraen un momento de su dolor, llegan a tocar la fibra lírica del seco Domenchina (nº 605):

> Lluvia afín, primaveral,
> cuyo caer suspendido
> tiene momentos de nido
> y agua absorta, de cristal.
> Lluvia casi vegetal
> que cuelga su descender
> en los árboles, por ser,
> golosa de verdes tiernos,
> unos segundos eternos
> la nostalgia de caer.

Coincidiendo con la salida de *Exul umbra,* Dámaso Alonso, de gira por Hispanoamérica, visita a Domenchina; al poco tiempo, lo hace Bousoño. En esa época, Emilio Prados también frecuenta la casa de Juan José, ante el estupor de Cernuda: debió de ser aquel llamado al orden, a juzgar por una carta dirigida a J. L. Cano en que Prados hace propósito de enmienda:

> ¡Olvidaré la metafísica y dejaré de visitar a Domenchina![32]

En 1949 publica Juan José la selección *Perpetuo arraigo.* Tal vez alentado por sus nuevos contactos en España, intenta que la madrileña col. Adonais difunda su poesía de exilio. Pero ni siquiera

32 J. L. Cano, *Epistolario del 27. Cartas inéditas de Jorge Guillén, Luis Cernuda, Emilio Prados.* Madrid: Versal, 1992, p. 165.

la mediación de Aleixandre permite que el proyecto se logre. Y así, Domenchina seguirá siendo para muchos el autor de *La corporeidad de lo abstracto,* imagen perpetuada en antologías y hoy apenas corregida por ediciones póstumas. Casi es perverso, conocido el *ninguneo* a que se ha visto sometido JJD, transcribir el juicio que *Perpetuo arraigo* merece a Aleixandre:

> Qué enormemente representativa es su poesía de Vd. y cuánto ensancha Vd. el ámbito de la poesía española, a la que añade Vd. una provincia entera, y se pueden contar con los dedos los que tal han hecho en la historia de nuestra lírica.[33]

Al tiempo que aquella antología, aparece en la revista *Las Españas* un adelanto de *La sombra desterrada,* poemario que verá la luz el año siguiente. Al igual que su casi homónimo *Exul umbra,* la obra se compone de sonetos y décimas. De nuevo, el poeta sigue escarbando en su herida, pero ya sólo con veras (nº 629):

> ¡Era tan mío el suelo; lo pisaba
> tan amorosamente cuando andaba
> buscándome, encontrándome, la vida!
>
> Allí, sol de mis predios, ardió, a modo
> de antorcha en alto, y se quemó del todo,
> un alma al fuego de su tierra asida.

Las burlas han quedado atrás, definitivamente. Y hasta el motivo más grato al autor, la evocación de una nevada, se resuelve ahora en un final anticlimático (nº 658). Una imagen, la de los perros, «que atarazan con ladridos» (nº 638) se reitera inquietante en la obra.

Mientras, Domenchina continúa repartiendo sus ocios entre la creación poética y su labor de antólogo. Las dificultades para acceder desde México a la obra de los nuevos poetas españoles no achican su plan de abarcar el medio siglo, como tampoco la escasa trascendencia de la propia poesía disminuye su generosidad de

[33] Carta de Aleixandre a J. J. D., fechada el 13-III-1950 (A. de Paz, *J. Guillén, G. Diego, D. Alonso, V. Aleixandre: Cartas a J. J. Domenchina,* Málaga: Centro Cultural de la Generación del 27, 1995, p. 82). Según el paralelismo, también epistolar, establecido por Gerardo Diego (27-XI-1950), la «provincia» habría de ser compartida con Enríquez Gómez: «Creo que definitivamente el poeta Domenchina, el hombre Domenchina, se ha encontrado hasta su más honda raíz al excavar en su exmatriación. ¿Conoce usted los versos de destierro del judío Enríquez Gómez? Son con los de usted los más intensos y sobrecogedores que sobre ese tema conozco» (*Ibidem,* p. 34).

juicio hacia la ajena: entre agosto y septiembre de 1950 varios números de la revista *Mañana* reproducen su ensayo «La actual poesía española en España», primer análisis de los materiales que Domenchina va reuniendo para su *Antología*.

Una nueva entrega poética, *Nueve sonetos y tres romances*, aparece en 1952 precedida de «una carta rota, incoherente e impertinente a Alfonso Reyes». Por esta miscelánea sabemos de la traducción al inglés, francés e italiano de poemas de JJD, que habrá que sumar a la influencia que su poesía tiene en la escrita en lengua materna por Alejandro Busuioceanu. Más insospechado aún es el «complejo de Marsyas» sin Apolo que gracias a la epístola descubrimos en Domenchina, quien, desterrado de la historia literaria tanto como de su patria, hasta ese momento parecía haber asumido su destino; dos sonetos recogidos en la colección póstuma *Poemas y fragmentos inéditos (1944-1959)* confirman el diagnóstico.[34]

Incomprendido por los modernos, el Domenchina de *Nueve sonetos y tres romances* se refugia en sus clásicos: el primer soneto constituye probablemente el mayor homenaje poético que se haya rendido nunca a Quevedo (nº 680), «el poeta más inteligente de la poesía de habla española, y el más viril y eficaz entre los esgrimidores del verso castellano».[35] También los romances confirman, en palabras de Gerardo Diego, «la esencial españolidad, castellanía de la poesía de Domenchina».[36] Otro soneto (nº 685) se inspira en Berceo. El soneto «Señor: he sido el hombre que he podido» (nº 683) es ya un preludio claro de *El extrañado* y una vuelta a viejas obsesiones:

> Los agudos sentidos, hoy ya romos,
> ¿qué captaron del mundo?

En 1953 el Ateneo Español de México convoca el concurso de poesía «Pedro Salinas» de cuyo jurado forma parte Juan José, con Antonio Espina y Florentino Martínez Torner. En abril de 1954, la misma institución celebra un homenaje a la memoria de Díez-Canedo, en el que interviene JJD.

---

[34] «A tiras te arrancaron el peludo / y vedijudo cuero. Fuiste chivo / brincador, fuiste igüedo imperativo. / Hoy, mondo, tu alentar es casto y rudo» («Ya sin tu piel de siempre, estás desnudo», *Poemas y fragmentos inéditos. 1944-1959*, México: Ecuador 0º 0' 0", 1964, p. 21). «Alguien, celoso de tu voz entera, / te mondó como un hueso» («En carne viva, ya despellejado», *ibidem*, p. 22).

[35] J. J. D., *Concepto español de la poesía*, BNM, ms. 22.262, f. 31.

[36] G. Diego, prólogo a *El extrañado y otros poemas*, Madrid: Adonais, 1969, p. 13.

El extrañado

En 1955 muere doña Encarnación, madre de Domenchina. Mercedes ha fallecido el año anterior. Planea entonces Juan José un viaje con su esposa a Madrid. Quiere ir ese mismo otoño, o acaso la primavera siguiente. Ha de arreglar en Madrid la testamentaría de su madre y dar, sobre el terreno, los últimos toques a la *Antología*. Aconsejado por Aleixandre, escribe a Carlos Rodríguez Spiteri para pedirle que intente agilizar en el Ministerio de Estado los trámites de su solicitud de entrada en España. «Sólo vive con la ilusión del viaje», dice Ernestina. Pero el permiso le es denegado. Desde navidades abandona su trabajo y entra en un estado depresivo. Sabe que, definitivamente, nunca volverá a España. Acaso mejor así: preferimos no imaginar a Domenchina convertido en personaje aubiano, desnortado en un Madrid irreconocible. Al menos con la negativa le queda al autor la posibilidad de seguir idealizando lo que dejó atrás. Se da entonces a inventar el pasado –a abolir el tiempo–, como Lope cuando, desterrado de Madrid, poetiza en el soneto «Cuando por este margen solitario» un reencuentro con los árboles de su infancia:

> Soñé, anoche, que estaba en Madrid. Lo que me arrancó –aparentemente de cuajo– allá, en diciembre de 1936, de mi Madrid del oso y del madroño, más tarde, en febrero de 1939, de la frontera española, había sido, por las trazas, un mal sueño. La prueba de que de 1936 a 1956 había yo permanecido en la jocunda villa y capital de España, era que lo primero que eché a ver –en mi sueño de anoche–, al llegar a la calle de Serrano, fueron las raíces de un árbol...[37]

El relato, inédito, recrea un encuentro imaginario del poeta, en 1956, con Ortega, Machado, Unamuno y otros, vivos y muertos. Curiosamente, por las mismas fechas sitúa Max Aub su ficticio discurso de entrada en una Academia de la Lengua Española por donde la guerra no ha pasado: varios difuntos y transterrados participan en la sesión; el propio Domenchina ocupa en ella la silla R, a la que accediera en 1945.[38] No escatiman detalles ambos autores en el afán de documentar con verosimilitud una realidad quimérica, sin duda menos increíble que la propia historia.

[37] J. J. D., «Madrid» (1956?), BNM, ms. 22.260.
[38] M. Aub, «El teatro español sacado a luz de las tinieblas de nuestro tiempo», discurso leído por su autor en el acto de su recepción académica el día 12 de diciembre de 1956 y Contestación de Juan Chabás y Martí. Edición de Javier Pérez Bazo. Segorbe (Castellón): Archivo-Biblioteca «Max Aub», 1993, p. 35.

En el periodo crucial que va de 1954 a 1957 ha compuesto Domenchina la mayor parte de *El extrañado*. Los sucesivos golpes que ha recibido en poco tiempo –la pérdida de su hermana y su madre, la pérdida definitiva de la patria– asestan el último aldabonazo a la conciencia del poeta. Su cordón umbilical con este mundo ha acabado de romperse. «¿Para quién escribe el poeta?», se pregunta JJD en el prólogo de la obra. Tarde llegan los calurosos elogios epistolares con que Aleixandre, Dámaso Alonso, Gerardo Diego saludan la aparición del libro en 1958; de sobra sabe Juan José que hasta la posteridad le ha sido escamoteada. Poco importa además el reconocimiento de los hombres: *El extrañado* no ha sido escrito para ellos:

Publico esta sobria «colección para nadie», en las postrimerías de mi existir humano, y tal vez muy próximo ya a la vida de veras, con la esperanza de que Dios me escuche –por sí y con los oídos de sus criaturas más próximas. Es lo único que deseo (prólogo a *El extrañado*).

Ignoramos si la influencia de amigos próximos, como el P. Ernesto Santillán, al que Juan José trató en los seis últimos años de su vida, ha podido determinar la inflexión religiosa de Domenchina en esta etapa de desasimiento vital –conocido es, desde el *Viaje del Parnaso,* que «son hechos los poetas de una masa dulce, suave, correosa y tierna»–. El testimonio de Santillán es por sí elocuente:

Seguí de cerca su evolución espiritual, su retorno a la Iglesia y su intimidad con Dios. Pero esto, que se dice en pocas palabras, es una historia larga y dolorosa. Le vi sufrir, luchar y, ¿por qué no decirlo?: también le vi vencer, aunque a ese triunfo el mundo le llame derrota.[39]

La inspiración religiosa se manifiesta, en efecto, a partir de 1952 (*Nueve sonetos y tres romances*), si bien es verdad que anticipos de esa tendencia son ya rastreables con anterioridad a aquella relación, en *La sombra desterrada* (núms. 637-639, 660, 664, 672) e incluso en *Pasión de sombra* (núms. 526, 553). Tampoco hay que olvidar que en 1949 han sido ya compuestos varios poemas de *El extrañado*. Domenchina, nuevo Rimbaud –*le blasphémateur se met à croire en Dieu*–, por fin ha encontrado un interlocutor válido: «He ahí la única vida del poeta: el diálogo con Dios» (prólogo a *El extrañado*).

---

[39] E. Santillán, «Vida y obra de Domenchina», *Nuestro Tiempo*, nº 73 (julio de 1960), p. 30.

En la obra Domenchina recuerda a sus allegados (su madre, su llanura, sus autores predilectos), mientras se va distanciando –extrañando–, poema a poema, de todo lo terreno. Sobrecoge constatar cómo la voz del poeta se hace, por momentos, imperceptible, y hasta el mundo, como un ensueño, se evapora (nº 706):

> ...Allí estarán, allí estarán, Dios mío,
> estas cosas que evoco (ya sin nada
> de lo que a mí me tuvo y fue tan mío).
>
> Sí, allí están, como siempre, la cañada,
> los prados, y los árboles, y el río...
> Y mi voz, a lo lejos, empañada.

Abundan las frases parentéticas, susurros apenas audibles, en este «acendrado testamento lírico»,[40] libro de silencios, que constituye, en el fondo, la abdicación tardía de Domenchina, corporizador de lo abstracto (nº 719):

> Siempre soñé llegar a lo que existe
>
> tras la evidencia. Quiero –ya no inquiero–
> lo que esperé, señor, y tú me diste:
> empezar a vivir cuando me muero.

A Gerardo Diego aún tendrá ocasión de verlo Juan José en octubre durante las conferencias que aquel pronuncia en el mexicano Casino Español. Con la salud minada, haciendo un esfuerzo supremo, todavía saca arrestos para dirigir la sección literaria de *Tiempo,* por deferencia hacia su viejo amigo Martín Luis Guzmán. En la revista reseñará generosamente *Amor solo* y *Los encuentros,* y consolará a sus respectivos autores de la escasa atención que los libros han suscitado en México. Son muchos los títulos que Domenchina comenta en estos últimos años de su vida, pero la gratitud a sus devociones literarias se la reserva para *El extrañado*: Unamuno, A. Machado, Juan Ramón; y, ahora sin mención expresa, el omnipresente Quevedo (nº 697), «firme timonel de su angustia imperecedera –que es, por las trazas, lo único imperecedero del espíritu español–».[41] *Ultraquevediza,* sin embargo, Domenchina, capaz de sobrepasar incluso la

40 Gerardo Diego, prólogo a *El extrañado y otros poemas, loc. cit.*
41 J. J. D., *Concepto español de la poesía, loc. cit.,* f. 30.

desolación recordando un verso de Keats –*A thing of beauty is a joy for ever* (nº 516)–, el que para JJD es, con idéntica hipérbole, «tal vez el verso más hermoso de cuantos se han escrito en este mundo».[42]

Enfermo desde hace varios meses, en la mañana del veintisiete de octubre de 1959 fallece Domenchina, víctima de una insuficiencia cardiaca causada por enfisema pulmonar.

> «Como español de sangre, y buen vecino
> de mi Madrid natal,
> ....
> pido tierra española, de gusano
>
> español, en mi pueblo pueblerino.
> Que me lleve el camino mexicano,
> que es tierra generosa, a mi camino...»

había dejado dicho años atrás en testamento ológrafo (nº 498). A las once de la mañana del día siguiente, su cortejo fúnebre parte del número diecinueve de la calle Belgrado hacia el mexicano Cementerio Español, donde aún reposan sus restos.

[42] J. J. D., «Alfonso Reyes y su *Visión de Anáhuac*, I», *Hoy*, nº 174 (22-VI-1940), p. 57.

II. ESTA EDICIÓN

E L respeto a la estimativa del autor ha sido la pauta de este trabajo, conforme al criterio autorizado de colecciones como La Pléiade, en que esa práctica es habitual: sólo se publica lo que el poeta quiso publicar, y tal y como él lo publicó. Ante un Domenchina cuidadoso sin tasa de su obra nos ha parecido que holgaban exhumadores de primicias o conatos; ni que decir tiene que el extremo contrario, la censura, aún estuvo más lejos de nuestro ánimo, por más que sus efectos hayan alcanzado hasta la reciente edición española de uno de los títulos que J. J. D. compuso en México.[43]

Así, todos los poemas incluidos en la serie numerada de esta *Obra poética* se dieron a la imprenta en vida del autor: publicaciones póstumas («Los relojes dan la hora», *Poemas y fragmentos inéditos (1944-1959),* «Poetas», «Susana y los hombres», «Cantinela del picapedrero») e inéditos quedan fuera de los límites trazados. Sin embargo, en ningún momento se ha perdido de vista el valor ancilar de tales tentativas: si ocasionalmente hemos aprovechado alguno de esos materiales, ha sido de modo subsidiario y con advertencia expresa de su carácter.[44]

Los libros se reproducen por separado, en orden cronológico, e

---

[43] No existe ninguna edición íntegra de la poesía de Juan José Domenchina. Las *Poesías completas (1915-1934)* que la editorial Signo dio a la estampa en 1936 son menos completas de lo que el título indica, pues se limitan a recoger la obra de preguerra reconocida en esas fechas por el autor. En cuanto a su producción mexicana, ninguna de las cuatro reediciones, globales o parciales, existentes respeta el contenido orgánico de los libros: *La sombra desterrada* (ed. de Á. Caffarena, 1969), entre poemas del libro así titulado, intercala otros de *Exul umbra;* del mismo año es *El extrañado y otros poemas* (ed. de G. Diego) que, junto con la *Segunda elegía jubilar* y los romances de *Nueve sonetos y tres romances,* reúne una selección de *El extrañado.* E. de Champourcin omite en *Poesía. 1942-1958* (1975) la *Primera elegía jubilar* y los fragmentos más comprometidos de la tercera, y, a excepción de *Nueve sonetos y tres romances,* antologiza las demás obras —descuido, y no censura, parece la supresión del sonetillo de *El extrañado* «Áspera, fosca...»—. Más incomprensible por la fecha es, si cabe, la omisión de las décimas de *La sombra desterrada* llevada a cabo por la editorial Torremozas (1994), que elimina además varios sonetos, e igualmente algo arbitrario su título de *La sombra desterrada y otros poemas,* donde los «otros poemas» son un libro entero, *Nueve sonetos y tres romances.*

[44] De los poemas recogidos en el apéndice de autógrafos son inéditos «Aquí está un gran señor: el gran señor», «Bien hayas, don Artemio, Micifuz», «Mesa erudita y

57

íntegros –excepto las antologías–, respetando dedicatorias, prólogos y epílogos, secciones, títulos, citas, distribución y orden que los poemas guardan en las ediciones originales. Se transcribe con fidelidad, salvo en los casos de errata evidente, el texto completo, modernizando la acentuación y regularizando el empleo de signos ortográficos.[45] Cuando existe más de una versión de un mismo poema, damos prioridad sobre la más antigua a la que forma parte

---

apetito llano», «Os abandono aquí la conjetura» y «Sin incentivo ya, por repetidas» (versión primitiva del nº 700). El resto («De los largos silencios que sembraste», «Del alto manantial –apenas mío–», «Dices, pronuncias, grave, que *la nada*», «Se me murió la vida que me diste», «Voz ácida, acre voz, acerbamente») fue publicado por E. de Champourcin en la colección *Poemas y fragmentos inéditos (1944-1959)* (México, 1964). La obra no es demasiado rigurosa en transcripciones (por ejemplo, el poema «¿Quién pudo ver la cara de Dios?», independiente en el autógrafo, aparece en el libro injerto en el centón «Y tú eres el que fuiste y el que eres»), como tampoco en la datación de los poemas, pues omite la fecha de varios que sí la tienen en los autógrafos («Dices, pronuncias, grave, que *la nada*» fue compuesto en noviembre de 1954; «No me sometes tú. Yo te someto», el 1 de mayo de 1958; «Dices que estás contrito», el 12 del mismo mes). En el libro se da asimismo como inédita la décima «Los relojes dan la hora», que, con distinta puntuación, ya había anticipado C. Murciano en *Poesía Española*, nº 106 (1961): la versión correcta es en este caso la de Ernestina. El curioso texto metaliterario «Poetas», cedido por la misma a Max Aub, vio la luz en 1965 en el nº 3 de *Los Sesenta*. El 21 de julio de 1958, Camilo José Cela escribía a Domenchina solicitando su colaboración en *Papeles de Son Armadans*; como en otras ocasiones semejantes, J. J. D. rechazó el ofrecimiento: «También le agradecí mucho su invitación a colaborar en los *Papeles*. Quede la cosa para más adelante, porque no tengo a mano nada inédito, y no es cosa de refreír en Palma de Mallorca lo cocinado y paladeado casi secretamente en México» (BNM, ms. 22.269). Así pues, dudamos de que al autor, de haber vivido en 1969, le hubiera gustado ver impreso en la revista de Cela el poema «Susana y los hombres», que –sin fecha en *Papeles*– fue compuesto entre el 12 y el 14 de octubre de 1954, y es por tanto anterior a su negativa. La «Cantinela del picapedrero» (*Informaciones*, 1975) forma parte de «Preciada, la Pisabién», serie de romances inéditos.

[45] Las ediciones originales con frecuencia omiten en las frases exclamativas el signo inicial de admiración, y no siempre ha sido fácil decidir su lugar: nº 272 (vv. 5 y 43-45), nº 301 (vv. 10-13), nº 306 (vv. 1-3), nº 320 (v. 11-12), nº 356 (vv. 2-3), nº 368 (vv. 31-34), nº 575 (v. 4). A la inversa, ocasionalmente falta en el nº 216 la indicación del final de la exclamativa iniciada en v. 5; también, en el nº 107, el cierre de las comillas con que comienza el poema. La frase parentética que concluye en el v. 15 del nº 308 carece de paréntesis de apertura en la edición príncipe. Se han conservado las alternancias gráficas cuando afectan a la fonética (*oscuro-obscuro, conciencia-consciencia,* etc.): ejemplo representativo es el de *La sombra desterrada,* que lee *trasparente* en los núms. 639 (v. 2), 654 (v. 10), 658 (v. 4) y 677 (v. 8): no hemos querido restituir el grupo consonántico culto conforme al uso habitual del poeta, por si pudiera tratarse de una ocurrencia temporal de J. J. D. y no simple descuido del cajista. Han sido igualmente respetados los leísmos del madrileño Domenchina, salvo en un caso: el v. 82 de la *Tercera elegía jubilar* (nº 562), donde se ha preferido la lectura no leísta de la versión de 1944. En cuanto a la prosodia, no se marca el hiato en voces como *buido* o *huida,* siempre trisílabas en la poesía de J. J. D., pero sí el de otras, oscilantes (*fluido, ruin, ruina*).

de una obra autónoma. Así, por ejemplo, las alegorías, sátiras minúsculas y otros poemas que aparecieron por vez primera en revistas y en las *Poesías escogidas* de 1922, y años más tarde pasaron a constituir varias secciones de *La corporeidad de lo abstracto*, se editan en su forma y orden últimos. Solo una obra, la *Tercera elegía jubilar*, ha sido irreducible a este criterio: la composición se publicó en sendas ediciones con discrepancias mínimas, entre las que era difícil elegir. Se ha optado, no sin cierta arbitrariedad, por la versión de 1946 –en la que esta *Tercera elegía* apareció junto con las dos primeras, y no ya por separado como en 1944–, para no romper la unidad de ese libro (cf. *infra*, p. 65).

Se han cotejado las ediciones y publicaciones periódicas a nuestro alcance anteriores a la muerte del autor (1959), y han sido consignadas en apéndice las variantes que los poemas presentan en las sucesivas recopilaciones que J. J. D. llevó a cabo (1922, 1936, 1940, 1949), así como las de las versiones primitivas aparecidas en diarios o revistas; se registran además las discrepancias existentes en los poemas que E. Díez-Canedo seleccionó para el epílogo de la *Antología de la poesía española contemporánea (1900-1936)* –en su segunda edición, modificada, de 1946–, por ser ésta obra del propio Domenchina; también, ocasionalmente, alguna corrección supuestamente autógrafa. Salvo excepción (nº 58, v. 6; nº 73, v. 8; nº 271, v. 20), no se han adoptado conjeturas ni mezclado en el texto lecturas de diferentes testimonios. Sí hemos preferido en unos cuantos lugares, reseñados en la descripción de cada libro, la ortografía, acentuación o puntuación de versiones distintas a la tomada como base.

La sección «Otros poemas» recoge por orden cronológico todos las composiciones no incluidas en libro que hemos podido localizar dispersas en la prensa española y americana anterior a 1959 –también, en un caso, en un poemario ajeno–. No nos consta que hayamos sido exhaustivos en el sondeo de tales publicaciones: no es tarea fácil abarcar la prensa de los años veinte y Segunda República, desbordada, como es sabido, por la rica floración poética del momento; tampoco el acceso a todas las revistas literarias, la mayoría de vida efímera, en activo durante ese periodo. Es igualmente posible que Domenchina publicara durante la guerra algún poema más de los que aquí se editan; nos consuela pensar que, en todo caso, su interés será, casi con toda seguridad, no tanto estético como histórico, a juzgar por los hallados. En cuanto al destierro, a pesar del testimonio adverso del autor (cf. vol. II, «Otros poemas», VII), queda demostrada su colaboración en más revistas de las que recordaba, pero no creemos que atendiera la mayor parte de las peticiones recibidas. En todo caso, confiamos en que lo publicado no sea sustancialmente más de lo que figura en la segunda sección de la bibliografía, al menos por cuanto se refiere a poemas de aparición exclusiva en revistas.[46]

Se han reproducido todos los poemarios publicados a nombre del autor. *El diván de Abz-ul-Agrib,* conjunto de estampas arabizantes en prosa, no nos ha parecido que debiera ser considerado en plano de igualdad con las obras poéticas genuinas, expresamente firmadas por J. J. D., no tanto por la dudosa adscripción de tales cuadros al género que nos ocupa, como por haber sido disimulada su autenticidad tras una superchería literaria.[47]

Damos a continuación la lista de los poemarios ortónimos, con comentario de sus pormenores editoriales:

[46] No han dado fruto nuestras pesquisas, irregulares, en *Los Lunes de El Imparcial,* donde según testimonio propio el joven Domenchina habría publicado, como tampoco las calas que hemos hecho en *La Esfera* y *Nuevo Mundo,* menos fundadas. Como se verá más adelante (vol. II, «Otros poemas», IV), ignoramos asimismo la fecha del *Boletín del Servicio Español de Información* en que aparecieron los poemas núms. 375, 376 y 727, así como el lugar donde se publicó de nuevo este último junto con el nº 728.

[47] Salvedad que es, por supuesto, discutible. Domenchina fue un autor prolífico, y más versátil de lo que su monocorde poesía de posguerra pudiera dar a entender. Pero tuvo cuidado de no traicionar su voz más personal confundiéndola con ejercicios literarios; tal es a nuestro juicio *El diván de Abz-ul-Agrib*: un experimento de los muchos que ocuparon los ocios del autor, la mayor parte de los cuales quedó inconclusa o inédita. La obra se publicó en 1945 en la colección de versiones orientales que sostenía la Editorial Centauro, donde aparecieron traducciones de E. de Champourcin y del propio J. J. D., prologadas habitualmente por este, y con ilustraciones de Alma Tapia. La edición de *El diván* salió con un minucioso prefacio en el que Domenchina relata los pormenores del hallazgo y trascripción por los Thédenat del original manuscrito, y se presenta a sí mismo como el traductor español de la obra. El despliegue de erudición debió de convencer a más de uno: «Casi todo lo que he escrito aquí, y he escrito y publicado mucho, es de carácter morriñoso y religioso, salvo una colección de poemas en prosa, *El Diván de Abz-ul-Agrib,* que atribuí a un poeta de Al-Ándalus, siglo XI, y que algunos críticos norteamericanos y españoles de aquí creyeron genuinos. De este libro no he enviado un solo ejemplar a España» (fragmento de una carta de J. J. D. a J. López Gorgé, publicada por este en «Juan José Domenchina», *Cuadernos del Sur* (Córdoba), 23-VII-1987, p. 22; el artículo fue reproducido en *Melilla Hoy,* 8-I-1988, p. 6, con el título «En torno a Juan José Domenchina y a su apócrifo *Diván de Occidente*»). El propio López Gorgé difundió varios fragmentos de *El diván* («El desnudo», «Las violetas», «Sulayma», «Palabras» y «La mirada») en *Ketama,* suplemento literario de la revista literaria hispanoárabe *Tamunda* (Tetuán), núms. 13-14 (1959), pp. 1-2. El alcance de la ficción aumentaría cuando en 1986 se dieron a conocer en España *Los jardines de Hafsa,* complemento, inédito, de *El diván.* Cf. J. Romera Castillo: «*Los jardines de Hafsa,* un inédito de Juan José Domenchina», en *Epos (Revista de Filología de la U. N. E. D.),* vol. IV (1988), pp. 419-424. Por motivos semejantes a los que justifican nuestra omisión de *El diván de Abz-ul-Agrib,* tampoco los poemas adscritos a Arturo en *La túnica de Neso* (ed. cit., pp. 166, 227-228, 250, 302) han sido incluidos en esta *Obra poética.*

1. *Del poema eterno (DPE)*. Reproducimos la edición de 1917; no nos consta la existencia de una 2ª edición (1922), mencionada en varios lugares. De sus sesenta poemas, distribuidos en seis secciones en la edición original, J. J. D. seleccionó y retocó la cuarta parte (núms. 2, 4, 7, 8, 9, 11, 18, 34, 36, 37, 40-42, 48 y 52) en *Poesías escogidas. Ciclo de mocedad (1916-1921) (PE1922)*, y sólo incluyó cuatro (núms. 36, 37, 48 y 52) en las *Poesías completas (1915-1934)* de 1936 *(PC)* y en *Poesías escogidas (1915-1939) (PE1940)*. Ninguna composición de este libro precoz –tampoco del siguiente– fue recogida por Díez-Canedo en la citada *Antología de la poesía española contemporánea (1900-1936) (APEC)*. Las «Palabras iniciales» de Ramón Pérez de Ayala aparecieron de nuevo al frente de *PE1922*. Alguno de los poemas sería sustancialmente modificado en esta antología, como puede comprobarse por el aparato de variantes (cf. por ejemplo el nº 7). Hemos corregido en *nuestra* la lectura *muestra* que la edición original presenta en el v. 6 del nº 58.

2. *Las interrogaciones del silencio (IS)*. Se reproduce la primera edición (1918); la 3ª (1922) es idéntica a aquella. No conocemos ningún ejemplar de la 2ª, al parecer, de 1920. Constituyen el «poema» quince episodios a los que hemos dado numeración independiente, incluidos todos, con pequeñas modificaciones gráficas, en *PE1922*. *PC* omite los núms. 65, 66 y 69, y parte del 67 (vv. 1-4) y 68 (vv. 9-21); *PE1940* sólo publica íntegro el 70, y, al igual que *PC*, parcialmente los núms. 67 y 68; las dos ediciones presentan variantes de puntuación y lectura, y unifican los vv. 1-8 del nº 68 y 5-24 del 67. Se ha suprimido el acento diacrítico que el sustantivo *ser* presenta en los núms. 71 (v. 14) y 74 (v. 28). En el v. 8 del nº 73 tomamos de *PC* la lectura *estática*, frente al *extática* que leen *IS* y *PE1922*. *La túnica de Neso* transcribe los cuatro primeros versos del nº 72 con una larga glosa del protagonista (ed. cit., pp. 13-14).

3. *Poesías escogidas. Ciclo de mocedad (1916-1921)*. En esta temprana recopilación (1922), junto con los poemas indicados de sus dos primeros libros, se recogieron composiciones de un tercero entonces inédito, *Neurastenia,* que en 1929 se publicaría ampliado, con variantes y el título de una de sus secciones, *La corporeidad de lo abstracto (CA)*. Del primitivo *Neurastenia,* fechado entre 1918 y 1921, sólo «Una voz», incluido en el apartado «Otros poemas» *(PE1922,* p. 95), no pasó a *CA*: es el nº 76 de nuestra edición; único poema, por tanto, que transcribimos de *PE1922*. Como

queda dicho, prologan la antología las «Palabras iniciales» de R. Pérez de Ayala antepuestas en 1917 a *DPE*.

4. *La corporeidad de lo abstracto*. Reproducimos la edición de 1929, que agrupa y reordena composiciones aparecidas durante la década (*La Pluma, PE1922, España, La Gaceta Literaria*), y añade otras, hasta completar un total de ciento treinta y ocho según nuestra numeración. (Los poemillas que componen la serie «Haikais» han sido considerados por separado –núms. 138-149–; no así, por ejemplo, las secciones de la «Elegía condensada» –n.º 172.) Del proyecto original de la obra (*Neurastenia*, publicado en *PE1922*) se mantuvieron, con variantes fundamentalmente de puntuación, todos los poemas excepto uno (cf. *supra*), y, en distinto orden, los nombres y contenido de las secciones «La voz negra», «Espejos», «Otros poemas», «En la muerte de una mujer que no llegó a los treinta años» y «Sátiras minúsculas, palabras, notas», que fueron, salvo la primera y la penúltima, ampliadas. La sección de *Neurastenia* «La corporeidad de lo abstracto», notablemente aumentada, pasó a denominarse «Caprichos» al convertirse *La corporeidad de lo abstracto* en el título definitivo de la obra; el apartado «Neurastenia» del proyecto inicial fue agrupado en *CA* bajo el epígrafe «Otros poemas». En *CA* aparecen dos secciones nuevas: «Estampas» y «Eutrapelias mitológicas». El autor omitió en *PC* los núms. 78, 81, 85, 88-90, 96-99, 101, 103-108, 114-117, 119, 120, 122-126, 128, 135, 136, 150, 152, 157, 160, 163, 166-172, 174, 179, 180, 182, 189, 190, 200, 201, 204, 206, 208 y 210-214; *PE1940* prescinde además de los núms. 84, 87, 95, 176, 178, 181, 183, 186-188, 191, 192, 196, 202, 205, 207 y 209. Sólo el n.º 82 se incluyó en la primera entrega de la poesía de J. J. D. publicada por un periódico mexicano (*El Nacional*, 16-VII-1939: *Nac1*). Díez-Canedo –autor del ensayo que prologa *La corporeidad*–, seleccionó para el epílogo de *APEC* los núms. 82, 100, 112, 133, 155 y 198. En el v. 9 del n.º 87 hemos preferido la acentuación purista *Briáreo* (*La Pluma*, XII) a la llana de *CA*; rima y medida obligan en el n.º 88 (v. 8) a apartarse igualmente de *CA* y leer *cardiaco* (*La Pluma*, XXI). La versión del n.º 97 publicada en *España* (26-V-1923) añade cinco versos (cf. aparato de variantes). Los poemas núms. 98 y 99 llevan fecha de 1924 en *España* (22-III-1924). Siguiendo a *PE1922*, omitimos en el n.º 179 (v. 3) la coma imposible entre sujeto y verbo que presenta *CA*.

5. *El tacto fervoroso (1929-1930)*. Reproducimos la edición de 1930, formada por cincuenta y seis poemas, diez de los cuales (núms. 235, 243, 245-249 y 267-269) no volverían a ser publicados. El resto

pasó a *PC*; en *PE1940* se omitieron además los núms. 215, 224-230, 237, 238 y 270. Fueron cuatro las composiciones que de este libro eligió J. J. D. para su presentación en la prensa mexicana (*Nac1*): núms. 221, 239, 259, 261. Se recogieron en *APEC* los poemas 259 y 262. En el nº 241 hemos añadido una coma tras *extraño* (v. 8).

6. *Dédalo*. El texto corresponde al de la primera edición (1932), cuya distribución en versículos respetamos, aunque no su disposición tipográfica. Numeramos por separado cada sección del poema. (Hemos tomado de *PC*, donde la obra se recogió íntegra con variantes, el lugar del comienzo de la designada con la letra *c,* no señalado por errata en la edición original.) *PE1940* incluyó muy someramente este experimento poético del autor (núms. 272, 273, 281, 287 y 294), y sólo el nº 273 llegaría a *APEC*. Una nueva edición de la obra, que reproduce, incluso tipográficamente, la de *PC*, ha sido publicada en Los libros de Fausto (1982). La «Caricatura lírica del poeta por Juan Ramón Jiménez» apareció por vez primera en el *Heraldo de Madrid* el 22 de enero de 1931. En el v. 15 del nº 281 adoptamos, apoyándonos en *PC,* la ortografía *combid,* más ortodoxa que la forma *conbid* de la primera edición.

7. *Margen*. Reproducimos la edición de 1933, que distribuye bajo seis epígrafes cuarenta y seis composiciones. Los poemas 302, 303, 310, 311, 313, 314, 317, 318, 320, 321, 323, 335-339, 344 y 345, omitidos en *PC* y *PE1940*, no han vuelto a ser editados desde su salida primera; *PE1940* ignoró, además, los núms. 304-309, 342 y 343. La *Revista de Occidente* había anticipado en 1932 parte de la sección «Margen del pensamiento» (décimas 327, 328, 330, 332, 340, 343 y 346), tres de ellas reeditadas en *Nac1* (núms. 327, 328 y 346) y dos, junto con otra de la misma sección, incluidas asimismo en *APEC* (núms. 328, 333 y 340). Aunque no nos hemos atrevido a adoptarla, llamamos la atención sobre una corrección que figura en el ejemplar propiedad de E. de Champourcin (nº 303, v. 16, *e* por *de*), que podría proceder de mano de J. J. D.

8. *Poesías completas (1915-1934)*. Esta primera recopilación de la poesía domenchiniana apareció en 1936, enmarcada por el dibujo que del poeta realizara el año anterior J. Moreno Villa, junto con dos caricaturas, líricas –la primera de ellas anticipada en *Dédalo*– y un epigrama a cargo de Juan Ramón Jiménez. Precede a los poemas el «Soliloquio preliminar» que Domenchina había publicado los días 2 de abril y 11 de junio de 1933 en los folletones de *El Sol*. Según advertencia expresa del poeta, «en este volumen se recogen, entre todos los poemas escritos y publicados

por el autor desde 1915 hasta 1934, los que actualmente, en febrero de 1936, el autor reconoce y acepta como suyos». La obra constituye, por tanto, el saldo final del Domenchina de preguerra. A la consabida criba de sus anteriores libros, el poeta añadió las dos secciones que aquí reproducimos –«Décimas» y «Elegías barrocas»–, ambas compuestas entre 1933 y 1934, y parcialmente conocidas (núms. 348-350, 353) por su difusión, con alguna variante, en *El Sol*. De estos nuevos poemas, la guerra aventó los núms. 348, 350, 358, 360 y 363, ignorados en *PE1940*. El nº 354 se publicó en *Nac1;* llegaron a *APEC* los núms. 347, 353 y 365.

9. *Poesías escogidas (1915-1939)*. La pauta selectiva impuesta por *PC* se acentuó en esta nueva antología, impresa ya en México (1940). El «Soliloquio preliminar» que antecedía a la edición de 1936 volvió a aparecer, al igual que los poemarios de preguerra, reducido. Las sección de nuevas décimas que añadiera *PC* se reordena en *PE1940,* con omisión de varias (cf. *supra*), y adición de cinco de las seis publicadas en 1938 por *Hora de España* (núms. 369-373) y una hasta entonces inédita (nº 374). Las «Elegías barrocas» incluyen seis poemas más, dos de ellos (núms. 375 y 376) ya difundidos durante la guerra por el boletín del *Servicio Español de Información*. Al frente de la obra apareció un nuevo retrato del poeta, firmado por Moreno Villa en México.

10. *Destierro*. Reproducimos la edición de 1942. Consta de setenta y cuatro poemas agrupados en tres secciones –«Sonetos», «Décimas concéntricas y excéntricas», «Burlas y veras castellanas»–, de los cuales el autor incluyó dieciséis en su antología *Perpetuo arraigo* (*PA*, 1949) (núms. 381, 387, 388, 390, 393-396, 400, 403, 405, 409, 410, 414, 418, 422), ninguno de la última parte del libro. Como el resto de los títulos mexicanos del autor, este es poco conocido en España: más de la mitad de los poemas no ha sido recogida en ninguna de las ediciones publicadas hasta la fecha en nuestro país (cf. el índice de publicaciones que figura al final de nuestra edición, también para las obras que siguen). Las «Palabras de Azorín» del prefacio habían aparecido por vez primera en *Ahora,* en 1936.

11. *Pasión de sombra (PdS)*. Se transcribe la edición de 1944, formada por ciento cinco sonetos, cuarenta y seis de los cuales fueron recogidos un lustro después en *PA,* casi todos con nuevos títulos que damos en el aparato de variantes. El título de la obra está tomado del v. 8 del poema nº 541; el mismo sintagma se emplea en el nº 556 (v. 2), y constituye el título también de este poema en *PA*. En apéndice completamos el cuerpo inicial de la obra en virtud del autógrafo,

en el que figuran cinco sonetos más de los que pasaron al libro. Por el original sabemos que Domenchina situó a pie de poema las fechas que en la versión impresa aparecen como títulos: no obstante, hemos respetado la disposición de esta, aunque varios de los epígrafes que autógrafo y edición sitúan entre paréntesis tengan más aspecto de títulos que las propias fechas, y como tales fueran algunos considerados en *PA* (núms. 467, 480, 485, 491, 493 y 497). No se detallan las discrepancias de lectura o puntuación del autógrafo, en general peores que las definitivas, pero han sido consultadas en varios lugares problemáticos, casi siempre sin éxito: por ejemplo, en el v. 9 del nº 497, donde la edición impresa presenta una coma imposible entre sujeto y verbo que también aparece en la versión manuscrita: hemos corregido nuestro texto apoyándonos en el testimonio de *PA*, donde la coma se ha omitido. El testimonio adverso del autógrafo nos ha impedido modificar el v. 11 del nº 520, hipermétrico, que probablemente hubiéramos subsanado de no haber existido aquel. Tampoco nos hemos atrevido a rectificar la edición con alguna variante del original que nos parecía subjetivamente mejor: así, por ejemplo, la coma que este presenta tras *embuste* en el v. 14 del nº 468. Más relevante es la lectura del autógrafo en el nº 530 (v. 13): *desecho,* frente al *deshecho* de la edición. Hasta el último momento estuvimos considerando la posibilidad de dar aquella en nuestro texto; dejamos al menos testimonio aquí de su existencia. Siguiendo al autógrafo, hemos corregido en el nº 478 las minúsculas con que los vv. 13 y 14 comienzan en *PdS* y *PA*, pero mantenemos los puntos suspensivos iniciales del v. 13, que aquel omite. En el nº 548 *PA* presenta una coma útil al final del v. 1, que no está ni en *PdS* ni en el autógrafo, y que no hemos adoptado. También el ejemplar de *PdS* que posee la viuda del poeta proporciona un par de correcciones relevantes: *el* por *al* (nº 471, v. 13) y omisión de *a* (nº 523, v. 6), que conviene tener en cuenta, con precauciones.

12. *Tres elegías jubilares.* Editamos la versión conjunta de las tres elegías (1946). La primera de ellas –inédita hasta la fecha en España– se había publicado ya en 1940 en un número de la revista mexicana *Romance,* con diferencias de puntuación y lectura, así como algunas estrofas de notable interés omitidas luego en el libro; unas y otras han sido consignadas en el apéndice de variantes. En la revista, el poema está fechado el 27 de septiembre de 1940. El v. 71 de la *Segunda elegía jubilar* (nº 560) es hipermétrico tanto en la edición de 1946 como en *PA*, donde el poema se incluyó, como el siguiente, de modo fragmentario. La *Tercera elegía jubilar* había

aparecido en 1944, con dedicatoria pormenorizada y fecha (5 de abril-5 de junio de 1943), en una cuidada edición a partir de la cual, como se dijo más arriba, corregimos el leísmo que la de 1946 presenta en el v. 82 del nº 562. En el prólogo a esta última se da como fecha de composición de la *Tercera elegía* el periodo comprendido entre el 5 de mayo y el 5 de junio. (A efectos prácticos, en el texto se numeran las tres secciones del poema; también las reseñan por separado los índices de primeros versos y publicaciones.)

13. *Exul umbra (EU)*. Se reproduce la edición de 1948. Anticipos, con variantes, de esta obra fueron publicados en 1944 (*Cuadernos Americanos:* poemas núms. 568, 569, 583, 584 y 616-618) y 1945 (*Revista de las Indias:* núms. 565, 566, 570, 574, 588, 589 y 595), que pueden así fecharse con mayor precisión. De los cincuenta y cinco poemas de que consta el libro, doce fueron omitidos en *PA* (núms. 571, 572, 574, 581, 601, 607, 610, 613, 614 y 616-618). El nº 581 nunca ha sido reeditado. Eliminamos en *dionisiaca* (nº 583, v. 10) el hiato que presentan la versión primitiva y *EU*, y que ya corrigiera *PA*. Suprimimos la coma que *EU* presenta en el nº 588 al final del v. 11, conforme a la versión aparecida en *Rev. de las Indias*. En el v. 2 del nº 601 hemos añadido una coma tras el verbo.

14. *Perpetuo arraigo (1939-1949)*. De esta antología, resumen de la primera década mexicana del poeta, editamos las siete composiciones que no fueron recogidas en ningún poemario. Todas, salvo la dedicatoria (nº 619), formaban parte del proyecto inicial de *La sombra desterrada*.

15. *La sombra desterrada*. Transcribimos la edición de 1950. Buena parte de sus cincuenta y cuatro poemas habían sido anticipados en la revista mexicana *Las Españas* (núms. 626-642, 651, 652, 656, 657, 661, 663, 673-675 y 679) y en *PA* (los mismos, excepto núms. 633, 635 y 642, y a mayores los núms. 643, 645, 676 y 678). En el nº 650 (v. 14) la edición original lee *adonde,* posible prolepsis, que no obstante hemos corregido.

16. *Nueve sonetos y tres romances*. Reproducimos la edición de 1952, encabezada por una «carta rota, incoherente e impertinente a Alfonso Reyes».

17. *El extrañado (1948-1957)*. Se reproduce la edición de 1958, que incluye dedicatoria, prólogos, y veintiocho sonetos distribuidos en dos secciones. Para la mayoría de los poemas, los autógrafos conservados nos permiten precisar su fecha de composición dentro del marco temporal expresado por el título: en apéndice indicamos las que hemos podido averiguar, y reconstruimos algunas versiones

primitivas, así como la configuración originaria –treinta y tres sonetos– del libro. En el índice de publicaciones que figura al final de esta edición se relacionan las obras, revistas y periódicos donde, en lo que sabemos, ha aparecido cada poema hasta la actualidad. Omitimos las antologías, salvo la mencionada *Antología de la poesía española contemporánea (1900-1936)* que reuniera el propio autor.[48] No se han escatimado, pues, cautelas y miramientos. Y hemos procurado entorpecer al mínimo la lectura del libro con intromisiones propias, en la creencia de que el recato constituye, no ya sólo el homenaje debido a Domenchina, sino el mejor antídoto contra el error, con todo, insoslayable, y de cuya participación nos hacemos cargo: la filología es, por donde se la mire, un constante ejercicio de humildad.

Debemos a Antonio Carreira la noticia primera de Domenchina, así como la iniciativa de esta edición. A él, y a Robert Jammes, la materialización del proyecto bajo los auspicios de la Comunidad de Madrid y la Editorial Castalia. Federico Ibáñez y Julián González han atendido con esmero nuestras solicitudes. Ernestina de Champourcin, viuda del poeta, nos ha proporcionado un testimonio insustituible. Manifestamos asimismo nuestra gratitud a José J. Labrador, Elena de Paz, Javier Pérez Bazo y James Valender, que han atenuado cordial y eficazmente la penuria en materia de Domenchina de nuestro, por lo demás, generoso exilio andaluz.

AMELIA DE PAZ
Cádiz, febrero de 1995

---

[48] El desconocimiento de la poesía domenchiniana ha provocado que su representación en antologías se supedite en exceso a las selecciones publicadas en 1934 por Federico de Onís, *Antología de la poesía española e hispanoamericana (1882-1932)* (Madrid: vol. X de las Publicaciones de la Revista de Filología Española, pp. 1.037-1.044: núms. 77, 87, 216, 238, 255-261, 270), y Gerardo Diego, *Poesía española. Antología (contemporáneos)* (Madrid: Signo, pp. 275-277 y 583: núms. 84, 133, 154, 176, 194, 198, 220, 223, 231, 258, 259, 273, 327, 333, 346, 353); en menor medida, al criterio, coetáneo, de José María Souvirón, *Antología de poetas españoles contemporáneos (1900-1933)* (Santiago de Chile: Nascimiento, pp. 132-139: núms. 87, 88, 92, 122, 129, 353). La temprana fecha y el prestigio de estos florilegios ha obrado en detrimento del mejor Domenchina, el de posguerra, hasta el punto de que alguna de las contadas selecciones posteriores a 1940 que incluyen al autor ignora su poesía mexicana, como es el caso de la *Antología de poetas españoles contemporáneos* reunida por César González-Ruano (Barcelona: G. Gili, 1946, pp. 402-404: núms. 77, 84, 87, 133, 223, 238, 327 y 333). Enrique Moreno Báez recoge tan solo un poema, el nº 589, en su *Antología de la poesía lírica española* (Madrid: Revista de Occidente, 1952, p. 544).

SIGLAS UTILIZADAS

1. Obras:

3EJ	....	*Tres elegías jubilares.*
9Sy3R	....	*Nueve sonetos y tres romances.*
APEC	....	*Antología de la poesía española contemporánea (1900-1936).*
CA	....	*La corporeidad de lo abstracto.*
Caff.	....	*La sombra desterrada (1948-1950),* ed. Á. Caffarena.
CI	....	*Cántico inútil* (E. de Champourcin).
D	....	*Destierro.*
Déd.	....	*Dédalo.*
DPE	....	*Del poema eterno.*
E	....	*El extrañado.*
EU	....	*Exul umbra.*
EyOP	....	*El extrañado y otros poemas.*
IS	....	*Las interrogaciones del silencio.*
LF	....	*Dédalo* (edición de Los libros de Fausto).
M	....	*Margen.*
PA	....	*Perpetuo arraigo.*
PC	....	*Poesías completas (1915-1934).*
PdS	....	*Pasión de sombra.*
PE1922	....	*Poesías escogidas. Ciclo de mocedad (1916-1921).*
PE1940	....	*Poesías escogidas (1915-1939).*
Poesía	....	*Poesía (1942-1958).*
PyFI	....	*Poemas y fragmentos inéditos.*
SD	....	*La sombra desterrada.*
SDyOP	....	*La sombra desterrada y otros poemas.*
TEJ	....	*Tercera elegía jubilar.*
TF	....	*El tacto fervoroso.*

2. Publicaciones periódicas:

ABC1	....	*ABC,* 11-IX-1969.
ABC2	....	*ABC,* 25-IX-1969.
ABC3	....	*ABC,* 15-IX-1970.

ABC4	....	*ABC*, 21-I-1975.
Alfoz1	....	*Alfoz*, n° 5 (nov.-dic., 1952).
Alfoz2	....	*Alfoz*, n° 9 (oct., 1953).
CuA1	....	*Cuadernos Americanos*, XXVII, n° 5 (sept.-oct., 1944).
Esp1	....	*España*, 21-X-1922.
Esp2	....	*España*, 28-X-1922.
Esp3	....	*España*, 4-XI-1922.
Esp4	....	*España*, 16-XII-1922.
Esp5	....	*España*, 23-XII-1922.
Esp6	....	*España*, 20-I-1923.
Esp7	....	*España*, 26-V-1923.
Esp8	....	*España*, 22-III-1924.
GacLit.	....	*La Gaceta Literaria*, n° 35 (1-VI-28).
Inf.	....	*Informaciones de las Artes y las Letras*, n° 342 (30-I-1975).
Istmo	....	*Istmo (Revista del Centro de América)*, n° 7 (enero-feb., 1960).
LasEsp.	....	*Las Españas* (abril de 1949).
Nac1	....	*El Nacional*, 6-VII-1939.
Nac2	....	*El Nacional*, 19-V-1940.
NotGráf.	....	*Noticias Gráficas* (22-XI-37).
NotUniv.	....	*El Noticiero Universal* (13-IV-71).
Pl1	....	*La Pluma*, XII (mayo, 1921).
Pl2	....	*La Pluma*, XVI (sept., 1921).
Pl3	....	*La Pluma*, XXI (febrero, 1922).
PoesEsp1	....	*Poesía Española*, n° 84 (dic., 1959).
R	....	*Romance*, XVII (22-X-1940).
RevInd.	....	*Revista de las Indias* (Bogotá), n° 73 (enero, 1945).
RevOcc1	....	*Revista de Occidente*, XXXV (n° 105) (marzo, 1932).
RevOcc2	....	*Revista de Occidente*, núms. 86-87 (julio-agosto, 1988).
SEI	....	*Poesía Española (Suplemento Literario del Servicio Español de Información, Textos y Documentos)*.
Sol1	....	*El Sol*, 7-IV-1933.
Sol2	....	*El Sol*, 31-V-1933.
Vang1	....	*La Vanguardia*, 12-X-1938.
Vang2	....	*La Vanguardia*, 6-XI-1938.

BIBLIOGRAFÍA

1. Obra poética

Del poema eterno. Con palabras iniciales de Ramón Pérez de Ayala. Madrid: Ediciones Mateu, 1917, 83 pp. (¿2ª ed., 1922?).
Las interrogaciones del silencio. Madrid: Ediciones Mateu, 1918, 29 pp. (2ª ed., ¿1920?; 3ª ed., 1922).
Poesías escogidas. Ciclo de mocedad, 1916-1921. Con palabras iniciales de Ramón Pérez de Ayala. Madrid: Ediciones Mateu, 1922, 146 pp.
La corporeidad de lo abstracto. Madrid: Renacimiento-C. I. A. P., 1929, 219 pp. Prólogo de Enrique Díez-Canedo.
El tacto fervoroso, 1929-1930. Madrid: C. I. A. P., 1930, 136 pp.
Dédalo. Con una caricatura lírica del poeta por Juan Ramón Jiménez. Madrid: Biblioteca Nueva, 1932, 118 pp. Nueva edición en Los libros de Fausto (Col. «Anaquel de poesía», nº 3), Madrid, 1982, 64 pp.
Margen. Madrid: Biblioteca Nueva, 1933, 95 pp.
Poesías completas (1915-1934). Con dos caricaturas líricas y un epigrama de Juan José Domenchina por Juan Ramón Jiménez. Madrid: Editorial Signo, 1936, 295 pp.
Poesías escogidas (1915-1939). México: La Casa de España en México, 1940. 263 pp. Con un «Soliloquio preliminar» del autor.
Destierro. Sonetos. Décimas concéntricas y excéntricas. Burlas y veras castellanas. México: Editorial Atlante, 1942, 125 pp. Con unas palabras de «Azorín».
Tercera elegía jubilar. México: Editorial Atlante, 1944, 63 pp.
Pasión de Sombra (Itinerario). México: Editorial Atlante, 1944, 125 pp.
Tres elegías jubilares. México: Editorial Centauro (Col. «Poetas Contemporáneos»), 1946. 119 pp. Prólogo del autor.
Exul umbra. México: Editorial Stylo (Col. «Nueva Floresta», nº VIII), 1948, 85 pp.
Perpetuo arraigo. (Destierro. Pasión de Sombra. Tres elegías jubilares. Exul umbra. La sombra desterrada) (1939-1949), México:

Editorial Signo, 1949. Reimpreso por la Editorial Finisterre, México, 1968, 127 pp.

La sombra desterrada. México: Almendros y Cía, 1950, 79 pp.

Nueve sonetos y tres romances con una carta rota, incoherente e impertinente a Alfonso Reyes. México: Editorial Atlante, 1952, 47 pp.

El extrañado, 1948-1957. México: Tezontle, 1958, 90 pp. Prólogo del autor.

Poemas y fragmentos inéditos, 1944-1959. México: Ecuador 0º 0' 0», 1964, 68 pp. Transcripción a cargo de E. de Champourcin.

El extrañado y otros poemas. Prólogo de Gerardo Diego. Madrid: Ediciones Rialp (Col. «Adonais», nº 267), 1969, 88 pp.

La sombra desterrada (1948-1950). Edición de Ángel Caffarena. Málaga: El Guadalhorce, 1969, 96 pp.

Poesía (1942-1958). Introducción de Ernestina de Champourcin. Madrid: Editora Nacional («Alfar, Colección de Poesía»), 1975, 300 pp.

La sombra desterrada y otros poemas. Introducción de E. de Champourcin. Madrid: Ediciones Torremozas (Col. «El Vaso de Berceo», nº 7), 1994, 88 pp.

2. POEMAS SUELTOS

«*La corporeidad de lo abstracto:* imágenes y representaciones», en *La Pluma,* XII (mayo de 1921), pp. 304-308 (*Pl1*). (Incluye los núms. 77, 78, 81, 87, 91, 93 y 94 de esta edición.)

«Alegoría de la juventud», «Otoño», «Estampa remota», en *La Pluma,* XVI (septiembre de 1921), pp. 143-145 (*Pl2*). (Núms. 129, 153 y 151.)

«*La corporeidad de lo abstracto:* imágenes y representaciones», en *La Pluma,* XXI (febrero de 1922), pp. 86-88 (*Pl3*). (Núms. 85, 88, 89 y 96.)

«La Perplejidad», en *España. Semanario de la Vida Nacional,* nº 340 (21 de octubre de 1922), p. 10 (*Esp1*). (Nº 100.)

«El Dolor», en *España. Semanario de la Vida Nacional,* nº 341 (28 de octubre de 1922), p. 13 (*Esp2*). (Nº 102.)

«El Silencio», en *España. Semanario de la Vida Nacional,* nº 342 (4 de noviembre de 1922), p. 14 (*Esp3*). (Nº 101.)

«Ofrenda entrañable», en *España. Semanario de la Vida Nacional,* nº 348 (16 de diciembre de 1922), p. 14 (*Esp4*). (Nº 136.)

«Un poema», en *España. Semanario de la Vida Nacional,* nº 349 (23 de diciembre de 1922), p. 16 (*Esp5*). (Nº 137.)

«La Mentira», en *España. Semanario de la Vida Nacional,* nº 353 (20 de enero de 1923), p. 13 (*Esp6*). (Nº 95.)

«*La corporeidad de lo abstracto*: la Castidad», en *España. Semanario de la Vida Nacional,* nº 371 (26 de mayo de 1923), p. 5 (*Esp7*). (Nº 97.)

«*La corporeidad de lo abstracto:* el Cristianismo», *en España. Semanario de la Vida Nacional,* nº 414 (22 de marzo de 1924), pp. 9-10 (*Esp8*). (Núms. 98-99.)

«Dos poetas» (J. J. D. y José Manuel Melgarejo), en *La Gaceta Literaria,* nº 35 (1 de junio de 1928), p. 4. (Núms. 138-143, 161-163 y 183-184.)

«Décimas», en *Revista de Occidente,* XXXV (nº 105) (marzo de 1932), pp. 278-281 (*RevOcc1*). (Incluye los núms. 327, 328, 330, 332, 340, 343 y 346.)

«Versos inéditos», en *El Sol,* 7 de abril de 1933, p. 2 *(Sol1).* (Núms. 348-350.)

«Primavera de gozos (elegía)», en *El Sol,* 31 de mayo de 1933, p. 2 (*Sol2*). (Nº 353.)

«Cinco glosas excéntricas», ap. Ernestina de Champourcin, *Cántico inútil,* Madrid: Aguilar, 1936, pp. 9-17. (Núms. 720-724.)

«Madrid», en *Noticias Gráficas,* Buenos Aires, 22 de noviembre de 1937. (Nº 725.)

«Décimas», en *Hora de España,* XV (marzo de 1938), pp. 51-53. (Núms. 369-373 y 726.)

«Voz entrañable (letanía)», «Mediodía», «Angustia del crepúsculo», en *Poesía Española. Suplemento Literario del Servicio Español de Información, Textos y Documentos,* 1938 (?), pp. 3-4. (Núms. 375, 376 y 727.)

«Tres poemas de circunstancias», en *La Vanguardia,* 12 de octubre de 1938, p. 3 (*Vang1*). (Núms. 729-731.)

«Hombre de España», en *La Vanguardia,* 6 de noviembre de 1938, p. 3 (*Vang2*). (Nº 732.)

«Españoles en México: Ernestina de Champourcin y Juan José Domenchina», en *El Nacional,* 9 de julio de 1939, p. 3 (*Nac1*.) (Núms. 82, 221, 239, 259, 261, 327, 328, 346 y 354).

«Poetas contemporáneos», en *El Nacional,* 19 de mayo de 1940. (*Nac2*). (Núms. 376 y 377.)

«Primera elegía jubilar», en *Romance,* XVII (22 de octubre de 1940), pp. 10-11. (Nº 559.)

«Selección: cinco apostillas de sombra, dos canciones y un epitafio», en *CuA,* XXVII, n⁰ 5 (sept.-oct. de 1944), pp. 222-226 (*CuA1*). (Núms. 568, 569, 583, 584, 616-618 y 733.)

«Poesía», en *Revista de las Indias* (Bogotá), n⁰ 73 (enero de 1945), pp. 109-116. (Núms. 565, 566, 570, 574, 588, 589 y 595.)

«La sombra desterrada», en *Las Españas,* abril de 1949, pp. 8-9. Dibujos de Antonio Rodríguez Luna. (Núms. 619-621, 624-642, 651, 652, 656, 657, 661, 663, 673-675 y 679.)

«Poema», en *Alfoz,* n⁰ 5 (nov.-dic. de 1952), p. 7 (*Alfoz1*). (N⁰ 734.)

«Junto al chopo, el caballo» y «Trébol, trébol ardiente», en *Alfoz,* n⁰ 9 (octubre de 1953), p. 1 (*Alfoz2*). (Núms. 735 y 736.)

«Cuatro poemas de Domenchina», publicados por Leopoldo de Luis en *Poesía Española,* n⁰ 84 (diciembre de 1959), pp. 15-16 (*PoesEsp1*). (Núms. 216, 327, 619 y 636.)

«Domenchina: poesía de silencio, sombra y luz», por Ernesto Santillán, en *Istmo (Revista del Centro de América),* n⁰ 7 (enero-febrero de 1960). (En p. 42 incluye los poemas núms. 716 y 717.)

«Una décima inédita de Juan José Domenchina», publicada por Carlos Murciano en *Poesía Española,* n⁰ 106 (octubre de 1961), p. 1.

«Corona de poetas españoles muertos en el destierro», a cargo de Max Aub, en *CuA,* n⁰ 126 (enero-febrero de 1963), pp. 229-233. (N⁰ 562.)

«Poetas», en *Los Sesenta,* n⁰ 3, México, 1965, pp. 37-40.

«Susana y los hombres», en *Papeles de Son Armadans,* n⁰ CLVII (abril de 1969), pp. 53-56.

«Mal de Castilla», en *ABC,* 11 de septiembre de 1969, p. [95] (*ABC1*). (Núm. 691.)

«El extrañado», «Las raíces», «Oración», en *ABC,* 25 de septiembre de 1969, p. [108] (*ABC2*). (Núms. 706, 690 y 672.)

«Perfecto para la muerte», «Dolor humano», «20 de diciembre», «Desdén», en *ABC,* 15 de septiembre de 1970, p. [100] (*ABC3*). (Núms. 333, 664, 465 y 270.)

«Estás solo sin Dios (Soneto de J. J. D.)», en *El Noticiero Universal,* 13 de abril de 1971. (Núm. 698.)

«Evocaciones», «7 de enero», «La vida –que se nos va», en *ABC,* 21 de enero de 1975, p. [112] (*ABC4*). (Núms. 589, 483 y 705.)

Tres poemas de Juan José Domenchina: «Cantinela del picapedrero», «Décima», «Soneto», en *Informaciones de las Artes y las Letras,* n⁰ 342 (30 de enero de 1975), p. [6]. (El primer poema, inédito hasta esa fecha; los otros dos son los núms. 625 y 626 de esta edición.)

«La poesía en *Revista de Occidente* (1923-1936) (Antología mínima)», selección a cargo de J. Rubio, en *Rev. de Occidente,* núms. 86-87 (julio-agosto de 1988), pp. 265-296 (*RevOcc2*). (Núms. 328, 332, 340 y 346.)

3. CRÓNICAS

Domenchina publicó numerosos artículos de asunto literario y,
ocasionalmente, político, en periódicos y revistas de España
y América. (Para una relación exhaustiva, cf. nuestra *Poética y
crítica de Juan José Domenchina*.) Existen dos antologías de
sus colaboraciones en la prensa madrileña:
Crónicas de «Gerardo Rivera». Madrid: M. Aguilar, 1935, 256 pp.
(2ª ed.: México: Editorial Centauro, 1946, 246 pp.).
Nuevas crónicas de «Gerardo Rivera». Barcelona: Editorial
Juventud, 1938, 180 pp.

4. NOVELAS Y RELATOS

El hábito (novela). Ilustraciones de Masberger. Madrid: La Novela
Mundial, nº 9, 1926, pp. 61-126. Incluida por Lily Litvak en su
*Antología de la novela corta erótica española de entreguerras
1918-1936* (Madrid: Taurus, 1993), pp. 361-401.
La túnica de Neso (novela). Madrid: Biblioteca Nueva (Colección
de grandes novelas humorísticas), 1929, 351 pp. Edición fac-
símil, con prólogo de Enrique García Fuentes, en Madrid:
Biblioteca Nueva, 1994, lxxiii + 351 pp.
*«El desorientado (Glosa, ditirambo y vejamen de un nuevo don
Juan apócrifo):* I. De *Los aforismos y notas de don Juan;* II. De
Las citas de don Juan; III. De *El diario de don Juan* (día 11 de
julio)», en *Madrid. Cuadernos de la Casa de la Cultura*
(Valencia), nº 2 (mayo de 1937), pp. 75-82.
*«El desorientado (Glosa, ditirambo y vejamen de un nuevo don
Juan apócrifo):* Del diario de D. Juan. 15 de junio», en *Hora de
España*, XII (diciembre de 1937), pp. 23-31.
«Hombres de odio (relato)», en *Los Sesenta*, nº 3, México, 1965,
pp. 41-52.

5. ANTOLOGÍAS, EDICIONES, TRADUCCIONES, PREFACIOS Y OTROS

José de Espronceda, *Obras poéticas completas*. Con un estudio
preliminar y notas de Juan José Domenchina. Madrid:
M. Aguilar (Col. «Joya»), 1936. A partir de la 5ª ed. (1959, 782
pp.), la obra se ha completado con poemas tomados de las

Obras completas de Espronceda (B. A. E., t. LXXII), a cargo de Jorge Campos.

Antología de la poesía española contemporánea (1900-1936). Selección, prólogo y notas críticas y bio-bibliográficas de Juan José Domenchina. Epílogo de Enrique Díez-Canedo. México: Editorial Atlante, 1941 (2ª ed., modificada, México: Editorial Signo, 1946, 445 pp.; 3ª ed., México: Editorial Hispanoamericana, 1947).

Roger Callois, *El hombre y lo sagrado*. Traducción de Juan José Domenchina. México: Fondo de Cultura Económica, 1942.

Henri Pirenne, *Historia de Europa, desde las invasiones al siglo XVI*. Traducido del francés por Juan José Domenchina. México: Fondo de Cultura Económica, 1942 (2ª ed., 1956; 3ª ed., 1974, 472 pp.).

Las gacelas de Hafiz. Prefacio de Juan José Domenchina (pp. 7-11). México: Editorial Centauro, 1944, 195 pp.

La flauta de jade. Traducción de Ernestina de Champourcin. Prefacio de Juan José Domenchina (pp. 7-11). Ilustraciones de Alma Tapia. México: Editorial Centauro, 1944 (?), 212 pp.

Valmiki, *El destierro de Rama*. Prólogo de Juan José Domenchina. México: Editorial Centauro, 1944.

Ritusamhara, *La ronda de las estaciones*. Traducción y prefacio (pp. 9-15) de Juan José Domenchina. Ilustraciones de Alma Tapia. México: Editorial Centauro, 1944, 161 pp.

El diván de Abz-ul-Agrib. Versión mixta –francés, inglés, alemán, italiano y latín– de Ghislaine de Thédenat. Traslado al español, prefacio y notas de Juan José Domenchina. Ilustraciones de Alma Tapia. México: Editorial Centauro, 1945, 215 pp.

La guirnalda de Afrodita. Trad. de E. de Champourcin. Prefacio de Juan José Domenchina (pp. 9-15). Ilustraciones de Alma Tapia. México: Editorial Centauro, 1945 (?), 270 pp.

Rainer Mª Rilke, *Las elegías de Duino*. Introducción de J. J. Domenchina; traducción de M. Pedroso. México: Editorial Centauro (Col. «Poesía Mejor»), 1945, 110 pp.

Fray Luis de León, *Obra escogida*. Selección, prólogo y notas por Juan José Domenchina. México: Editorial Centauro (Col. «Poesía Mejor»), 1945 (?), 166 pp.

Miguel de Unamuno, *Obra escogida*. Selección, prólogo y apunte biográfico de Juan José Domenchina. México: Editorial Centauro (Col. «Poesía Mejor»), 1945, 152 pp.

Emily Dickinson, *Obra escogida*. Traducción de E. de Champourcin y J. J. D. Prólogo, apunte biográfico y nota bibliográfica de Juan José Domenchina. México: Editorial Centauro (Col. «Poesía Mejor»), 1946, 135 pp. (Reimpreso en Madrid: Ed. Torremozas, 1989.)

Cuentos de la vieja España. Selección, prólogo y notas biográficas de Juan José Domenchina. México: Editorial Centauro, 1946.

«Juan José Domenchina (1898-1959)». Necrológica y antología de fragmentos de *El diván de Abz-ul-Agrib,* publicadas por J. López Gorgé en *Ketama* (Suplemento Literario de *Tamunda,* Revista literaria hispanoárabe) (Tetuán), núms. 13-14 (1959), pp. 1-2.

Marcel Raymond, *De Baudelaire al Surrealismo.* Traducción de Juan José Domenchina. México: Fondo de Cultura Económica, 1960, 342 pp. (1ª reimpresión en España, 1983).

Los jardines de Hafsa. Madrid: Editorial Andrómeda (Col. de Poesía «Rabindranath Tagore»), 1986, 94 pp.

6. ESTUDIOS Y RESEÑAS DE SU POESÍA

Alfaro, María: «Juan José Domenchina», en *Ínsula,* nº 171 (febrero de 1961), p. 15.

Alomar, Gabriel: «Libros de poetas», en *Los Lunes de El Imparcial,* 11 de enero de 1922, p. [7]. (Incluye una reseña de *PE1922.*)

Andújar, Manuel: «La poesía singular de Juan José Domenchina» (conferencia acerca de *La sombra desterrada,* leída en el Ateneo Español de Mexico en 1950. 16 ff. ¿Inédita?).

——: «Sobre el poeta Juan José Domenchina» (Carta abierta a Pablo Corbalán), en *Informaciones de las Artes y las Letras,* nº 342, (30 de enero de 1975), p. [6].

——: «El exilio y Madrid en la poesía de Juan José Domenchina», en *CuH,* nº 331 (enero de 1978), pp. 5-18.

Anónimo: «Juan José Domenchina: *Poesías escogidas*», en *La Pluma,* nº 25 (julio de 1922), pp. 376-377.

——: «Domenchina (Juan José). *Margen*», en *Archivos de Literatura Contemporánea. Índice Literario,* año II, nº II (febrero de 1933), pp. 53-54.

——: Nota a la publicación de *Poesías Completas (1915-1934)* y de la edición de Espronceda que realizó J. J. D., en *La Voz,* 25-III-1936, p. 2.

——: Reseña de las *Poesías escogidas (1915-1939),* en *El Noticiero Bibliográfico del FCE* (México), mayo de 1940, pp. 3-4.

————: Reseña de *El extrañado*, en *La Gaceta del FCE*, nº 46 (junio de 1958).

————: «*Poesía (1942-1958)* de Juan José Domenchina», en *Europeo*, 20 de diciembre de 1975, p. 12.

Araujo-Costa, Luis: «Lecturas españolas: Poetas y versos», en *La Época*, 29 de junio de 1922, p. 1. (Incluye una reseña de *PE1922*).

————: «Un libro de versos: *La corporeidad de lo abstracto*, por Juan José Domenchina», en *La Época*, 24 de enero de 1930, p. 1.

Aub, Max: *La poesía española contemporánea*, en México: Imprenta Universitaria, 1954, pp. 101-104.

————: «Juan José Domenchina», en *La Gaceta del FCE*, nº 64 (diciembre de 1959), p. 2.

Aullón del Haro, Pedro: *El jaikú en España. La delimitación de un componente de la poética de la modernidad*. Madrid: Playor, 1985, pp. 77-82.

Ayala, Francisco: «Apuntes sobre un poeta: *Margen*, Juan José Domenchina», en *Luz*, 26 de enero de 1933, pp. 8-9.

Azcoaga, Enrique: *Panorama de la poesía moderna española*. Buenos Aires: Periplo, 1953, pp. 49-51.

«Azorín»: «*La corporeidad de lo abstracto*, Domenchina», en *Ahora*, 9 de abril de 1936, p. 5.

Bellver, C. G.: «Juan José Domenchina, Poet of Exile», en *Modern Language Notes*, nº 90 (marzo de 1975), pp. 252-264.

————: «Juan José Domenchina and his Surrealist Labyrinth», en *Kentucky Romance Quarterly*, 22, nº 3 (1975), pp. 365-383.

————: *El mundo poético de Juan José Domenchina*. Madrid: Editora Nacional, 1979, 353 pp.

Benumeya, Gil: «Juan José Domenchina: *El tacto fervoroso*», en *La Gaceta Literaria*, nº 87 (1 de agosto de 1930), p. 10.

Cao-Romero Alcalá, Laura: «La idea de Dios en la poesía de Juan José Domenchina», México: U. N. A. M., 15 ff. (Trabajo de iniciación a la investigación literaria, dirigido por el profesor Luis Rius. ¿Inédito?)

Carreira, Antonio: «El gongorismo involuntario de Juan José Domenchina», en *Bulletin Hispanique*, XC, núms. 3-4 (jul.-dic. de 1988), pp. 301-320.

Cassou, Jean: «La littérature espagnole en exil», en *Les Nouvelles Littéraires*, 11 de marzo de 1939, p. 6.

Castroviejo, Concha: «La vuelta de un poeta», en *Hoja del Lunes de Madrid*, 1 de septiembre de 1975, p. 17. (Reseña de *Poesía*.)

Chabás, Juan: «Juan José Domenchina», en *Literatura española contemporánea 1898-1950*. La Habana: Cultural, 1952, pp. 556-559.

Clayton Casto, Robert: Reseña de *El extrañado*, en *Books Abroad*, XXXV, nº 1 (diciembre de 1961), p. 75.

Cirre, José Francisco: *Forma y espíritu de una Lírica Española. Noticia sobre la renovación poética en España de 1920 a 1935* (México, 1950). Reimpreso en Granada: Ed. Don Quijote, 1982, pp. 144-146.

Díaz Fernández, José: «Segundo joven independiente y dos jóvenes más», en *El Sol*, 29 de diciembre de 1929, p. 2. (Incluye una reseña de *CA*.)

——: «Poemas de Juan José Domenchina», en *Luz*, 17 de enero de 1933, p. 4. (Reseña de *Margen*.)

——: «*Poesías completas* de Juan José Domenchina», en *Política*, 15 de abril de 1936, p. 3.

Díaz-Plaja, Guillermo: «*Poesía (1942-1958)*», en *ABC*, 30 de noviembre de 1975, pp. 48-49.

Diego, Gerardo: «Domenchina y el soneto», en *Arriba*, 20 de julio de 1969, p. 19. (Parte del prólogo de *EyOP*.)

——: «Tres romances», en *ABC*, 11 de septiembre de 1969, p. [95]. (Parte del prólogo de *EyOP*.)

Dietz, Bernd: «A quince años de la muerte de Juan José Domenchina», en *CuH*, nº 308 (febrero de 1976), pp. 225-230.

Díez-Canedo, Enrique: «Tres poetas», en *El Sol*, 26 de mayo de 1922, p. 2. (Incluye una reseña de *PE1922*.)

——: «Poetas jóvenes de España», en *La Nación* (Buenos Aires), 31 de julio de 1927, p. 13.

——: «Juan José Domenchina, poeta estoico». Prefacio de *La corporeidad de lo abstracto* (Madrid: Renacimiento, 1929), pp. 9-15.

——: «Domenchina y su *Dédalo*», en *El Sol*, 8 de mayo de 1932, p. 2.

——: «Poesía y oficio», en *El Sol*, 8 de enero de 1933, p. 2. (Reseña de *Margen*. Algunos fragmentos fueron reproducidos en *Archivos de Literatura Contemporánea. Índice Literario*, año II, nº II, febrero de 1933, p. 54.)

——: «Juan José Domenchina», en *Estudios de poesía española contemporánea*. México: Joaquín Mortiz, 1965, pp. 178-188. (Incluye el artículo de *La Nación* del 31-VII-1927, el prólogo a *CA*, y el artículo publicado el 8-V-1932 en *El Sol*.)

«El Encapuchado»: «Un Domenchina nostálgico y sereno», en *Arriba*, 2 de septiembre de 1975, p. 24. (Reseña de *Poesía*.)

Espina, Antonio: «*Del poema eterno* y *Las interrogaciones del silencio* (dos libros de versos)», en *España. Semanario de la Vida Nacional,* nº 326 (24 de junio de 1922), p. 16.

Fernández Almagro, Melchor: «Juan José Domenchina, escritor en prosa y verso», en *La Gaceta Literaria,* nº 77 (1 de marzo de 1930), p. 4.

García Aráez, Josefina: «*Exul umbra*», en *Cuadernos de Literatura. Revista General de las Letras,* núms. 16, 17 y 18 (julio-diciembre de 1949), pp. 326-327.

García de la Concha, Víctor: «Juan José Domenchina: *Tres elegías jubilares*», en *La poesía española de 1935 a 1975. De la preguerra a los años oscuros (1935-1944),* cap. VII. Madrid: Cátedra, 1987, pp. 286-291.

Giménez Caballero, Ernesto: «Revista literaria ibérica», en *Revista de las Españas,* núms. 39-40.(nov.-dic. de 1929), pp. 450-452. (Nota sobre *CA.*)

Giner de los Ríos, Francisco: «La Poesía Española del Destierro», en *Letras de México,* nº 10 (15 de octubre de 1943), p. 4.

Gómez, John: comentario a las *Poesías escogidas* (1915-1939), en *Universidad de Antioquía* (Medellín, Colombia), núms. 46-47 (junio-julio de 1941), pp. 328-334.

Ifach, María de Gracia: «Juan José Domenchina: *Poesía* (1942-1958)», en *CuH,* nº 308 (febrero de 1976), pp. 230-231.

Jarnés, Benjamín: «Poesía en fuga», en *El Sol,* 26 de mayo de 1936, p. 2. (Reseña de *PC.*)

Jáuregui Hernández, María Aurora, *Acercamiento a la poesía y a la poética de Juan José Domenchina.* México: U. N. A. M., 1969, 54 pp. (Tesina, ¿inédita?)

Jiménez, Juan Ramón: «Con la inmensa minoría crítica», en *El Sol,* 26 de abril de 1936, p. 1. (Reseña de *PC.*)

Ladiv, Nemrac: «Juan José Domenchina: el poeta de la soledad de España», en *Punto de Partida* (revista de la U. N. A. M.), nº 5, 1967, pp. 28-31.

Larrea, Juan: «Como un solo poeta», en *Voz de Madrid,* París, 13 de agosto de 1938, p. 2. (Reproducido en *España Peregrina,* I, nº 2 (marzo de 1940), pp. 80-83.)

Luis, Leopoldo de: «Juan José Domenchina: *Perpetuo arraigo*», en *Ínsula,* nº 52 (15 de abril de 1950), p. 5.

——: «J. J. Domenchina: *La sombra desterrada*», en *Ínsula,* nº 67 (15 de julio de 1951), p. 5.

Meux, Richard Phelps: *The Poetry of Juan José Domenchina*. U. C. L. A., 1972, 249 pp. (Tesis doctoral, ¿inédita?)

——: «El destierro interior: la imagen del yo en la poesía de Juan José Domenchina», en *CuH*, nº 297 (marzo de 1975), pp. 522-534.

Miró, Emilio: «Alberti, Domenchina, Ory», en *Ínsula*, nº 291 (febrero de 1971), p. 7. (Reseña de *EyOP*.)

——: «La poesía del destierro de Juan José Domenchina», en *Ínsula*, nº 348 (noviembre de 1975), p. 7. (Reseña de *Poesía*.)

Molina, Manuel: Reseña de *La sombra desterrada* (ed. Caffarena), en *Idealidad* (Alicante-Murcia), núms. 138-139 (septiembre-octubre de 1969).

Monterde, Alberto: *La poesía pura en la lírica española*. México: U. N. A. M., 1953, pp. 131-133.

Morales, Rafael: «Redescubrimiento y retorno de Domenchina», en *Arriba*, 3 de mayo de 1970, p. 16.

Morris, C. B.: *A Generation of Spanish Poets (1920-1936)*. Cambridge University Press, 1969, pp. 3, 20, 72, 134, 163, 176-9, 186-7, 219, 250, 255, 262, 267-8.

——: *Surrealism and Spain (1920-1936)*, Cambridge University Press, 1972, pp. 8, 36, 40-42, 76, 83, 98, 111, 125-6, 128, 136, 170-1, 177-8, 180-1, 183, 185-7, 253-4, 275.

Onís, Federico de: *España en América*. San Juan de Puerto Rico: Universidad, 1968 (2ª ed.; 1ª ed.: 1955), p. 269.

Paz, Amelia de: «Domenchina y J. R. Jiménez: Ícaro y Dédalo», en *Ínsula*, nº 529 (enero de 1991), pp. 20-21.

——: *Poética y crítica de Juan José Domenchina*. (Tesis doctoral en curso.)

Pérez de Ayala, Ramón: «Palabras iniciales» a *Del poema eterno* (Madrid: Ediciones Mateu, 1917), pp. vii-xii.

Río, Ángel del: «Juan José Domenchina: *Margen*», en *Revista Hispánica Moderna*, I, nº 1 (octubre de 1934), p. 40.

——: «La poesía española de Juan José Domenchina», en *Revista Hispánica Moderna*, III, nº 3 (abril de 1937), pp. 212-216. (Reseña de *PC*.)

——: «Juan José Domenchina. *Poesías escogidas (1915-1939)*», en *Revista Hispánica Moderna*, VI, núms. 3-4 (julio y octubre de 1940), p. 281.

——: «Juan José Domenchina. *Destierro*», en *Revista Hispánica Moderna*, X, núms. 1-2 (enero-abril de 1944), pp. 43-44.

Rius, Luis: «Poesía española de México», en *Revista de la Universidad de México*, 21, nº 5 (enero de 1967), pp. 12-16. (Introducción al disco del mismo título, vol. I, *Voz viva de México,* U. N. A. M.)

Rosenbaum, Sidonia C.: «Juan José Domenchina: bibliografía», en *Revista Hispánica Moderna,* III, nº 3 (abril de 1937), pp. 216-217.

Rivas Cherif, Cipriano: «Juan José Domenchina. –*Del poema eterno. Las interrogaciones del silencio*», en *La Pluma,* nº 14 (julio de 1921), p. 58.

Salazar y Chapela, Ernesto: «*La corporeidad de lo abstracto*», en *El Sol,* 18 de enero de 1930, p. 2.

——: «*Poesías completas*», en *La Voz,* 28 de abril de 1936, p. 2.

Santillán, Ernesto: «Domenchina: poesía de silencio, sombra y luz», en *Istmo, (Revista del Centro de América),* nº 7 (enero-febrero de 1960), pp. 35-44.

——: «Vida y obra de Domenchina», en *Nuestro Tiempo* (Pamplona), nº 73 (julio de 1960), pp. 30-45. (Reproduce el anterior trabajo, al que añade una introducción.)

Sapiña, Juan: Reseña de *Tres elegías jubilares,* en *España Nueva,* 27 de julio de 1946, p. 10.

Sotelo, Adolfo: «Juan José Domenchina: en busca de la identidad perdida», en *Cuadernos de la Fundación Españoles en el Mundo,* nº 10, 24 pp.

Toscano, Carmen: «Juan José Domenchina: *Pasión de sombra. Tercera Elegía Jubilar*» en *Rueca,* nº 12 (otoño de 1944), pp. 53-55.

Valverde, José Mª: «Exules filii Hispaniae», en *CuH,* nº 10 (julio-agosto de 1949), pp. 203-208.

Varela, Lorenzo: «Versos crudos y poesía ácida», en *Romance,* nº 5 (1 de abril de 1940), p. 18. (Reseña de *PE1940.*)

Velilla Barquero, Ricardo: *La literatura del exilio a partir de 1939.* Madrid: Cincel, 1981, pp. 41-43.

Villar, Arturo del: «Tras la sombra y la huella de J. J. D.», en *La Estafeta Literaria,* nº 567 (1975), pp. 8-11.

——: «Juan José Domenchina: *Poesía.* Colección Alfar, Editora Nacional (Madrid), 1975», en *Árbol de fuego* (Caracas), nº 97 (abril de 1976), p. 27.

——: «Domenchina, recuperado por la nueva colección Alfar, de la Editora Nacional», en *Alerta* (Santander), 4 de septiembre de 1975. (Reseña de *Poesía.*)

Warner, T.: «The Non-life Style of an Exil: the Poetics of Juan José Domenchina» en *Hispanófila,* 76 (1982), pp. 58-63.

Xirau, Ramón: «Rasgo común de los poetas españoles en México», *Poetas de México y España (ensayos).* Madrid: Porrúa, 1962, pp. 163-166.

Yerro Belmonte, Marino: «*El extrañado (1948-1957),* por Juan José Domenchina», en *Índice de Artes y Letras,* nº 118 (octubre de 1958), p. 30.

Zalcedo, Carlos: «De la rosa que no es rosa», en *Letras de México,* 15 de abril de 1940, p. 4.

Zardoya, Concha: «Juan José Domenchina, poeta de la sombra», en *Revista Hispánica Moderna,* XVI (1950), pp. 121-129. (Recogido, con alguna omisión, en *Poesía española contemporánea.* Madrid: Guadarrama, 1961, pp. 399-410 y en *Poesía española del siglo XX. Estudios temáticos y estilísticos.* Madrid: Gredos, 1974, vol. III, pp. 180-194.)

Zelaya Kolker, Marielena, *Testimonios americanos de los escritores españoles transterrados de 1939* (Madrid: Instituto de Cooperación Iberoamericana, 1985), pp. 42-43.

7. NOTAS BIOGRÁFICAS, NECROLÓGICAS, HOMENAJES Y EPISTOLARIOS

Anónimo: «El almuerzo del P. E. N. Club», en *El Sol,* 8 de febrero de 1936, p. 4.

——: «Homenaje a Juan José Domenchina», en *El Sol,* 30 de abril de 1936, p. 2.

——: «Banquete en honor de don Juan José Domenchina», en *La Voz,* 7 de mayo de 1936, p. 2.

——: «Se reorganiza el Instituto del Libro Español», en *El Sol,* 2 de junio de 1936, p. 2.

——: «Juan José Domenchina», en *Ínsula,* nº 156 (noviembre de 1959), p. 2.

——: «Recuerdo de Juan José Domenchina», *Papeles de Son Armadans,* XV, nº 45 (dic. de 1959), pp. 342-343.

Aub, Max: *La vuelta: 1964. Teatro completo,* México: Aguilar, 1968, p. 986.

——: «El teatro español sacado a luz de las tinieblas de nuestro tiempo», discurso leído por su autor en el acto de su recepción académica el día 12 de diciembre de 1956 y Contestación de Juan Chabás y Martí. Edición de Javier Pérez Bazo. Segorbe (Castellón): Archivo-Biblioteca «Max Aub», 1993, pp. 29 y 35.

Corbalán, Pablo: «El poeta Juan José Domenchina», en *Informaciones de las Artes y las Letras,* nº 342 (30 de enero de 1975), p. [1].

Hermosilla Álvarez, Mª Ángeles: «Cartas inéditas de Manuel Azaña a Juan José Domenchina», en *Anuario de Estudios Filológicos*, V (Cáceres, 1982), pp. 69-79.

Jiménez, Juan Ramón: «Juan José Domenchina (1930)», en *El Heraldo de Madrid*, 22 de enero de 1931, p. 8. (Reimpreso al frente de *Dédalo* en 1932, pp. 9-11 y en *PC*: cf. *infra*.)

——: «Caricatura, rudos y entrefinos», en *El Sol*, 15 de diciembre de 1935, p. 5.

——: «Dos caricaturas líricas y un epigrama de Juan José Domenchina», en *Poesías completas (1915-1934)* (Madrid: Signo, 1936), pp. 6-9, 281-287. (La primera caricatura fue incluida por J. R. Jiménez en *Españoles de tres mundos*. Buenos Aires: Losada, 1958, pp. 17-19. La segunda puede verse en la edición aumentada de la obra: Madrid: Aguilar, 1969, pp. 339-340.)

Leopoldo de Luis: «En la muerte de Juan José Domenchina», en *Poesía Española*, nº 84 (diciembre de 1959), pp. 14-15.

López Gorgé, Jacinto: «Juan José Domenchina (1898-1959)», en *Ketama* (Suplemento Literario de *Tamunda*) (Tetuán), núms. 13-14 (1959), pp. 1-2.

Meux, Richard Phelps: «Juan José Domenchina. Biography», prepared by Richard P. Meux for Doctoral Dissertation on Juan José Domenchina, spring, 1970, 15 ff. (¿Inédita?)

——: «Una carta inédita de A. Machado», en *Ínsula*, nº 328 (marzo de 1974), pp. 1 y 4.

Murciano, Carlos: «Domenchina», en *Punta Europa*, nº 49 (enero de 1960), pp. 114-116.

Paz, Amelia de: *J. Guillén, G. Diego, D. Alonso, V. Aleixandre: Cartas a J. J. Domenchina*. (Málaga: Centro Cultural de la Generación del 27, 1995, 125 pp.)

Rivas Cherif, Cipriano: «En memoria de Juan José Domenchina», en *Excelsior*, 13 de diciembre de 1959.

OBRA POÉTICA

DE

JUAN JOSÉ DOMENCHINA

VOLUMEN I

DEL POEMA ETERNO

Con palabras iniciales de Ramón Pérez de Ayala.

Publicado por Ediciones Mateu, Madrid, 1917.

PALABRAS INICIALES

ESTE *libro es como alto y encristalado ventanal en donde se espejan las sonrosadas primicias de una aurora. Al despuntar de la luz primera, sólo Dios sabe cómo será la jornada, si limpia y gloriosa, o aborrascada y hostil. Sea como Dios quiera, ¿qué importa para el pleno goce actual de la aurora que nace, niña y desnuda?*

Si en toda ocasión se correspondiesen la dádiva con la promesa y el advenimiento con la esperanza, nos cumpliría saludar en este joven poeta la certidumbre de un excelente poeta futuro. Entretanto, saludemos el alborear de una nueva Musa.

En el alma española dijérase como que va feneciendo la emoción de las auroras; la aurora del firmamento y la aurora del espíritu.

Vivimos de noche y a oscuras. Cuando abandonamos las *perezosas plumas, que decían los poetas de antaño, el sol se ha encaramado ya en el ápice del cielo. No damos los buenos días al sol hasta que está en su cenit, acaso cuando ya declina.*

Lo propio acontece con los grandes luminares del espíritu: ideas, emociones e ingenios que las incorporan. Vivimos en una cerrada noche del alma. Aguijados de pobres cuidados y vanas rencillas, ofuscados por bengalas y resplandores de artificio, o bien adormecidos, emperezados e ignorantes, no echamos de ver las ideas nacientes, las emociones insinuantes, ni las famas discretas que comienzan a cuajarse, sino cuando ideas, emociones y nombradías han logrado su mediodía y plenitud, y entonces, no es raro que las huyamos con esquiveza, buscando sombra y apartamiento, como con el sol meridiano, que abruma con su mucho fuego y deslumbra con su mucha lumbre. Cuando no nos embebecemos ante un crepúsculo vespertino, figurándonos que es crepúsculo matinal.

Hagamos por recobrar la visión de las auroras. Enseñemos al espíritu a gustar de las emociones vírgenes y a comerciar con las ideas castas. Escudriñemos con diligencia, por descubrir las almas mozas que se asoman por primera vez a contemplar el mundo.

Este libro de poesías es cabalmente un libro nuevo. Lo es, por ser el primer libro que su autor ha engendrado y dado a la estampa. Lo es, además, porque su poesía es poesía nueva.

¿Es que hay poesía nueva y poesía vieja? La poesía ¿no ha sido, es y será siempre una y la misma? Sin duda. Y esto no obstante, hay algo que, sin ser verdadera poesía, se parece a la poesía y hasta se hace pasar por poesía, y, como la hemos de llamar de alguna manera, la llamamos poesía vieja. Poesía vieja no es la poesía antigua, por ser antigua. La Ilíada *sigue siendo poesía niña, como en el momento de brotar entre los labios de Homero. Una cuarteta del* Libro de Buen Amor *es poesía juvenil, lo mismo ahora que cuando la compuso el jocoso Juan Ruiz. Las líneas de Lope conservan la frescura y novedad de cuando fueron escritas. Pero si un poeta de nuestros días se aplicase a remedar vocablos, giros e imágenes de Homero, del Arcipreste o de Vega, por muy próximo que resultase el parecido, su poesía sería poesía vieja. Poesía vieja es la poesía reflejada, imitada o simulada, aquella que no contiene una emoción nueva y actual. Homero, Juan Ruiz y Lope de Vega expresaron emociones nuevas y actuales, que por eso mismo continúan siendo, en ellos, emociones nuevas y actuales.*

La poesía ha sido, es y será siempre una y la misma; pero la sensibilidad poética y la manera o aparato sensible con que se manifiesta son distintos según los poetas y según los tiempos.

Según los poetas, la poesía es nueva o vieja, sincera o ficticia.

Según los tiempos, la poesía es antigua y nueva. Claro está que cabe en una poesía ser antigua y nueva conjuntamente, antigua, según los tiempos, por corresponder a la sensibilidad poética de una edad pasada; y nueva, según el poeta, por ser sincera y original, y esto no es prurito de paradojear.

Para los antiguos, el mundo de la poesía era un mundo sui generis, *un universo de realidades exclusivamente poéticas. Tenía este mundo poético un modo de existencia objetiva, fuera de la conciencia individual; pero no por eso era el mundo de las realidades cotidianas, de que nos dan noticia los sentidos, sino un mundo imaginado, creado conforme puras normas de belleza.*

Para la poesía nueva, por el contrario, el mundo poético es el mundo de la conciencia, el reino interior. Los gérmenes de este nuevo sentimiento poético fráguanse ya en la doctrina evangélica. El Petrarca, en su epistolario desde Voclusa, rememora unas palabras de San Agustín, que vienen a decir: ¿por qué andan los hombres tan desasosegados y enhechizados con la hermosura y grandeza del mundo, ora escalando los montes más eminentes, ya hundiéndose en los más temerosos abismos, si no tienen para qué salir de sí mismos, del reino interior de la conciencia, que no hay por de fuera hermosura y grandeza, ni cimas ni profundidades que admitan comparación con las del alma humana? De esta noción arranca la nueva poesía, cuya última y refinadísima expresión le cupo a aquel movimiento lírico francés, de fines del pasado siglo, denominado simbolismo. *Las novísimas tendencias de la poesía, en España y fuera de España, no son sino ramificaciones y generaciones sucesivas, cuando no ecos muertos o degeneraciones, del* simbolismo *francés.*

Tal viene a ser el concepto de la nueva poesía:

> Una visión celeste
> que inunda de color el frío oscuro
> de la totalidad del interior.

Como se dice en este libro. Por eso este libro es un libro nuevo, de Poesía nueva; virginal y desnuda primicia de aurora, que debemos recibir con reverencia y adecuada emoción.

RAMÓN PÉREZ DE AYALA

DE CATORCE BRAZOS

(1)

ESPEJO

EL carcaj está roto. Impotencia y potencia
se han unido. La fuerza sin el fuego es lo mismo
que nada. Cada cual se finge su existencia,
su porvenir, su amor, su dolor y su abismo.

5 El genio da su luz tras gestación magnífica.
La consciencia recoge su poder inmortal.
La ignorancia, o se abre en su mueca beatífica,
o protesta. La luz sigue luciendo igual.

La carne –tierra fácil– se llena de gusanos
10 en la esterilidad de los bienes humanos,
pero el fuego inmortal luce sobre el carbón.

(La charca negra tiene un oro melancólico
que, desde el fondo, inicia un giro parabólico.
¡La carne es tierra... pero también es corazón!)

(2)

LEYES

EL amor y el dolor se han enlazado en una
promesa. Y la promesa de dulzura y dolor,
resplandece en mi noche como una extraña luna
que mira dulcemente, que mira con horror.

5   Para apurar la copa hay que beber la hiel.
Los labios son dos rojos glotones de emoción.
Se absorbe la acritud para gustar la miel.
Es lo fatal: la ley de la compensación.

El amor —esa lánguida mujer— vela en el lecho
10   y nos llama. El dolor enlazado en el hecho,
nos veda el paraíso dándonos ilusión.

Y en la senda se abren unos ojos; se cierra
un hoyo, y queda un hombre frío bajo la tierra...
¡Es la ley infinita de la renovación!

(3)

LA FIESTA DE LA CARNE

LA noche está poblada de luces y de gritos.
Es noche de sonora conflagración carnal.
Ruedan hacia el fin único los amores finitos,
y se gozan, grotescos, en el lecho del Mal.

5   Se cubren muchos rostros por arrancar mil vendas.
En huecas carcajadas extiéndese el ludibrio.
El Tiempo escancia el vino de las Carnestolendas,
y el triste Humano ríe, perdiendo el equilibrio...

¡La noche es de la luz! El *champagne* alza un coro
10   enigmático, y funde de dolor un tesoro
áureo, antes de que anuncie su vivo fuego el sol.

Y cuando el Alquimista recoge los luceros
y la luna, aún prosigue, desde las nubes, Eros
removiendo la carne que cuece en el perol.

(4)

DELIRIO

REÍA en todo el fuego del sol. La paz sonora
se incendiaba en ensueños de colores. La senda
era quietud y encanto: luz en luz, áurea aurora.
Al Cupido inmortal le han robado la venda.

5   (Ayer —en un ayer lejano— el padre Adán
por amar, cabalgó sobre una carne hermana.
Hoy Amor emponzoña sus saetas con pan,
y tira al pan, soliendo perforar la manzana.)

Yo, que estaba besándome los labios en la fría
10 dulzura de un espejo, pues mi boca sentía
hambre de besos, tuve la videncia del mal.

Un buen señor, D. Creso, burgués empedernido
a la moderna, tiene en su lecho encendido
a Eva, y no por fruta, sino por mineral.

(5)

SOL AMARGO

EL sol trae primavera en sus oros... Muy lejos
de nosotros la vida recorre su camino.
La luz nos llega triste, como de unos espejos
negros... El corazón es un ojo divino.

5   Negra melancolía nos invade en la luz,
y, en tanto vibran risas y cantares, nosotros
desde el dolor altísimo de nuestra ingrata cruz,
a través de las lágrimas, vemos reír a otros...

¡Oh primavera trágica, que ofreces el sarcasmo
10 de tu ambiente y tus flores! ¡Irónico pleonasmo
que en nada queda cuando se busca lo esencial!

¡Primavera, tu luz es como una injusticia:
tras del dolor eterno nos muestra la inmundicia
de nuestros corazones hambrientos de ideal!

RITMOS ÍNTIMOS

(6) I

DORMIDO está el espíritu sobre la carne viva.
Los ojos son las grandes ventanas del pecado.
La emoción se pospone a la sensación brusca,
y triunfan en nosotros la ansiedad y el espasmo.

5   Las mujeres son siempre más dulces en el sueño
que en la vida, que pasan desnudos sus encantos;
con la promesa eterna brillando en las pupilas
y un ardor y un color dormidos en los labios.

Yo quiero ser más fuerte, y más débil, y más
10   mío; pero la carne manda: caigo humillado,
y al alzar los dolientes ojos, parece que
unas estrellas-senos brillan en el espacio...

(7) II

EN la sombra creciente de las meditaciones
queremos descifrar el enigma que vuela,
invisible y sereno, sobre todas las cosas,
sembrando dudas y tatuando cabezas.

5   La mirada escudriña lo que no puede ver,
y hay en el desaliento de nuestra insuficiencia
la rebeldía franca y la duda, que son
manos que a él nos acercan mientras que nos alejan.

10
Yo, después de leer y pensar mucho, sé
que todos los mortales venimos de la tierra,
y que, después de algunos años, meses o días,
indefectiblemente, volveremos a ella.

(8) III

SUEÑOS locos y dulces...
marchad, marchad... ¿Qué vale
que espere la alborada de mi vida
si sólo brillará mi eterna aurora
5   en el celeste Imperio de la Muerte?

Sueños, ensueños, todo
lo que me prometéis es imposible...
Dejadme solo y triste en esta espera
desesperada de lo inesperado...

10   ¡Fingid mañanas dulces, y encantadas
noches a otros espíritus más fuertes
que, al descender a la verdad, no sufran
el dolor que yo sufro!

No vengáis hasta mí; dejadme solo
15   en esta soledad de negro olvido...
¡Dejadme solo y triste en esta espera
desesperada de lo inesperado!

(9) IV

EL pan y el vino cerca; la mujer, a distancia.
El sueño reposado reparará tu frente.
Neutro a las emociones y sensaciones bruscas
has de ser. Y que el método tus deseos ordene.

5   Aspira el aire, come, pasea, puestos todos
tus sentidos en nada; luego, en la noche, duerme
un sueño reposado, sin ensueños; levántate,
y come, bebe y vive metódico... ¡y no pienses!

¡No te muerdas los labios; no rías sin tener
10 necesidad, no finjas, no sufras reteniéndote!
Arrugas, canas, tos y achaques vendrán tarde.
¡Ama, pero exterior y metódicamente!

Desprecia a los poetas que se mueren de hambre
en las pobres buhardillas...
                              No escuches el solemne
15 cantar de la verdad: realidad busca y halla.
Vivirás muchos años, y joven siempre... ¡y fuerte!

(10) V

PENDIENTE de un hilo invisible,
el muñeco del hombre piruetea
y, mareado por la extraña danza,
la noción pierde de la idea.

5   La mujer —autómata firme—,
en el suelo, se ríe, y llena
con su risa el ambiente de las horas...
en tanto el hombre piruetea.

Y la danza que empieza en llantos
10 y en infantiles inconsciencias,
fina, más tarde o más temprano,
en trágicas y horribles muecas.

Luego, en la negra y triste calma
del cementerio, come tierra
15 el muñeco que danzó tanto
para ir a parar a ella.

¡Nace un ser nuevo! ¡Nueva farsa!
¡Oh la huera tragicomedia!
¡El hombre danza para merecerse
20 sus dos metros, cortos, de tierra!

(11) VI

EL silencio es sereno pero no invariable.
Tiene coloraciones extrañas y distintas.
Cada hora presenta un silencio que ofrece
cambios bruscos y dulces: como la luz del día.

5   La hora del silencio es la hora sagrada
y eterna, de dolores profundos, de alegrías:
vagas irisaciones del cristal del espíritu,
emociones eternas, sensaciones efímeras...

Cada hora presenta un color. El silencio
10   en ellas se matiza,
gira, cambia, desglósase,
y ofrece siempre notas iguales y distintas.

Cierra los ojos; calla,
—todo duerma en la paz de la aldea o la villa—,
15   y verás los colores del silencio
que tu emoción irisa,
y el total, el color total que tiene
reflejos de tu vida...

(12) VII

SOMBRAS y sombras. Grises siluetas; extrañas
visiones. Es la tarde equívoca y doliente.
Los pensamientos pasan a otros pensamientos
casi olvidados, pero que han de subsistir siempre.

5   El ocaso tradúcese dentro de nuestro pecho
en locas ambiciones e insultos a la suerte
que nos ha condenado a seguir siempre igual,
y a la voz que serena dice: «No desalientes».

Unos contrastes bruscos saltan y nos torturan;
10   el cerebro, un instante, egoísta, se duerme...
El corazón sangriento sigue latiendo, y pone
una protesta en cada latido; se retuercen
los deseos, y queda
todo igual para hoy... ¡y para siempre!

(13) VIII

IGUAL que mariposas
negras –negras de noche o de silencio–,
pasan ante la mente
las ideas potentes e imposibles:

5   Divinizarlo todo;
dar a la noche su canción eterna,
que se cante después
de que el cuerpo, intermedio del milagro,
se pudra bajo el hielo de una losa.

10   Esas ideas santas,
ambiciosas tal vez, pero magníficas,
se pudren, se desdoblan y se pierden
en unas frases *raras* que caen en el olvido.

¡Oh, el suplicio de verlas ser llevadas
15   y traídas, por seres que abominan de todo
lo que le está vedado a su bajeza!

...Mis ideas efloran como rosas
de perfume interior; las bellas damas
las arrancan, las huelen, y las tiran
20   diciendo despectivas: «¡Bah, no tienen aroma!»

(14) IX

NOCHE y silencio.
Todo se duerme.
Ni un cantar, ni una brisa
turba la augusta soledad nocturna.

5   Los pensamientos llegan
al cerebro cansado
igual que pesadillas...
Todos tienen su nota de misterio.

El trabajo nos cansa;
10   embriagados de tedio y de amargura,
escribimos, sufrimos... ¡Y se está
pensando sin saber en qué se piensa!

Noche y silencio.
El alma pena en la dormida estancia.
15 Ni un cantar, ni una brisa
turba la augusta soledad nocturna.

(15) X

SOBRE el corazón doliente
muere marchita una flor,
que fue beso, que fue anhelo,
mujer y alucinación.

5 El ayer —cieno y cristal—
nos da recuerdo y dolor,
y el mañana es una negra
sombra de desolación.

¿Y en el camino? Las zarzas
10 que nos desgarran, y los
lobos-hombres y las hienas-
mujeres, y la pasión

y el vicio. Demos la vuelta
que en la hoja del dolor
15 está escrito nuestro nombre
manchado por un borrón.

(16) XI

IGUAL tarde de mayo que noche de diciembre.
Igual que el sol alumbre, que haya luna, o que todo
esté negro o esté blanco. Las horas negras vuelan
lo mismo por lo obscuro que entre lo luminoso.

5 ¡Oh, esas dulces romanzas, escapadas de bocas
que cantan un amor que es realidad!... ¡Oh, el loco
cantar de la ilusión! Cómo desgarran
la herida del espíritu incomprendido, solo...

Cada nota de luz es un matiz obscuro
10   que emborrona el dolor profundo y silencioso
de esas horas tan negras en que sentimos que
ese vacío y esa nada forman el todo...

(17) XII

DIVAGACIÓN

No es ilusión ni paradoja
sutil, sentir el bien del mal.
Tiene luz blanca la luz roja.
Y es sobrenatural lo natural.

5   Es imperfecta la pupila
humana; falsa la visión.
Odio de muerte el amor hila
en la rueca del corazón.

El hombre deja sorprender
10   su origen sobrenatural,
naturalmente, en el tercer
pecado: ¡el más original!

No es, pues, locura, paradoja,
ni artificiosa afirmación,
15   decir que el mal es la luz roja,
y el bien la blanca. ¿Conclusión?

No hay conclusión. Bah, lo de menos
es definir. Yo ruego al Inmortal
que nos conserve a todos buenos
20   en la alta práctica del mal.

(18) XIII

ORA...

MORIR habemos.
                    Nuestra juventud
—mujer al fin— nos abandonará.
Ni el amor llegará hasta el ataúd.
¡Nada hasta él llegará!
5 Morir habemos.
                    Vuelva la oración
olvidada a los labios. La tristeza
empújanos a la renunciación.
Dice que todo acaba lo que empieza.

Mas... la carne...
                    Vuelve la duda.
10 ¿Cuál más divino de los dos?
Cerca me espera una mujer desnuda.
Cerca también me espera Dios...

(19) XIV

DESCANSO

SON la diez de la noche. Nuestras frentes
doloridas, dobléganse. Los ojos
se cierran dulcemente. Entre las sábanas
anida una inquietud.
                    Llega el reposo
5 fingido de un ensueño sin mujer...
¡Sin mujer no hay ensueño!
                    Con nosotros
dormirá esa inquietud que, femenina,
nos ensaliva sabiamente el dorso...

LOS NOCTURNOS

(20)

AMBIENTE

EN un sopor extraño
de imaginarios besos,
la cabeza se inclina,
dulcemente tronchada, al lado diestro.
5   Y los nombres que escapan de la boca
son los tácitos rezos
que salmodia en la paz
la fuente irremediable del recuerdo.
Son nombres de mujeres...
10   Son nombres de mujeres. Nombres llenos
de picardía plástica, que hoy es
una nostalgia azul de desconsuelo.
Son nombres de mujeres, como ellas,
melancólicos, dulces y perversos,
15   de una perversidad ingenua, cándida,
de risa cruel y de mirar de cielo.
Son nombres de mujeres, que se rezan
tristemente, en silencio...
Son nombres de mujeres; son la forma
20   interior de un amor; el esqueleto
de una pasión que fue divinizada
en una unión de bocas y de senos.

(21)

MARGARITA

OH, la tristeza azul de Margarita,
que hablaba sin hablar, en una serie
de lánguidas miradas, que encendían
un ansia de cariño, fríamente...
5 ¡Qué divina tristeza la tristeza
de su faz transparente!

Una tarde me dijo:
–Margarita se muere...
Y sus ojos azules se perdieron
10 en la infinitud gris del cielo, siempre
triste y frío...
        ¡Ella y yo no éramos nada
en el sueño vacío de la muerte!

(22)

SUSANA

MARGARITA moría resignada
en la paz gris y trágica del parque...

Yo extático, admiraba
la divina agonía de la tarde.

5 Y mientras se perdía el fuego rojo
del sol, y mil imágenes
brotaban simultáneas de mi mente,
en mi nuca cobarde
se posaron dos labios, como dos
10 oraciones de carne.

«Es fácil olvidar,
mi amor, es fácil.»
Y sus labios corrieron a los míos
con la delicia brusca de un calambre.

15   Y en la tragedia extraña del ocaso
mi alma se hizo carne.

Nuestro amor se fundió
en una eterna comunión de sangre...

(23)

CELIA

CELIA besó la boca
fría de Margarita,
recogiendo su espíritu
de amante triste y lírica.
5   Luego —fue en noche obscura, de tormenta—,
durmió en el rojo lecho
de Susana, y sus pechos galoparon
sobre el temblor ardiente de sus senos.

Celia era la divina
10   languidez y la roja plenitud
de un amor; era hecha
de sombras y de luz.

Y su amor fue tan dulce,
tan casto y tan impúdico,
15   que yo tenía siempre entre mis brazos
la gloria espiritual de su desnudo...

(24)

FUE

Y NO sé cómo en varias
exclamaciones se me fue la vida.

Las tres sombras de luz que en mí posaron
son de la tierra-madre seca y rígida.

5   Y yo me fui al dolor directamente,
con esa abnegación ruin del suicida;
sin comprender que yo estoy más allá
de donde mis pies pisan...

(25)

ALMA DE LA NOCHE

NEGROS nocturnos.
                    Todo al fin se esfuma.
¿Y revivió el dolor?
                    El aire negro
es rasgado por trágicos sollozos...

¿Quién, quién sollozará?
                    Yo estoy sereno...

EL SILENCIO DOLOROSO

(26)

EL POETA

CUANDO una piedra, al ímpetu de la onda arisca
   y rápida,
va a dar contra una roca, se anuncia en el estrépito
el dolor.
      Si esa piedra, impulsada y vehemente,
horada el blando cieno,
¿no hay dolor, porque nada
5   turba el manso silencio?

(27)

LUCHA FÁCIL

QUIETUD fría. La noche va cayendo
tranquila y mansamente.
Todo está como absorto, como extático,
como paralizado, como inerte.
5   El campo, inmenso y manso,
entre la obscuridad del cielo, piérdese.
Y el misterio callado de la noche
surge sonoro de entre
la maleza...
      Una voz,
10   no humana, dúctil, tuércese
al golpe de mi espíritu, que está
más allá de la vida y de la muerte.

(28)

VOZ DE FONDO

MANSO espíritu del aire:
espíritu del silencio.
Mi voz, sin turbarte, fluye
con la cadencia de un verso.
5　Yo estoy aquí, sepultado
bajo las piedras y el cieno.
Yo, en esta inmovilidad
obligada, sufro el peso
de los siglos. Sobre mí
10　pesa todo el Universo.

Estoy solo. Hombres y bestias
pasan sobre mí, viviendo.
Yo estoy condenado a dar
de todo lo que carezco.

15　Yo soy lo más interior,
y todo lo exterior siento.

(29)

NADA

Y SE calló la voz. Nada se escucha.
El silencio forzado
en insonora lucha,
ruge en sí, bajo el cielo amoratado.

5　¿Silencio es paz? La luna dócil calla
sin callar. Pugna luego; cede luego.
Y en un tácito anhelo se desmaya
su cólera de fuego.

La esclavitud resígnase impotente:
10　¡Se quiebra por hallarse entre su arcilla!
¡Y seguirá sufriendo eternamente
bajo la luna indócil y amarilla!

(30)

LA MONTAÑA. VOZ ÚLTIMA

EN la inmovilidad la lucha es más profunda.
Nada se olvida. Todo pesa igual. Siempre el
        negro
dolor sobre mis músculos terrosos. ¡Cada vez
el dolor más acerbo!
5   Y todo es duro, díscolo,
arisco, todo, hermético.
No ve la negra luz
del fondo del silencio.

¿Son monstruos o son hombres
10   esos, que por tener un fluido eléctrico,
y poder darse, en la inmovilidad
equívoca del tiempo,
en frases, muecas y mil giros raros,
creen insensible lo que no es enérgico,
15   o que siéndolo en sí
no puede serlo?

¿Quién decir puede paz
a la sorda amargura del silencio?

IRIS

A LA VOZ INTERIOR

(31)

TRANSICIÓN Y NOSTALGIA

PARECE que la vida va apagándose
en tanto se iluminan las internas
estancias del espíritu que, bajo
las lámparas de fuego azul, se llenan
5 de palabras de amor, de raros giros
y de leves y cálidas cadencias...

Y aquel amor tan verde
—fundido en las pupilas de aguas muertas
de la única mujer—, va descorriéndose,
10 dejando ver su fondo de tristeza...

Y en los turbios remansos del espíritu
los fuegos fatuos de unos ojos sueñan...

(32)

LUNA TRISTE

Es el negro dolor de las tinieblas...

Bajo la pétrea bóveda del tiempo,
la carne y el espíritu se funden
y se separan a cada momento...
5 Y en el camino cenagoso sueñan

de vez en vez, espejos, turbios, negros...
y en ellos el amor es triste y trágico,
y la esperanza un pájaro agorero...

Duerme el reino interior
10 bajo la luna negra del silencio...

(33)

LA LLAGA PERENNE

Es un humo de azufre que se esfuma
sobre el fuego de un cráter...
                          Bajo el agua
de los días, prosigue,
muda, del fuego santo eterna llama
5 que no brilla
y que abrasa...

El volcán del amor parece muerto...

Sobre el cráter dibújanse fantasmas
de humo, y en el fondo
10 de todo, en las entrañas,
siguen, siguen uniéndose, en silencio,
–átomos de oro y luz– las rojas llamas...

(34)

CREPÚSCULO

El presente –los pinos azulados–
bajo la danza gris de los celajes,
del crepúsculo, sueña
en el dulce abandono de la tarde...

5 Hay coplas que recorren el sendero...
Recuerdos de mujeres que se abren
hacia la fantasía
en un giro de luz invariable...

Hay coplas que recorren el sendero
10   llorando su dolor y el de la tarde,
que poco a poco, muere
desangrándose...

Y la luna de leche es un sarcasmo
que ilumina el dolor ineluctable...

(35)

LA HORA MALA

¡SOMBRAS de fuego! ¡Efectos luminosos!
La quietud de la tarde inconmovible,
deambula por la umbrosa soledad.
Gira el silencio sobre el fondo virgen.

5   ¡No cede el hierro al beso de la nieve!
El mundo está invertido. Se dirigen
los ojos, que se alzan, hacia el suelo,
y está abajo, muy abajo, lo imposible.

El plomo se elevó, mientras las nubes
10   vaporosas bajaron. Se percibe
el fuego del sol, pero
el ojo ciego va al azar...
                            ¡Qué triste
este vacío!
              En la inmovilidad
del total, los movibles
15   puntos de luz destellan misteriosos:
¡saetas de luz que el céfiro dirige!

(36)

TRANSMUTACIÓN

LOS bravos pechos de la tierra, erguidos
se estremecen de amor, bajo las manos
de plata de la luna, que amorosa
los palpa dulcemente, sin espasmos.

5   Palidecen los cirios del azur,
y tienden los sarmientos de sus brazos
los árboles. El aire
es de humo y de fuego, enmarañados.

...Y la cándida luna que gustaba
10   el placer sin pecado,
se derrama en ardiente claridad
sobre el temblor de los pezones ávidos.

(37)

LA HORA DE CARNE

En el rosado fondo vagas sombras
pernean...
     La quietud del campo interno
se funde en el dolor de la llegada
del carbón que ensombrece el rosa cielo...

5   Y en el rosado fondo vagas sombras
pernean inquietantes...
     Todo quedo
convida a la oración...
     Sueña el crepúsculo
en los dormidos valles del silencio...

Y todo está tan cerca, que parece
10   que se pierde a lo lejos...

(38)

LOS RECUERDOS

Caía el agua mansa sobre el blanco
dolor del alma virgen...
     En la triste
soledad de los campos florecían
las rosas amarillas...
     Y en el índice

5   de la historia del mundo, deslumbraba
algo que inadvertido pasó al lince
de la mirada...
          Había en el ambiente
ese perfume de las tardes tristes
que pasaron, y que al volver sus dulces
10   hermanas del silencio, al fin reviven
y llenan la tristeza de las horas
con su perfume...
         Y las violetas grises
—grises bajo lo incierto de la tarde—
a sus verdes sostenes sobreviven,
15   y aroman de leyenda el santuario
de la tarde serena, que percibe
los segundos eternos
que giran como luces, invisibles...

Y caía la plata, mansa y dulce,
20   sobre el alma, que triste
vagaba por la umbrosa soledad
de los recuerdos grises...

(39)

PUNTOS DE LUZ

EN un cielo de duda y de dolor
un sol clava sus dardos de oro vivo...

Parece que se abren
ojos, o que se encienden, de oro, cirios...

5   Son igual que miradas momentáneas,
ilusiones del fondo interior, íntimo:
¡las flores del segundo
en la desolación de lo finito!...

Parece que en el negro
10   de lo futuro, prende farolillos
inquietamente rojos
y amarillos,

una mano invisible y milagrosa
que abandona el enigma en los delirios
15   de las llamas inquietas
que, en sus cambios, son signos...

(40)

CIPRESES DE FONDO

EN el sombrío fondo del abismo
los cipreses, igual que fuegos fatuos,
en el otoño frío,
se mueven en el viento, acompasados.

5   Y siempre con los vértices de oro,
se elevan elevados...

Si el viento troncha su ilusión, de nuevo
la calma les da fuerza en el descanso.

E igual que momentáneas esperanzas
10   se matizan de luz...
                 Y en su cansancio
siempre nobles, se elevan
al interior de un exterior fantástico...

(41)

NIEVE

FRÍO. La tarde es triste. Caen los copos
de nieve mansamente sobre el suelo.
La tierra viva se abre al amor vivo,
y la frialdad excita su deseo.

5   La nieve, lenta, cae sobre la tierra,
e, indiferente a sus ardientes besos,
se amontona sobre ella y va elevándose,
bajo la paz nublada de los cielos.

La amante, despechada,
10 se desfoga en denuestos.
La nieve, al escucharlos, lentamente,
se va tornando hielo...

(42)

CEMENTERIO EN RUINAS

LE doró el sol ayer, cuando sus tumbas,
aun blancas, requerían cintas de oro
para adornar su fúnebre quietud...

Pero cayeron sus potentes hombros...
5 y en la desolación de la rüina,
solo los cuervos, solo
los pájaros esclavos de la muerte
graznan en el dolor de los escombros...

Y —en recuerdos— hay tibias, calaveras
10 y mutilados troncos
de mujeres de ensueño, que lloraron
con la cabeza muerta entre los hombros.

Y ante la vista del fatal recinto
que se pierde en el polvo,
15 se contrae la boca
y huyen del interior los tristes ojos...

(43)

INTERMEDIO

LAS horas, como flores, tejen una
guirnalda sobre el tedio de la tarde.

Y luego esa guirnalda
se deshace
5 conforme se obscurecen
los celajes
que bailan en la roja lejanía

una danza de fuego...
                    Se entreabre
la puerta del ocaso, y el sol rojo
10   en la senda de sombras pierde sangre,
dejando en los copudos pinos, rojas
ansias de la agonía inevitable...

(44)

EL FUEGO INTERNO

LAS entrañas se queman en su fuego...
La pétrea voluntad, ahumada, cede.

Las piedras por el fuego y por el agua
se multiplican, chocan y se pierden...
5   Y el todo que da vida
a lo de siempre,
y que inunda en reflejos la aspereza
del sendero perenne,
se consume en sí mismo,
10   y entre el vacío y el silencio, pierde
sus fuerzas, átomo a átomo,
hasta quedar fundido entre lo inerte...

(45)

PANTANOS DE LUZ

PARECE que en estrellas diminutas
–miniaturas de luz– brilla la helada
desolación del interior sendero,
con árboles frondosos de nostalgia...

5   Los pantanos del alma se iluminan
y dejan ver, entre sus turbias aguas,
unas luces inquietas,
sonoras e instantáneas,
que arden como fuegos, en la duda,
10   con humo de esperanza...

(46)

OBSTÁCULOS

EL horizonte gris hiere el verdor
de los árboles altos;
tras la nueva muralla
salvada, negro elévase un obstáculo
5   vetusto, aterrador,
fuerte, apedernalado...
¡Y los músculos crujen de dolor
en la inminencia trágica del salto!
¡Y si fuera el postrero!
10   ¡Pero aun restan angostos
y aterradores pasos,
trampas dobles; difíciles
abismos, y los ríos ignorados
de los dolores negros, que aunque ajenos
15   nimban de negro el ansia y el cansancio!

(47)

FLORES NEGRAS

SOBRE el verde aceitoso del pantano
flotan las flores negras;
las flores del pecado que, ya inertes,
yacen sobre unas aguas, turbias, llenas
5   de recuerdos, de odios, de lujurias
de unas horas de niebla...
Y, en su turbio remanso,
miran pasar el tiempo, en su condena
horrible, invariable,
10   inmóvil y perpetua,
sin savia para ser de nuevo flores
del mal, sin el rocío de la enmienda,
condenadas a ser como unas frías
figuras de sal muerta...

(48)

ALGO

Son cambios bruscos, leves y sonoros...
El sol inflama el más allá constante,
y se esfuma en silencio
el último consuelo de la tarde...

5   El can del mar, con lengua azul y blanca,
lame la tierra...
              ¡Surge en un instante
eterno, la divina evocación
que matiza de vida lo inefable!

Y las rocas se inclinan,
10   en sombras, hacia el agua...
                  En delirante
confusión de color chocan las olas...

Y la gruta del alma, al verse, atrae
el agua del dolor a su aridez
para llorar por el dolor constante...

(49)

INTERIORIDADES

Una visión celeste
inunda de color el frío obscuro
de la totalidad del interior
que, entre el cerco constante de los muros,
5   suaviza su dolor con esperanzas,
y en vez de en flores da su anhelo en musgo...

Para el deslumbrador total se hace
preciso lo rotundo,
la fuerza superior o la dulzura
10   de algo lírico y único...

¡Lo intermedio es inútil!
El método inseguro;
el desorden maldito,
y la fusión de ambos –noble y sumo
15   poder– es imposible...

Y la visión celeste de un minuto,
da color, fuego y luz al todo negro,
medrosamente obscuro,
y la renunciación se hace inminente,
20   y el anhelo espontáneo se hace musgo...

(50)

EL DOLOR DEL SILENCIO

NADA se escucha; todo está dormido
o muerto...
              Ni un suspiro de consuelo
turba la paz constante y dolorosa
del forzado silencio.

5   Es una noche eterna
bañada en dolor negro,
y el dolor se hace mudo, y se incrementa
con el constante esfuerzo.

Es inútil, inútil
10   todo contra el vacío; como en sueños
la voz se alza sonora, sin oírse
ni súplica potente, ni lamento,
ni protesta...
              Los labios
se mueven en silencio...

(51)

VERDAD

AL pie de una montaña,
en una confusión podrida, yacen
los fríos esqueletos
de unos sarnosos canes,
5 que en la paz de la hora
inquieta de la tarde,
clavaron sus colmillos venenosos
en la morbidez sana de unas carnes...

Y allí están olvidados
10 al viento, al beso infame
del excremento tibio
de otros canes,
que por no aparecer –a la difusa
luz aparente–, muerden, medran, saben
15 emponzoñar, dejando
en duda el mal que hacen...

Y al pie de una montaña,
ya pudriéndose, yacen
en informe montón, los esqueletos
20 de los monstruosos canes
que en una hora serena
de una tarde,
clavaron sus colmillos venenosos
en la morbidez sana de unas carnes...

(52)

POZO EN SOMBRAS

Es un túnel obscuro, levantado
y cuajado en el vientre de la tierra...

Ojo de los misterios subterráneos
por donde entran la luz y la belleza
5 de lo exterior...
　　　　　La gota de agua limpia

que, entre el bullicio de las luces, sueña,
llevando al fondo negro
guirnaldas blancas de emociones nuevas...
Es algo fácil, fácil
10 a la renovación, que en las tinieblas
sueña luces extrañas...
¡Pezón y boca, a un tiempo, de la tierra!

(53)

EL RÍO

EL río se desliza mansamente
entre el fértil verdor de la pradera...
Es un río de lágrimas
eternas...
5   Es un río que, por entre la calma,
lleva el dolor, que inadvertido sueña
bajo la paz sonora de la vida,
y enlaza a sus dolores nuevas penas
observando el verdor inalterable,
10 y la sensualidad de la pradera...

(54)

LA HIEDRA ETERNA

ELÉVASE por sobre la frialdad
de las piedras mojadas...
El musgo es un hermano
que su dibujo estético subraya...
5   Por la gruta serena,
fríamente dorada,
la hiedra del dolor, verde, ascendente,
va dejando su mancha
verdinosa y fatal
10 que, neutra al agua,
sigue, perenne, eterna...

Y en tanto el tiempo horada
la piedra, poco a poco, facilita
su labor...
        Y en la maga
15   suntuosidad de luces de una tarde
o en la superstición de una alborada,
se desploma la gruta, y va su esencia
a perderse... en las grutas ignoradas...

(55)

EL DOLOR

Por este laberinto descendente
y ascendente, fusión de lo indecible
y de la realidad, hay un dolor
que a su causa de fuego sobrevive.

5   Que vagará constante
como un ánima en pena...
                Hasta que fine
la luz del laberinto...
              Entonces todo
a la nada se irá...
          Y el dolor firme
pernoctará en las sombras aun vivientes
10 que soñarán en un sopor sublime
con góticas visiones
que aclararán su misteriosa urdimbre...

(56)

BOSQUE VIOLETA

Por un juego de magia, se hace rojo
el aire; azul, muy azul la lejanía,
y, como gasas que en el viento fueran,
se enlazan en un beso de armonía...

5 Y los pinos, espejos de fantasmas,
tienen coloraciones amarillas.

Y luego es un violeta decadente
el que inunda la paz de la campiña
que huele a olvido triste,
10 a lujuria de muerte, a negro día...

Y en la variación de los matices
se obscurece de tedio la alegría.

Y el paisaje violeta
mira a la maga luna con envidia,
15 que, en el cielo, parece
una grotesca máscara amarilla...

(57)

EL AGUA AZUL

EN una confusión de azules raros
vese correr azul, continua, el agua,
bajo la negra bóveda de piedra...
...la gruta más sonora de las almas...

5 Gota a gota, rezuma el barro santo
del espíritu perlas azuladas
que, uniéndose, recorren
el camino fatal...
                    Y como lágrimas
se pierden nuevamente entre la tierra
10 para brotar más tarde de las blancas
nieblas, húmedas, frías,
de la desilusión ilusionada...

LAS PALABRAS DEL FIN

(58)

LA VOZ SONORA

SE puede hablar bajo esta gran campana
de cristal que, a lo externo siempre hermética,
no consiente que nada nuevo arribe,
ni que nada se pierda.
5   Se puede hablar sin miedo. Estando en nos,
podremos dar la nuestra
más verdad. Nadie escucha.
Arranquemos la venda
que cubre nuestra herida; taponemos
10   el orificio de la farsa externa.
Y hablemos sin temor.

(59)

LA VOZ MUDA

CORAZÓN noble
soy yo. Tú estás en mí. De mí no temas.
Voy a hablarte. Precisos mis consejos
te son para la lucha eterna.

5   ¿Tú crees que el mostrarse plenamente
en lágrimas o en muecas;
el dar dulzura ilimitada, y luego
extremada violencia
es ir derechamente

126

10   por la torcida senda?
     ¿Que todo te es infiel? Cierto; mas cuida
     de, sin dar tú la vuelta,
     volverlo, simulando un cambio brusco
     que al presentarse habrá perdido fuerza.
15   Cuando el dardo encendido en lo más fácil
     de improviso te hiera,
     señala una sonrisa y tente luego,
     que una mueca será de indiferencia.
     Cuando la rosa blanca
20   del pico de la blanca mensajera
     se empape en ti, no grites de entusiasmo;
     el impulso romántico refrena.
     Pon un latido, y luego
     calladamente espera.
25   Cuando te sientas frío
     de olvido, entonces... sueña
     y escupe tu dolor, que no ha de ser
     ciertamente blasfemia;
     pues al punto has de dar
30   una nota sensata de paciencia.
     Y escucha o siente, que esto que te digo
     si en tu desorden lírico se ordena,
     te alargará la vida, rescatándote.

     Y nunca olvides que olvidar es media
35   parte de la verdad que está flotando
     siempre rota y completa.

     ¡Guarda el término medio
     que a la vasija eterna
     un orificio superior impide
40   por siglos y más siglos que esté llena!

(60)

EL CORAZÓN

CALLA, calla y no olvides tú que habrá
quien con agua haga piedra,
mas no quien evitar
lo inevitable pueda...

LAS
INTERROGACIONES
DEL SILENCIO

Publicado por Ediciones Mateu, Madrid, 1918.

A mi muy querido y muy admirado maestro, Ramón Pérez de Ayala, —arquetipo del hombre cabal—, humilde y fervorosamente dedico este breve poema.

J. J. D.

(61)

AMBIENTE

BAJO la sangre –fría y obscura– del ocaso,
la carne –¿alma?– abría sus bocas, de cansancio.
En las horas no había ni dudas ni entusiasmos.
Todo dormía el sueño maldito del eriazo.

5   Pero, tras esas sombras de helor negro y malsano,
pugnaban los sentidos, en el oculto ergástulo.
Y el alma del recuerdo, como un niño asustado,
vagaba por las nieblas rojizas del ocaso.

La luz se hizo más roja y dolorosa, cuando
10   se coaguló el silencio sobre el verdoso fango.

La sangre-piedra, al roce súbito de un relámpago,
en interrogaciones se abrió.
                                        Sobre el eriazo,
las espirales –trágicas e impúdicas– danzaron...

(62) I

¿QUIÉN cerrará el Poema de la Vida
con el broche de oro de lo eterno?

EL ALMA

(En la interrogación late el espíritu
sin principio y sin fin del Universo.)

133

LA VOZ

5 El árbol primitivo, que dio sombra
de amor a la lascivia del divino
pecado, está ante nuestros ojos.
Y será siempre...
                    Siempre, en el propicio
instante de una hora,
10 sombreará los delirios
de los humanos —que recorrerán,
inconscientes, el trazado camino.

(63) II

¿QUIÉN nos dirá las viejas
ideas de los siglos, en los nuevos
moldes, ya remozadas con la esencia
del espíritu próximo a lo eterno?

EL ALMA

5 (Late en la espiral lenta que interroga
la multitud de espíritus dispersos
que se buscan, en vano, entre las brumas
de la vida —en la pugna y en el sueño.)

LA VOZ

El alma del primer poeta
10 late en mi alma y en tu alma.
Lo que él ya dijo, lo diremos
nosotros en otras palabras,
y, al darnos plenamente a todos,
dejando en frases corazón y entraña,
15 se quejará el primer poeta
en el dolor de nuestras almas.

(64) III

NOSOTROS, los exégetas románticos,
¿hemos sabido descifrar los viejos
infolios del amor y de la vida?
¿Las ideas eternas comprendemos?

EL ALMA

5 (...Y los círculos leves y enigmáticos,
que van entre agua y viento,
se deshacen en dudas, que son dardos
fatales para el corazón enfermo.)

LA VOZ

Escribe «amor» en un papel, y pasa
10 lo escrito ante los ojos de mil seres.
Interroga, después: «¿Qué es amor?» Calla
luego, y escucha.
           Cada cual, solemne,
te hablará –ya en latido, ya en idea–.
Repasa las palabras. Piensa. Siente.

15 La disconformidad de todos, lejos
de alejarte del fin, llevarte a él puede...

(65) IV

LA vida ¿deberá vivirse como
nosotros la vivimos? ¿Llegaremos
por estas trochas, al camino blanco
que se entrega a lo eterno?

EL ALMA

5 (...Y las ondas de música y de agua
se abren a los prodigios cenicientos
de un ocaso que finge
una alborada extraña sobre el cielo.)

LA VOZ

10 La Vida es infinita. (No la tuya
de ahora: la de siempre.)

Adelantar del punto de partida
diez pasos, es sumar un paso y nueve
más, al final del laberinto...

Camina o duerme.
15 Sea tu pura sensibilidad
la brújula serena que te oriente.

(66) V

¿DEBEMOS engendrar hijos que integren
mañana el odio, o rebajar debemos,
al relámpago vivo de una daga,
el más trascendental de nuestros miembros?

EL ALMA

5 (...Y las burbujas que en el agua hierven,
mueren en el ambiente frío y denso.
El cielo, constelado y prodigioso,
sin inmutarse, ríe en sus luceros.)

LA VOZ

Los sueños pugnan por latir
10 en la vida verdad: en el dolor.
El esfuerzo, hecho luz, quiere vivir.
Fue sombra: quiere ser color.
Y... ¿cómo negarle al amor
su fruto de verdad?...
Nosotros
15 engendraremos, que la vida
nuestra también late en los otros
seres...
La sangre corrompida
es abono espiritual
que hace bueno al mal fruto con su mal.

20   El sacrificio del placer
      es el placer del sacrificio...
      Y es ir a una ventura, con cilicio,
      darse al amor de la mujer...

                    (67) VI

      ¿BENDICIÓN para aquellos brotes bajos
      que −indómitos, sin fe− se poseyeron,
      a la sombra verdosa del manzano,
      marcando a lo futuro un derrotero?

                    EL ALMA

 5   (Y una sierpe lasciva es la que ahora
      se yergue, y en sus verdes ojos vemos
      el simulacro de la danza eterna
      que dice: contorsión, delicia, esfuerzo.)

                    LA VOZ

      Soy tan tuyo como tú mía,
10   amada. Tú eres lo que soy en ti.
      Yo, lo que tú en mi alma.
      Y tú y yo no tenemos fin.
      Allá en el fondo de los siglos,
      nos abrazamos y,
15   al beso de amor, hízose la tierra
      madre infinita.
                    Y todo fue, a partir
      de ese instante, el reflejo −único y múltiple−
      de nuestra fe.
                    Mi Dios eras tú en mí.
      Y tú doblabas las rodillas,
20   ante mi corazón, en ti.

      Benditos los creyentes.

      Dios nos bendijo, al maldecir
      nuestro pecado −¡hijo
      de una creencia sin fin!

(68) VII

¿MALDICIÓN para aquellos desterrados
en la tortura sin color del tedio,
que supieron poner alta la mira,
forzar el músculo y saltar el cerco?

EL ALMA

5   (Y un espejo refleja nuestros ojos
que ven en lo difícil lo más bello;
en lo imposible... todo... Y las pupilas
se fijan, compasivas, en el suelo.)

LA VOZ

Amada, siento a veces
10   una duda clavada
en lo más encendido
de mi alma.

Paréceme que nuestros
besos se funden en las vagas
15   nieblas de este vivir, y, al procrearse,
se hieren y se quieren...
pero después se matan.

Y, al sentirlo, me digo:
¿Qué hicimos con amarnos, Dios del alma?

20   ¿No has sentido tú nunca
esta superstición horrible, amada?

(69) VIII

¿HAY algo que merezca poseerse?
¿Qué es lo vulgar? ¿Qué la belleza? El término
que preside en la angustia de las horas
la apreciación de todo, ¿es verdadero?

EL ALMA

5   (Las saetas de luz vuelven a tierra
en trayectoria elíptica. En el cielo,
unas pupilas vieron acercarse,
raudos, los dardos que en el fango dieron.)

LA VOZ

Desde aquí, y a esta hora, la impasible
10 lejanía es azul: igual que el cielo.
A la mañana, es plúmbea, o roja, o verde,
según la hora; y blanca, cuando el fuego
helado y plateado de la luna
prodígale la gracia de sus besos.
15 Y, con solo alejarnos de esta loma,
ya no es azul la lejanía...
                              Vemos
que se ensombrece, al par que nuestros pasos
nos acercan al llano, descendiendo...

Verdad es esta que sabemos todos,
20 y ante la cual se quiebra todo esfuerzo.

Todo es igual; pero distintamente,
según el punto, el ojo y el momento.

(70) IX

MUJER: siempre mi voz va a tu alma; siempre
te busco de tu espíritu en lo eterno.
¿Por qué, pues, cuando quiero poseerte
divinamente, te me das en cieno?

EL ALMA

5   (¿Negra luz? ¿Negra luz? Yo no la he visto.
¡Ah, sí! Besé una frente azul, de ensueño.
Los ojos se entornaron: fueron rojos
los labios, y erigiéronse los senos.)

LA VOZ

La carne es alma, si la luz
10 del espíritu late entre sus miembros.
Mano de caridad, la boca.
Hostias de amor, los senos.

Nunca tú más divino
que cuando, en el misterio
15 de la noche, suspiras
en otros labios y sobre otro cuerpo.

(71) X

¿HAY algo perdurable, incorruptible,
que no tribute su homenaje al tiempo;
que se eleve sobre él y, arisco, sepa
ser sobre todo como fue en comienzos?

EL ALMA

5 (La inestabilidad del cristal líquido
que corre por las tierras del silencio,
habla —elocuente— de la eternidad
de todo, en leves ondas y reflejos.)

LA VOZ

Este puñado de ceniza
10 que dejo al viento, ha de volver
hasta mi mano. ¿En flor?
¿En agua? ¿En carne? —No lo sé.

Pero de nuevo volverá
porque es un algo de mi ser.
15 El tiempo vive en todo, y todo
vive en el tiempo.
                    Volveré
otra mañana a este jardín,
y esta ceniza —por mi bien
o por mi mal— de entre mis manos

20 se irá en el viento, y otra vez
  lo que te digo, amada mía,
  y ya te he dicho, te diré.

(72) XI

LA expresión «yo te amo» ¿fue espontánea
y pura, o se forjó en el pensamiento
del sátiro, sin músculo, que hizo
de ella una argucia –y vomitó lo bello?

EL ALMA

5 (De la fornicación nace la vida,
 y la vida es belleza: el acto, feo.
 Todo cobra un valor en el instante.
 Todo pierde un valor en el momento.)

LA VOZ

 La unión carnal brotó en el mágico
10 paraíso –y la hembra se hizo madre.
 En la gracia del tiempo
 dejaron la semilla los amantes
 primeros, y sus átomos
 eternamente flotan en el aire,
15 propicios a dejar
 su fecundante
 caricia en las entrañas aptas.

 El alma de aquellos amantes
 palpita en nuestras almas;
20 y en nuestros cuerpos la avaricia
 eterna de sus carnes...
 Y como el fratricida
 Caín tuvo en su madre
 madre amorosa y hembra

25   lujuriosa y amante,
el amor tiene pujos de tragedia,
y un dejo maternal: la envidia infame
de Caín; el amor de Eva –la hembra–
y la ternura de Eva –¡toda madre!

(73) XII

¿LATE verdad en la naturaleza?
¿Son falsas las verdades que absorbemos,
cincelando a capricho las ideas,
sus profundos sentidos invirtiendo?

EL ALMA

5   (El corazón del mundo late como
un solo corazón humano, enfermo.
La piedra dice vida en su nobleza
estática, y el barro en movimiento.)

LA VOZ

Este mar silencioso
10   y negro, que se tiende ante las mudas
pupilas, y alza senos momentáneos
de aire, de algas y espumas...
es la sirena de los sueños,
de las ansias y de las dudas,
15   que lleva perlas en la boca
y muerte en la entraña profunda.

¿Cómo explorar su fondo, si la vida
se troncha entre sus aguas, y en burbujas,
sale a la superficie
20   la agonía?
             Este mar
ruge, en silencio, bajo l'áurea luna.

(74) XIII

ESTE Dios que en mi alma se estremece,
y se anuncia en la luz y en el silencio,
¿es ese Dios antropomorfo y trágico
que blasfema en presencia del blasfemo?

EL ALMA

5   (Los muñecos de barro, a su capricho,
embadurnan el Ídolo en sus pechos.
Contra el insuficiente indiferente
forjan, en vez de la verdad, el miedo.)

LA VOZ

El Dios del Mundo late dentro
10   de tu encendido corazón.

Y tú eres un latido
en el eterno corazón de Dios.

No creas en la gracia de esa estampa
que ante tus ojos pone, con traidor
15   designio, el déspota; no creas
sino en tu Dios.

En el bullicio de las pompas
sacerdotales, la oración
es una paloma asustada
20   bajo las garras de un múltiple azor.

...En el silencio, riega el suelo
con lágrimas de buen amor,
y, como un lirio, blanco y puro,
florecerás en la oración.
25   Y será todo un increíble
éxtasis, si en tu corazón
te encuentras y, al hallarte, sientes
cómo en tu ser palpita Dios.

(75)

Y...

...Y LAS enmarañadas espirales verdosas
que hervían en la magia musical de las sombras,
ebrias de sangre viva, perdieron su flüido
eléctrico, y quedaron convertidas en cíngulos
5 que el Poeta ciñóse, como gala y cilicio...

Era la luna roja viva estampa del sol...

Madrid, 1917

DE

POESÍAS ESCOGIDAS

CICLO DE MOCEDAD
(1916-1921)

Publicado por Ediciones Mateu, Madrid, 1922.

NEURASTENIA

(1918-1921)

(76)

UNA VOZ

(LA taquicardia martillea
—remedo agónico de vida.
En el garrote, la disnea
apaña el dogal homicida.)

5 —Amigo, es hora de ser fuerte.
Es hora de no claudicar.
No hay más dios —¡dilo!— que la muerte
—descomponerse, descansar.

Pero si no tienes el ánimo
10 propicio a tal desasimiento...
espera de Dios, que es magnánimo,
la eternidad del sufrimiento.

LA CORPOREIDAD
DE
LO ABSTRACTO

*Publicado por La Compañía Iberoamericana de Publicaciones,
Madrid, 1929.*

JUAN JOSÉ DOMENCHINA,
POETA ESTOICO

POCAS veces he hallado en el verso cualidades de solidez más visibles que las distintivas del poeta autor de este libro. Ya se iniciaban estas cualidades en sus libros primeros, desde aquel que fue presentado al público por Ramón Pérez de Ayala. El gusto de Juan José Domenchina por las palabras parece adherirle a lo material de las mismas, sin que ello pueda ser tendencia a convertirse en poeta de sonidos. Me cuesta trabajo explicar esto con claridad. Poeta es el que con palabras levanta edificios consistentes. Poeta, arquitecto de palabras. En Domenchina, estos edificios, que son sus poemas, dicen a las claras que están hechos de materia dura. Lo que enamora al constructor no es la eufonía, o la delicadeza; no es, ni siquiera, la energía o el vigor del vocablo. Es su verdad. Corporizador de lo abstracto, no concibe otro cuerpo para que la abstracción se personifique, sino el cuerpo robusto en que cada miembro se llama por su verdadero nombre, por áspero o bronco que sea. Sin duda, la sugestión de la palabra «caprichos» influirá en lo que voy a decir; pero aun sin ella, calculo que la lectura de unas cuantas composiciones de este libro bastaría para traer a la imaginación un recuerdo de las aguafuertes de Goya.

Goya tampoco intenta halagar, en sus manchas y borrones. Cuando al pie de una composición famosa escribe «Murió la Verdad», la Verdad que él ve muerta es luminosa y cándida; probablemente la que él perseguía a través de sus tinieblas y horrores, como a un ser abstracto. Pero, al concretarlo, vemos cuán distinto en realidad era.

Así habría que concretar, a través del libro de Juan José

151

*Domenchina, su concepto abstracto de la Poesía. Y yo aseguro que,
al final de una lectura serena, el buen lector lo verá surgir lleno
de luz, pero con otra leyenda al pie, muy distinta de la inscripción
goyesca: «La Poesía no ha muerto».*

*No sólo a la palabra verdadera, como elemento del verso, aspira
el autor. Uno de sus poemas lo dice:*

> Pertinaz afición al ritmo puro
> y a la rima acendrada...

pero dice también, a continuación:

> ¡neurastenia!

*Ritmo puro, rima acendrada, evidentemente. Y en el sonido de
la rima a menudo esa aspereza, esa sequedad del término técnico
a quien hemos confinado en una nomenclatura útil y negamos
tenazmente la entrada en el jardín de la poesía. Y en el ritmo
puro la postura de equilibrio que lo hace vacilar y nunca lo deja
caer. Por ejemplo, sus endecasílabos con un esdrújulo que, al
oído, lo compone como de dos hemistiquios iguales, lo hace verso par,*

> (trepa a los árboles, anda en cuclillas...
> el rostro pálido; llena de espuma...
> la pobre, asmática, dice con tos...)

*se articulan perfectamente con los endecasílabos ortodoxos gracias
a un finísimo doigté, aplicación de un principio que, sin haberse
formulado, se establece desde el comienzo, en una práctica de
libertad que no niega la regularidad de las formas.*

*Pero tenemos todavía pendiente la palabra «neurastenia», des-
tacada en una de las citas. ¿Bastará ella para explicarnos lo que
la poética corriente se resista a esclarecer? En efecto, ese gusto
por analizar sensaciones raras, por hallar sentido a mons-
truosas figuras, por saborear términos abstrusos; ese conjuro de
señales misteriosas que trae alrededor de cada visión una
cohorte de imágenes extravagantes, denotan una sobreexcitada
sensibilidad. Nada pierde con ello la poesía, ni ha de alarmarse
la sensibilidad normal del que lea.*

Esta es poesía sin claro de luna, entendido; pero en la que no faltan rayos de sol. Esta es poesía desencantada, y, a veces, en su tono, un tanto procaz. Pero, no nos engañemos: es poesía sana; más todavía: es hasta poesía moral. No todos los poetas juegan. Este poeta medita y el tema de su meditación no es otro que el hombre, su origen, su destino, su agonía, es decir, la lucha constante con cuanto le rodea, y, más terrible aún, consigo mismo; su vida interna, en que cada sentimiento tiene, si se le mira bien, por lo menos dos caras; la conciencia de su pequeñez, de su limitación; y con todo –y por todo– un vivo amor a la especie, un sentimiento de solidaridad con las cosas, tormentas del espíritu, miserias del cuerpo, temores, aprensiones, aspiraciones... El mundo no es un juguete bonito, ni la poesía consiste en hacérnoslo parecer como tal, aun convencida de que es otra cosa. Celda de preso, cama de enfermo, instrumento de labranza, cifra de arcano: también puede vérsela así.

No diré yo que así la vea siempre Domenchina, pero su visión dista mucho de ser la de un horizonte color de rosa. Es, sin embargo, la de un horizonte, pero sin color, iluminado por una luz de madrugada indecisa.

Son versos los suyos que no se podrán leer con indiferencia. Originalísimos de expresión –aunque puedan señalarse en ellos correspondencias momentáneas con los de algunos poetas de su tiempo, y aunque a veces parezcan imaginaciones de un nuevo Baudelaire–, se delatan como suyos desde las primeras palabras; y se siente, en cada verso, la presencia viva del poeta.

He aquí otra gran diferencia entre la poesía de Domenchina y la de muchos poetas. La poesía en él, como en los de su especie, no vive, sola, una vida aparte, sino que tiene al poeta de tal modo cercano que hasta se percibe en ocasiones la alteración febril de su pulso. Pero si está enfermo de poesía, no tiene inconveniente en bromear a costa de su enfermedad con el amigo que se acerca a sus versos. Si le consideramos así, en concreto, imagen quizá en todo alejada de la realidad, pero imagen concreta, y queremos, contrariamente a su procedimiento poético, descorporizarla y traducirla en un término abstracto, preferiríamos sobre todos, cuidando de quitarle todo el empaque filosófico que lo envuelve, el vocablo estoicismo. A mí no me sorpren-

*dería que su cédula del Parnaso estuviese redactada así: Juan
José Domenchina, poeta estoico.*

ENRIQUE DÍEZ-CANEDO

CAPRICHOS

(77)

EL CRIMEN

EL Alcoholismo y la Epilepsia
hubiéronle en rápido coito.
Enfermo nato, la dispepsia
es de sus males el introito.

5   Agrias la boca y la pupila,
cerrado el ceño y el perfil adusto.
Torvo, corvo y enclenque, le horripila
la sangre. Es blanco y débil, como el Susto.

Sin embargo, es enófilo, y el vino
10   arma de odio su brazo pusilánime,
que, al dar la muerte, ensáñase y, sin tino,
siembra metal en la materia exánime.

Mas ¿quién le juzga, si hace de su tesis
—el atavismo— plúmbeo parapeto,
15   y rezuma atrición —la diaforesis—
este hombre alcohólico y analfabeto?

Él masca eternidad, porque es un brote
de la Naturaleza; agrio motivo,
ubicua esencia, perennal azote...

20   Se le quiebra la tráquea en el garrote
y se descuelga al punto, redivivo...

(78)

LA SUSPICACIA

ESTA medusa lleva en sus tentáculos
la desazón y la discordia.

Envuélvese en viscosidades
de marisma –cobarde y astuciosa–.

5 En el concúbito de las hipótesis
protervas, ella, en éxtasis, se goza.

Y, al deslizarse sobre la epidermis
de la Credulidad –virgen atónita–,

con su urticante cnidoblasto enciende
10 en ella la erupción de la zozobra.

(79)

LA BURLA

«JUSTO es que soples, ya que ante tus ojos
se contorsiona lo grotesco.

Sopla, pues; pero cuida
de tus mofletes cárdenos y tensos,
5 no sea que te estallen –en moléculas
de sardonia– forzados en extremo.

Sobre todo, no olvides
la mesura ni el método.
Y mírate, aunque sea
10 sólo una vez, en el espejo.»

Le dije; pero ella –¡oh su malévola
zancadilla!– dio en tierra con mis huesos,
prendiéndome a la espalda, después, un monigote
de papel, al alzarme, entre excusas, del suelo.

(80)

LA ALEVOSÍA

ESTA mujer es pálida, y sus verdes
pupilas tienen aguas cenagosas.
Todo en ella respira solapada
malignidad, astucia recelosa.

5   En su espalda se rompen
las líneas, y una ola
de carne y hueso —el odio—, cual vejiga
de bufón, cuaja en ella la joroba.

Esta mujer es pálida, y sus verdes
10   pupilas tienen aguas cenagosas.

Y es un abismo su ensimismamiento
meditativo, hostil, de sabihonda.

Las sístoles y diástoles adversas
no molifican su entrañable roca.

15   Los vasos arteriales acarrean
por su cuerpo la sangre de los Borgia.

Ella, impávida en todo y para todo,
hace un circuito de su trayectoria.

Helo aquí: los abnuentes enemigos
20   sentados a su mesa; el alma, alcohólica;
el banquete, la orgía, el jicarazo
y el golpe de puñal...
                Como en la Historia...

(81)

EL DESEO

OJO avizor —¡el apto!— va a la lucha
seguro, firme en su virilidad.
Tiene los músculos de bronce. Ducha
su cuerpo a diario. (¡Qué modernidad!)

5 Viril y serio, desconoce a Trigo,
el de la pornográfica obsesión.
Mas le esclaviza el baño, con su amigo
—capcioso y fácil— el termosifón.

Es disculpable que de fauno ejerza,
10 porque no sabe madrigalizar.
(Suplica el débil; el robusto, fuerza.
Algo evidente, que es de lamentar.)

Serio, ¡qué serio! (Seriedad de angustia;
ojos fijos, que escrutan la ocasión.)
15 Su masculinidad nunca se mustia.
Él es un vástago de Salomón.

¡Aglutinante de las sombras! ¡Nexo
de las antítesis! Suma verdad.
Este hombre llega, en gracia de su sexo,
20 a las entrañas de la Eternidad.

(82)

LA TIMIDEZ

LA Timidez —curvándose
y con los ojos bajos— me saluda.
Tiene las manos sudorosas,
heladas, y la púdica
5 porcelana de sus mejillas
ya cobra lividez, ya se hace púrpura.

Me trae un nuevo repertorio
de frases inconclusas,
de zalemas y de severidades
10 trastornadas y súbitas.

Es una niña buena,
modosa, humilde, pulcra.
Pero está afónica, y su voz laríngea
me llena de estridencias y de brumas...

15   ...Luego, de pronto, me huye, y, acercándose
        a unas niñas atónitas y sucias,
        alardea, se jacta
        de su desenvoltura...

(83)

EL TERROR

EL Terror es un hombre estático
de cabellos hirsutos. Sus piernas son raíces
de la tierra. Una angina de pecho o un aneurisma
en la aorta demacra su rostro y lo destiñe.

5   Cubre un viso dinámico —el temblor— su quietud
perenne, de zozobra indescriptible.
Ama la acción —la inventa—, mas no puede
realizarla, y sus ímpetus se extinguen.

Desde lejos, al verle ante el peligro,
10 es deliciosamente inverosímil.
Se le confunde a veces con la Serenidad.
Frente al riesgo, no corre: suda, tiembla y se aflige.

(84)

EL FERVOR

COMO en la piel de Rusia —¡es extraño!— el latido
del abedul —acorde de olor— y en el gemido
la lágrima y el lúpulo en el oro flüido
de la cerveza, en todo me encuentro estremecido.

5   Mi corporeidad —mínima y acicular— es apta.
Su tensión esotérica a la adiaforia capta,
a la emoción impulsa y al entusiasmo rapta.

Soy penumbra, ebriedad de sol, senda, abditorio,
montículo de sombra, cumbre, reclinatorio,
10 rémora y acicate. ¿Verdad? Contradictorio.

Y omnipresente. En todo palpito. Mis buidas
moléculas perforan la vida, estremecidas...
Mi ubicuidad, empero, no alcanza a las mentidas
verdades, ni hasta el útero de las hembras vendidas.

(85)

LA IRACUNDIA

«LAS cosas se hacen y se han hecho
para que yo las rompa»
—suele decir, hinchándose
de vanidad, oronda.

5   Su cuello es corto —núcleo
congestible—; amapolas
son sus carrillos, y su vientre
—¡timpanitis fatal!— una rotonda.

Las blasfemias se cuecen
10   en la saliva amarga de su boca.
Propende al exabrupto,
al improperio, a la repulsa fosca.

Regüeldos súbitos y borborigmos,
muy a su sabor, maceran las penosas
15   digestiones que sufre de continuo,
en su acidia en agraz, esta matrona.

Se le cierne una muerte subitánea
si no domeña su impulsión indómita.

Una gota de sangre transvasada
20   y un golpe a plomo son bien poca cosa.

(86)

LA PERTINACIA

LA ninfómana caduca
—el útero y la peluca—

a toda hora nos rodea,
nos fastidia y nos desea.

5 Como la aréola al pezón,
circúyenos su obsesión

—la que nos clava en las hoscas
mejillas sus besos-moscas—.

Una, y otra, y otra vez...
10 ¡No estalla su gravidez!

¡Siempre con su andar de grulla
y su ritmo de aleluya!

¡Espasmos de la neurosis!
¡Sollozos de la adiposis!

15 Y el senil y agrio siseo
pertinaz de su deseo...

(87)

EL ENTUSIASMO

Es hombre de arranques frenéticos
que odia la asnina seriedad
de los letrados gravedosos, héticos,
reacios al brinco y a la hilaridad.

5 Cuando el júbilo inflama sus mejillas,
zurra a su coima —La Locuacidad—,
trepa a los árboles, anda en cuclillas:
se descoyunta de fraternidad.

«Briáreo, tus brazos necesito,
10 porque me los exige la amistad»
—clama. Y, en un salto inaudito,
se ase a los pechos de la Eternidad.

(88)

EL SUSTO

Los cuernos gualdos, curvos, de alcrebite;
el rostro, pálido; llena de espuma
la boca, está avizor, en su escondite,
palpándose los brotes de la estruma.

5 Concurre asiduamente a los garitos
o cátedras del Crimen y el Atraco.
Lleva a la espalda un goldre, y en él gritos
de horror. Es la puntilla del cardiaco.

Penetra por el ojo de una aguja
10 y, como una molécula, se acopla.
Tácito, en las cortinas se arrebuja,
y, cuando pasa el Miedo, chilla o sopla.

Estrenuo y ducho en el oficio, brinca
a espaldas de la víctima, relapso...
15 Y al pusilánime, por burla, le hinca
el estilete agudo del colapso...

(89)

EL DINAMISMO

El Dinamismo —acróbata fanático—
dice en un brinco: «El brinco es oración.»
(Vibra la entraña del apático
bajo la espuela de esta afirmación.)

5 «El éxtasis no llega al brinco.
El éxtasis es abandono.
El brinco es propensión a todo ahínco,
hierro de voluntad, tesón y encono.

Si la cuchilla de la maravilla
10 perfora el lienzo de tu percepción,
date a la danza, gesticula y chilla,
que así quiere el Eterno la oración.»

(90)

LA HARTURA

«ABDOMINIA (¡!), dispepsia, polisarcia.»
(Diagnóstico moderno.) ¡Es natural!
Rotos cacharros de su ajuar, ¡qué jarcia!
Abulia. Ignavia. Vacuidad mental.

5 La digestión –¡terrible!–, roja furia
que, con el hipo isócrono, es canción
de voluptuosidad y de lujuria
tras del yantar. ¡Horrible digestión!

«¡Parir, modelar hombres con el limo
10 craso de mi pasiva gravidez!»
Ella (con agria plétora de quimo
y flato histérico) pensó una vez.

Mas ¿y el esfuerzo y el dolor? ¡Demonio!
La pobre, asmática, dice con tos:
15 «¡Nunca!» Y mezcla tabaco y estramonio
–higiene, vicio–. «¡No lo quiera Dios!»

(91)

LA PERSEVERANCIA

«¡OH!, mi testa granítica es tan dura,
tan recia como el pedernal;
sobria, pausada, mi andadura;
mi obstinación pura, fatal.

5 No existe, en rigor, el obstáculo.
(Dique: desmayo del impulso.)
La tenacidad es mi báculo;
el vigor del cosmos, mi pulso.

Erre que erre, la divisa,
10 el lema de mi escudo recio.
(Cabalgan otros más de prisa;
de ir a buen paso no me precio.)

Que tengo las orejas largas
y el trote corto, de pollino,
15 escupen las bocas amargas,
cuando llego con bien a mi destino.

Pero la vida es buena y corta;
la senda, llana, y yo me tuerzo.
A mí, en verdad, ¿qué se me importa
20 nada, si arde de estímulo mi esfuerzo?»

(92)

LA CREDULIDAD

«Lo haré de grado; pero
¿te casarás conmigo?»

«¡Sí!» (El alma de la virgen
trasunto es fiel del lirio.)

5 Como un compás, las piernas
desune en el deliquio.

Y el seductor diabólico,
—diabólico y cornígero—

enloda con perjurios
10 la flor del sacrificio.

(93)

EL ERROR

Perseverante, contumaz
—conservador, fanático—, se obstina.

Buen católico, insulta a quien no opina
como él opina. Su ánima falaz,

5 de clérigo cazurro o de mujer
necia, forja un altar para su yerro.

De su brazo se dice que es de hierro.
Él asegura que lo da a torcer.

(94)

EL HASTÍO

YA nadie le recuerda.
El valetudinario financiero
se hundió en el trueno de la quiebra,
al rompérsele el báculo del crédito.

5 Ahora yace empotrado
en su sillón de cuero,
bajo una manta, junto a los cristales,
soplándose los dedos.

Y, sin embargo, este hombre
10 puede rehabilitarse en un momento.
Con acudir tan sólo a Mefistófeles,
su colega, en demanda de un empréstito...

Mas la ruta de Fausto,
en perspectiva, aburre al ex-banquero,
15 que tiene agua y aceite en el estómago
y grises telarañas en los sesos.

No se le antoja divertido
tornarse a lo pretérito.
Le basta con romperse las mandíbulas
20 en astillas a fuerza de bostezos.

(95)

LA MENTIRA

ESTA comadre —andariega
fue su mocedad— hoy, ciega,

coja y pobre, en un chiscón
hace historia. Es su obsesión.

5 Tiene un anillo —claveque
y similor— que, en un trueque

insólito, romancesco,
de saurio camaleonesco,

cambia de color, notoria-
10   mente, si ella habla, suasoria.

(Es como el del Tamorlán.
Se lo trajo Valle-Inclán,
hace siglos, del Irán.)

Tornadiza, alharaquienta
15   y enófila, en lo que cuenta
prolijos detalles mienta.

(Odia el prurito sintético
del veraz.) En lo patético
triunfa su fervor estético.

20   Émula fue de Atalanta
y de Hermes, célere planta.
Hoy, un niño la adelanta.

Mas su esencia —incoercible,
cauta, ubicua, ineludible,
25   multiforme, indiscernible—

es icono en el altar,
color preciso en el mar
y en el cielo...
                Es el mirar,
el sentir y el meditar.

(96)

EL ADULTERIO

ZAPATILLAS de suela silenciosa,
mostachos con alardes incisivos,
ojos astutos, muecas de raposa,
ubicuidad. Y puntos suspensivos.

5   De abúlico le tildan, mas su abulia
—o concatenación de ocios externos—,
como le lleva a hispirse en la tertulia,
le hace forzar su producción de cuernos.

10 Siempre —¡el cauto, el medroso!— va desnudo
y pusilánime a su menester.
La homocromía sírvele de escudo
contra el peligro: cito a Apollinaire.

Subrepticio, en la sombra que le curte,
trabaja con macizas realidades.
15 Y, en fin, de un modo solapado, surte
a los maridos de superfluidades...

(97)

LA CASTIDAD

SE yergue dura, asinartética,
como un irreprochable paradigma.
Proclive a la abstención, toda su estética
es ética. Su fin es un enigma.

5 Todo lo ve —y lo juzga— en un intuito
fugaz, al que acompaña un seco esguince.
Se nutre de impiedad. Y es su inaudito
desdén quien la supone ojos de lince.

«Mi intelecto sutil, luminiscente
10 —dice, glacial—, expláyase en un lucio
fluir.»
        Pero confunde —es evidente
su yerro— lo amoroso con lo sucio.

Y a Esculapio —que clisteriza,
lleno de unción, de ciencia y de piedad—
15 con el novio vehemente, que enraíza
su sexo cálido en la Eternidad.

«La mujer —dice— es el peón;
la sierpe atávica, el zumbel.
Y en el peón —un corazón—
20 se hinca ese clavo —fuego y hiel—
que es el instinto del varón.

Pero la cópula –un grotesco
deporte, un anacrónico acezar–
saca en relieve el parentesco
25   del parir y del excretar.»

Así habla, cruda. Hiperboliza
así. ¡Ella –autógena y solemne–
que, con su entoldo, se desliza
por sobre la pasión, indemne!

30   Y aunque –de lejos– eyacula,
mendosa, su virus espástico
sobre los hombres, estimula
el odio de este muévedo sarcástico.

De este muévedo anafrodita
35   que, al margen de la Eternidad,
soporta, gravemente, la infinita
grandeza de su vacuidad.

(98)

EL CRISTIANISMO
(ANVERSO)

EN la mejilla, una amapola
–huella de dura percusión–.

En el costado lívido, una ola
de sangre. Y en los ojos, comprensión.

5   Comprensión, que es verdad.
Apacible agonía, que es piedad.

Tan solo en la melena de abenuz
se advierte la negrura de su cruz.

(99)

EL CRISTIANISMO
(REVERSO)

De mugre percudido el cuero
y de chocolate la ropa,
empuña su diestra una sopa
que es un rezumante venero
5 de energía. Y, sobre la hopa,
añúdase un sucio babero.

Nos repugna su prognatismo.
Su ademán es cobarde y tardo.
En las pupilas –un abismo
10 de protervia y de servilismo–
el encono refulge, pardo.

Y en su abdomen –que es como un fardo–
fluctúa, trémulo, el cinismo
sobre las esponjas de lardo.

15 Es rala y sucia su guedeja
–que tiene un claro onfaloideo
por sobre el occipucio feo,
donde es un parche el solideo.
Usa bonete y canaleja.

20 Es pirólatra y sarmenticio.
Avieso, engendra los pecados.
Tarasca las carnes del vicio
–fofos miembros atormentados–
con dientes de áspero cilicio.

25 Concubinario y alectórico
con furia de bestia, lujuria.
No se cuida de lo retórico.
Su amor –de violencias– injuria.

Supo escribir, rojo, al encausto,
30 con su sangre, todo un pretérito
que horripila. En el holocausto
le ciñó su corona el mérito.

Y aun en su corazón transfijo
corusca el puñal de la hoguera.
35 Es este un reconcomio, fijo
a ultranza en él, que reverbera.

Mas hoy ya sus carnes exhaustas
nos exigen la espiga trófica.
Y los ángeles –o piraustas–
40 no le dan en horas infaustas
ni resignación filosófica.

Así proclama que es un crimen
el beso. E hidrófobo –es reumático–
supone –el obtuso maniático–
45 que roña y piojos le redimen.

Y aunque añora el empireumático
hedor que exhalan los que gimen
en la hoguera –donde se eximen
de culpa–, él, feble y libelático,
50 elude el siniestro discrimen.

(100)

LA PERPLEJIDAD

LA pobre es coja, tartamuda
y présbita. No sabe andar.
Por lo más nimio se demuda,
medrosa. Es fácil de azorar.

5 En su cráneo de farraguista
agítase la *solución*.
«Mi voluntad de huérfana equidista
–sic– de la acción y de la inhibición.»

Propende –¡es claro!– a la consulta.
10 –¿Qué opina usted? ¿Qué me aconseja usted?–
Mas, ante el acto, como se le oculta
la decisión, se pega a la pared.

Su corazón de niña –que arde
en inquietud– le hace traición.

15 Es la que llega siempre tarde,
como un antípoda de la Ocasión.

(101)

EL SILENCIO

ESTE anciano de rostro jalde y xiloide –dueño
de sí –es pescador místico, paciente– muestra un
ceño
grave, pero atrayente. No tiene la prestancia
del optimate huero, ni su conciencia rancia.
5 Ledamente se acopla su vida –toda enjundia–
a todo.
Y, sin protesta, soporta a la Facundia,
su oíslo, que le acosa, tenaz, con badajadas.
Es el hombre benigno de las hondas miradas.

(Y su dolor, un recio dolor que nunca explota:
10 un dolor que deflagra sobre su vida rota.)

En sí mismo –él es hombre y recepto– estiliza,
dendriforme, su traza, y se deshumaniza.

Y en sus ocios halieúticos esculpe, con sintética
unción, los aforismos escuetos de su estética.

15 «–Callad. En el dolor, callad. En el placer,
callad. Y con el hombre y junto a la mujer.»
Dice, sugiere...
Es casto. Tiene una castidad
ascética, nutrida de taciturnidad.

(102)

EL DOLOR

DE sus órbitas los ojos
penden –y se despatarra,
arrancando en tientos rojos
las cuerdas de su guitarra.

5   Es un bravo *cantaor,*
un castizo, si los hay.
Nadie solloza mejor
por lo *jondo:* «¡Ay, ay, ay, ay!»

Es también contorsionista
10 cuando el momento le apremia.
Entre sus labios de artista
la oración se hace blasfemia.

Quiere ser sobrio en su canto,
mas siempre se desquijara.
15 Y, tal cual vez, el espanto
se le dibuja en la cara.

«Tengo en el alma una espina
negra –canta–, cual mi suerte.»
Es su coima la Morfina,
20 pero su amada es la Muerte.

(103)

EL MIEDO

Es lánguido y ojerudo.
Lo más nimio le conturba.
Tras él va un gato cojudo
que, en su sombra, se masturba.

5   A los dioses compitales
de continuo sacrifica.
No halla miel en los panales
del amor cuando fornica.

En el odio, liba. Es ácido,
10   como el limón. Y su ataxia
remeda al hombre membrácido,
dilecto de la ataraxia.

Con mal pulso bazuquea
en su póculo la tila.
15   Acezoso se pasea
como un hombre que vigila.

La piedad de los humanos
es para él trófico pan.
Siente hervir *ya* los gusanos
20   en su escroto de ciclán.

(104)

EL EXABRUPTO

ESTE mozo suideo —es cachetudo
su rostro, tiene modos de patán—
dice, a toda hora, con un estornudo
de entoldo: «¡Al vino, vino. Pan al pan!»

5   Es un brote de España. Es espontáneo.
Y hiede a vino y pan. A digestión
difícil. Es un firme supedáneo
de la Estulticia. Y fácil sucedáneo
de la mordaza su agrio vozarrón.

10   Tiene un yo no sé qué de ducha fría
y un algo, detonante, de pistón.
Es enemigo de la Cortesía
y nuncio sólito de la Agresión.

(105)

LA CARIDAD

TIENE un nombre fantástico: Caradrio.
Y –¡ay!– es un ave mítica.
Un ave de la Fábula, que cura
–con mirar sólo–
5   el aliacán violento de la Envidia.

(106)

LA VERDAD

COMO fondo, la sombra de los hechos.
Y un cielo azul. *–¡Ni es cielo ni es azul!–*

Ella es la bella que mostró sus pechos,
roídos por la muerte, a Ramón Llull.

(107)

LA PASIÓN

«SOBRE mi noche rota, entre desvelos,
gotea –rigoroso estilicidio–
lagrimones de sangre –malos celos–
la obsesión taladrante del suicidio.

5   Mi vida es –es mi amor– quien me consume.
Y, aunque lo intento, de ella no me zafo.
¡Y he de huir de mi vida, tan insume
para mi vida, rauda como Safo!

Pero mi psique enérgica, magnánima,
10   del cuerpo exinanido se me evade...
Y ¿cómo, carne de mujer, sin ánima,
he de intentar el salto de Leucade?»

(108)

LA MEMORIA

EN su archivo bosteza
la de las papeletas
—concubina ostensible de los sabios de pega—,
—la desdeñada eterna—,
5   —¡oh la Rochefoucauld!— que se contenta
con su frasco de goma y sus tijeras.

Todos profazan, con voluble lengua,
de esta pedante tan modesta,
y la eluden, también con papeletas.

10   ...Sin embargo, el Recuerdo vive en ella.

(109)

LA LASCIVIA

LA pobre Cenicienta
—de la Luz y del Aire huérfana—
en las cenizas del hogar se quema.

ESTAMPAS

(110) I

(DE UN BARZÓN CIUDADANO)

EL mucilago rubio que cae del sol de octubre
—en un estilicidio premioso— y las serojas
que corren, ateridas por el viento insalubre,
son, en la tarde, nuncios de supremas congojas.
5   La tierra tiene charcos, y de estampas se cubre.
De trecho en trecho, ponen su jaldía las hojas
muertas. Y en el ocaso, como un cirrus, la ubre
del Augurio se exprime sobre las nieblas rojas.

(111) II

(INTERIOR. SACRISTÍA)

EL humo hiede. Y, en volutas,
barrena el techo.
Un tonsurado —que pasea—
carraspea y escupe.

5   Tedio invernal. El tonsurado
—de faz vultuosa, como cresta
de gallo— se acaricia el occipucio,
de vez en vez.
            El bonete —en la silla
próxima— es una muela negra,
10   comida por el neguijón.

(112) III

(DE UN PUEBLO)

LA casa –medio derruida–
muestra sus caries.

(El pueblo se sumerge
en el óleo amarillo de la tarde.)

5   Las tejas, imbricadas,
que cubren la casuca, son los naipes
–barquillos de cartón– con que se juega
en la tertulia del señor alcalde.

(113) IV

(ESTAMPA FEBRIL)

LOS gnomos de la pesadilla,
con sus muléolos –en cuya punta
retoza un cascabel–, ya genuflexos
ante el dios amarillo de la fiebre,

5   aguardan.
            Flota un tusilago
o fárfara muy tenue ante los ojos
del hombre que propende a la modorra.

Y lejos, lejos, unas campanadas
lientas, caen con la lluvia.

(114) V

(EL GATO)

EL gato, premioso, se enarca...
He ahí, sin duda, la ballesta negra
que arroja, como lutos,
los jáculos del maleficio.

(115) VI

(CAMPO)

LAS golondrinas y los murciélagos
trazan sobre el cielo
relámpagos negros.
¡Exacto! ¿Y sus truenos?
5 Serán los borborigmos que detonan
en los enjutos vientres de los poetas gastrópatas.

(116) VII

(DEPORTE)

AVANZA, estrenuo, el deportista.
Lleva en sus manos un balón que se desinfla.
El cual balón —escroto enorme— suscita
una profusa cosecha de miradas oblicuas.

(117) VIII

(ESTAMPA AL SOL)

ADHERIDO a la esquina está el faquín
—puntal de carne—
que sostiene el palacio con la espalda.

(118) IX

(LAS CUARTILLAS)

¿Y LAS cuartillas? Seriedad de lápidas.
En la pulquérrima del ortodoxo
no falta ni el detalle de la cruz.

(119) X

(INTERIOR)

SOBRE mi mesa de trabajo
aguzan su proboscide:

un elefante criselefantino,
una mosca –quizá de Argamasilla–
5   y una tetera del Japón.

ESPEJOS

(EL CORAZÓN)

PIEDRA de sangre,
piedra de ahínco,
sol rojo de los mares negros,
entraña de lo sensitivo.

5 Coágulo de eternidad
   –*fungible,* denso y efímero.

Montaña
de instinto.

Palabra de sangre,
10 núcleo de martirio.

Galope de sangre,
látigo y camino.

(121)

(LA VERDAD)

TALLADA en silencio
–en silencio puro– y desnuda,
ella –el sedimento
de los días– yace, impoluta.

5 Ella –¡nada menos
   que la Verdad!–, diosa fecunda.
   Ella, la de intensos
   gozos, intensamente muda.

...En torno, los cercos
10 caedizos, las lanzas agudas
con sol, los acentos
gárrulos, la vanidad cruda.

Ella, sobre el cieno,
por líquenes y yedra oculta.
15 Hondamente dentro
de sí, ahincadamente segura.

(122)

EL PASADO

EL Pasado, alharaquiento,
viene a mí. Pero yo eludo
su plática, que es tormento.
Estoy triste. Estoy desnudo.

5 A mi vera ondula el mar,
espejo de mi inquietud.
«El mar —pienso— es un azar
digno de la juventud.»

Pero este viejo —antropoide
10 de rostro enjuto y xiloide,
que es el Pasado— se obstina.
(Un diminuto asteroide
fulge en su frente cetrina.)

—No trabajaste tus músculos
15 —me dice—: tu voluntad.
En ti medran los corpúsculos
de la sensibilidad.

Te conmueven los crepúsculos
y te acucia la verdad.
20 Son tus designios, minúsculos
segmentos de eternidad.
Pero te faltan los músculos
tensos de la voluntad.

–Tú eres –le digo– un lamento
25   ecoico, sin existencia.
El tardo remordimiento,
la escoria de la conciencia.
Eres lo que ya no siento.

El grito de una demencia
30   pasada.
         Y hoy ya me asiento
sobre una roca de ciencia
que en mí formó el sedimento
de una continua experiencia...

El Pasado, a su espelunca
35   se parte. Pero, al partir,
me grita:
         –Te engañas. Nunca
podrás de nuevo vivir.
Cuando una vida se trunca,
nunca ya se vuelve a erguir.

40   ...Camina. En su espalda adunca
se quiebra mi porvenir.
Silencio. El sol, que desciende,
lleva agonía. Al pasar
junto a su lumbre, se prende
45   un cirrus crepuscular.

La vista, lenta, se extiende
en un perdido mirar.
Detona un grito que hiende
mi amargura y mi pesar.

50   Cabe las rocas se tiende
el verde clamor del mar...

OTROS POEMAS

NEURASTENIA

MEDITACIÓN, teorización
—¡en pleno siglo XX!—:

Amor a lo superfluo:

Torpe desdén hacia lo útil
5   —Dios de los hombres nuevos—:

Adiaforia y augusta
propensión al reposo:

Brincos —esfuerzos— sin propósito
utilitario:

┐ Neurastenia

10   Aversión a los hombres mentecatos
y a las hembras estultas:

Horror al patriotismo, a lo patriótico
y a los patriotas:

Amor —¡qué recio amor!— hacia este suelo
15   de España:

Pertinaz afición al ritmo puro
y a la rima acendrada: ¡neurastenia!

┐ Neurastenia

(124)

ELEGÍA

Si todo en la vida es amor,
y yo aun no supe de su son.

Si todo, en la muerte, eres Tú,
y a mí no me llega tu luz.

5   Señor, ¿por qué me hiciste así?
Sin vida y sin muerte –¡sin Él y sin Ti!

(125)

SIMULACRO

Como yo aspiro a tanto, todo lo empequeñezco.
Así abarcaré el Orbe
con una mano sola. Y han de sobrarme dedos.

(126)

EL ESFUERZO

El esfuerzo y el látigo.
–Secuelas: el dolor, la amargura, el cansancio...–
(Esfuerzo en el carril. Sudor profuso –y vano.)

Tras la fatiga –allí–, lo no logrado.
5   Y la opción –poso amargo–.
Tú, que todo lo quieres, escoge sólo un algo.

...Pero la noche tiene un tálamo
y un juego epitalámico
que es parodia de aquel paradisiaco
10   acezar de dos bestias o antropoides de barro.

¡Conténtate mortal –satánico
pergeñador de malos
designios–; tu linaje es tan sucio, tan bajo,
tan pueriles y nimios tus trabajos,
15   que de gracia te dan aquello que te es dado!

(127)

SE ME TENDRÁ...

SE me tendrá por loco,
se me tendrá por triste...
—Tú eres el egoísmo, la violencia,
la acción. Yo soy tu antítesis.

5   Se me tendrá por pusilánime,
por rezagado en mi silencio virgen...
—Mi parsimonia evolutiva es densa;
tus mutaciones, frívolas de origen.

Me pararé, sin duda, en la belleza
10   y en el dolor; como quien vive
—en la línea, en el grito— depurándose
para ganar su eternidad, difícil.

Estaré, tácito, en lo mudo...
Integraré todo lo humilde...
15   Pero *seré,* con una vida propia,
reconcentrada, firme...

(128)

VOZ DE BAUTIZO

LOS bronces cantan.
¡La vida nueva!
Se abre en robusto
parto la tierra.

5 El limo, en sangre
da su cosecha.

Divino cáliz,
la carne tierna
de entre la sombra
10 surge y se eleva.

De las antiguas
concupiscencias
cauterio —¡llaga
de amor y pena!

(129)

ALEGORÍA DE LA JUVENTUD

I

SOBRE el polvo, bajo el sol,
    ¡zapatetas!
Ellos —los hombres ecuánimes
del mañana— bailotean.

II

5   ¡Alarida desgarrada!
Sin doncellez las doncellas.
(Galopan virilidades
de centauro por la selva.)

III

Las hojas, bajo el estupro,
10   crujidoras, vociferan.

IV

La adúltera hace de potro,
y el fauno niño se adiestra.

V

¡Jugo tibio de las viñas:
contorsión y zapateta!

VI

15   ¡Juventud: salto, berrido,
lumbre, coito, risa, befa!

(130)

¡OH, SÍ!

¡OH, sí, la Vida, sí, la Vida:
la Vida sagrada!
Y luego las moléculas,
los átomos
5   que integran su cohesión.

Primero es abarcar el Roble
—¡brazos de alacridad, de juventud!—
con ternura.
Luego, pesar las cosas.

10   Sentir en un principio
el latido del Cosmos.

Después,
acumular las nimiedades
dispersas:

15   —¡montón de vida,
corpúsculos de eternidad!—.

Pero, ante todo, la noción entera,
rotunda, de la Vida.

(131)

LA NOCHE

LA noche medita.
La noche tiene cejas
que se fruncen —tal arcos
de duro nervio—. Sus saetas
5   se clavan en el sueño.

La noche medra.
La noche es dura; como esquisto,
áspera. Y está llena
de su sangre de mala
10   mujer —caliente y negra—.

(132)

ANGUSTIA

¿Y MI vieja ternura?
¿Y mis antiguos entusiasmos?
Ecuanimidad. Frialdad.
Ahora personifico lo sensato.

5   ¿Y aquellas palabras de amor?
¿Y aquellos mudos sobresaltos?
Veracidad. Pasividad.
Ni siento ni hablo.

¿Y aquella selva lujuriosa
10   que era mi alma de romántico?
Esterilidad. Verdad.
¡Matojos negros de mis montes áridos!

(133)

HASTÍO

HASTÍO –pajarraco
de mis horas–. ¡Hastío!
Te ofrendo mi futuro.

A trueque de los ocios
5   turbios que me regalas,
mi porvenir es tuyo.

No aguzaré las ramas
de mi intelecto, grave.
No forzaré mis músculos.

10   ¡Como un dios, a la sombra
de mis actos –en germen,
sin realidad–, desnudo!

¡Como un dios –indolencia
comprensiva–, en la cumbre
15 rosada de mi orgullo!

¡Como un dios, solo y triste!
¡Como un dios, triste y solo!
¡Como un dios, solo y único!

(134)

ORACIÓN

NOCHE: por tus chinelas
tácitas, por tus ojos
de sombra, por tus senos
de eternidad –mi vida
5 es aún un propósito,
es aún un deseo,
una verdad en perspectiva,
una recóndita apetencia.

Noche: por tus chinelas
10 tácitas, por tus ojos
de sombra, por tus senos
de eternidad... tan sólo.

(135)

AMOR

LAS horas –las más frías–
te lo traerán... Un amor duro,
anguloso –de vértices
y aristas–, seco y áspero
5 como un crujir de huesos...

¡Amor de pedernal,
tiránico!

–Y en la hora sin retorno,
entre las sábanas definitivas!

10 ¡Un amor último,
atroz, de valetudinaria
despótica!

(136)

OFRENDA ENTRAÑABLE

MI labor para ti –Nada,
nodriza, cuna de los siglos.

Mi esfuerzo, para tu sed
inextinguible.

5 Mi alma en trozos:
las cuartillas –¡rotas!–
de una noche de labor...

para ti, tácita amiga
de los hombres,
10 reposo definitivo,
verdad absoluta.

(137)

UN POEMA

I

(HAMBRE)

¡AY, estas hambres de sol,
sin hartazgo!

...Por mucha lumbre que robes
–Prometeo, solitario–,
5 por mucha lumbre que robes...
Tu noche se está cuajando.

II

(UN INCISO)

¡Siempre, siempre la cuchilla:
un filo de sombra fría!

III

(OTRO INCISO)

¡Si fuera Dios como un espejo:
10 —como este espejo, que me escupe
violentamente la verdad!

IV

(OTRO INCISO)

Sobre la palabra, todo;
dentro: el terror de los hombres.
(El terror, que infantiliza.
15 El terror, que inmoviliza.
El terror, que enfervoriza.

¡Gusano de la ceniza!)

V

(EJEMPLO)

La luna impasible.
He ahí un alto ejemplo.
20 (La luna llena —pánfila—
o rota —con cuernos.)

VI

(DESENLACE. DEICIDIO)

Retoza el sol en mis carrillos
—senos llenos, de púber—.
La euforia silba denodadamente
25   en los túneles rojos de mis venas.

La Vida se detiene, estupefacta.

Dios contempla en mis ojos —aterrado—
sus últimos momentos.

HAI-KAIS

(138) I

LLUVIA de estío:
en los árboles verdes
cuelga sus nidos.

(139) II

BESOS azules:
noches de luna, claras;
cielo sin nubes.

(140) III

PÁJARO muerto:
¡qué agonía de plumas
en el silencio!

(141) IV

DEJA que el sueño,
como una madre, duerma
tus pensamientos.

(142) V

LLUVIA de besos.
Una virtud solloza:
ríen sus senos.

(143) VI

SOL de la noche:
ella, dormida y blanca,
dice tu nombre.

(144) VII

¿QUÉ es el rocío?
La feliz miniatura
del propio nido.

(145) VIII

¿HAY sol? Sin duda.
El paisaje en sus ojos;
las manos, juntas.

(146) IX

SUS ojos tienen
un volar de libélula
¡tan transparente!

(147) X

DICE el estanque
la verdad cuando funde
nuestras imágenes.

(148) XI

LA verdad vale
menos que el labio sabio
que se la calle.

(149) XII

No te despiertes,
que ahora sueñas con ella;
vive en la muerte.

(150)

POEMA ANGÉLICO

–HÁGASE el poema...
y hágalo el diablo.

–El Diablo, ¿se encarga
de hacer poemas?

5   –No creo...
No resulta un oficio
lucrativo ni serio.

Esas proclividades
escarnecen, infaman.

10   ¡Oh! Lo de hacer poemas
quédase sólo
para los pobres diablos.

–Y para Dios,
que está en las nubes.

(151)

ESTAMPA REMOTA

Sobre el polvo luminoso
—meditativo, taciturno— Adán.

Las cosas están sin nombre.
Él no las puede articular.

5 La Creación es mito tierno,
sin realidad ni eternidad.

¡Palabra, lumbre!
                    —De tu verbo
ha de fluir la vida, Adán.

¿Y la Varona?
                    En tus espaldas,
10 y sobre el césped, ríe ya.

Y se agudiza en sus pulposos
pechos, bajo un sol sin cuajar,
irónicamente la astucia:
pezón de la feminidad.

(152)

NIÑO SIN MADRE

El niño huérfano
se besa
la pulpa de los labios
en el espejo
5 —madre fría,
madre muerta,
pero madre,
en sus pueriles
y atroces
10 desconsuelos.

Una joven madre muerta:
¡cuánta ternura dormida
para siempre!

En algún rincón, acaso,
se la tienen escondida
¡los malos!
Juega, ansioso, al escondite,
y sus manecitas tiemblan
al alzar esos tapices,
¡tan estúpidos!,
que no eran más que promesas...

El padre, meditador,
se exprime el cerebro
fantástico y lenitivo
de la mentira, que es magma
sin gota de zumo. ¡Sin
gota de zumo!

En una redoma azul
encierra todas las dichas
perdurables.

Y en ese trono de gloria
pone a la ausente
—ante el rencor asombrado
del niño.

«No, no.» Es un frunce de angustia
la boca del que no sabe:
un frunce de desengaño
y de despecho...
                    —«No, no.»—
No acierta a creer el niño
la crueldad de la más dulce.

Así, interroga su asombro:
—¿Y mamá se ha ido al cielo,
a una cosa tan buena,
sin llevarse a su hijito?

De tanto mirar al cielo
él la ve ya toda azul.

Ya es un pañolito
el que le enjuga las lágrimas.

El pelito lacio...
50   Los lacitos y los bucles
se han ido, también, al cielo.

–Tú no sabes dar los besos
suavecitos de mamá.

(153)

OTOÑO

MACIZA realidad: desnudos sólidos:
–enjutas ubres y caderas sobrias.

Las lavanderas, en el río angosto,
sus carnes ávidas, de miel, remojan.

5   Es el otoño. Los vendimiadores
con pámpanos jugosos se coronan.
En sus desnudos cálidos, de bronce,
brinca la violación ruda y gustosa.

Un relincho –*evohé*– restalla –fusta
10   de sol– sobre unos senos, que se erigen.

Y un recio trote de centauro anula
el gutural quejido de la ex-virgen...

(154)

SIESTA DE JUNIO

EL agua de la alberca
acorda su rumor.

De la chicharra terca
se escucha el estridor.

5   Un abejorro acerca
su pertinaz hervor.

Con otro gallo alterca
un gallo reñidor.

Rezuman sombra, cerca,
10   dos árboles en flor.

(155)

INTERIOR

HABÍA un temblor de oro
en el fondo de la alcoba.
Un temblor, casi sonoro,
de luz sobre la caoba.
5   Un vibrar amortiguado
de sol rojo en los tapices.
Y en el espejo, incendiado,
una explosión de matices.

(156)

LA NORIA

AGUA en la sombra, palabra
divina.
        El sol, a lo lejos,
bruñe las cosas. (El agua,
en la sombra, plañe.)
           Cruzan
5   nubes de silencio, blancas,
sobre la tarde.
        (En la sombra,
solloza y medita el agua.)

(157)

VOZ DE IDILIO

IDILIO dulzón. Tienen
nidos de sol los árboles.

El lago, en la luz última,
afila sus puñales.

5   (Helios pone en sus ondas
arabescos sangrantes.)

En un rincón humilde
del taciturno parque

dos labios que se buscan
10 no llegan a besarse.

Las almas saborean
deliquios inefables...

Del sexo mudo, triunfa
el ritmo de la tarde.

(158)

AMOR Y CRÍTICA

¿POR qué los deleites al uso
no te deleitan? ¿Por qué bebes
a sorbos ingratos la vida?

Hay lo de siempre. ¿Qué se ha hecho
5 de tu carcajada, inmortal?

—La vida, irrisoria, me aburre.
Filósofo en fárfara, pago
la culpa de mirar y ver.

Yo tenía un tálamo oculto
10 y la cariciosa penumbra.

Pero el mito de Prometeo
abrasó la dicha callada.

Aprisioné, ciego, en burbujas
de cristal, la lumbre implacable.
15 Y junto al tálamo, un espejo
colgué –como horca de mi amor.

–¿No hay más?
     –Hay la vida. ¿No escuchas?
¡Lo grotesco silba en mi idilio!

(159)

AGOTAMIENTO

AGOTAMIENTO, ¿qué imaginas
de todo? ¿Piensas algo?

La Alacridad, occisa, en decúbito prono,
da sus nalgas a las estrellas.

5 ¿Y la cultura? –¡Tantos siglos
de esfuerzo!– La cultura, ronca.

El orbe, sin meollo, laxo,
no alcanza ni el gozo mediocre
de aburrirse conscientemente.

(160)

SOBRE...

SOBRE probabilidades
–y problemáticamente–
alcanza velocidades
hiperbólicas mi mente.
5 A zaga de las verdades
y, por tanto, inconsecuente-
mente, hacia mis soledades
me dirijo... eternamente.

(161)

AGONÍA...

AGONÍA, ¡qué importuna!
¿Por qué le tuerces la boca
si es bella y está desnuda?

Agonía, ¡qué mal gusto!
5   ¿Por qué pones tu jaldía
y algidez en su desnudo?

(162)

ELEGÍA

¡AY! La estatua se animó.
Y múltiples mamoncillos
a sus plantas derramó.

¡Ay la estatua que parió!
5   ¿Dónde –oh dioses– su ataraxia
y la euritmia que perdió?

(163)

ELEGÍA POPULAR

YA se la come la tierra.
Y yo, que soy un mal hombre,
aun no me he muerto de pena.

(164)

ESTANCIA

UN crucifijo negro
medita sobre el muerto.

En los rincones, sombras
y palabras medrosas.

5   El muerto parpadea
     a la luz de las velas.

Alguien dice: «Es que guiña
a la Eternidad, cerca,
desde la orilla.»

(165)

COSECHA

¡AY de esos largos silencios
que yo he sembrado en mi alma!

(Una tierra adolescente
que me da un fruto de lágrimas.)

5   De toda mi vida —idilio
iniciado, sin palabras—,
¿qué resta?
                   Un fruto serondo,
de pulpa encendida y ácida.

La Verdad.
                   Fruto serondo
10   de pulpa encendida y ácida.

(166)

RITMO DE PUEBLO

CARACOL, col, col,
saca los cuernos al sol.

El viejo de alambre
por fin se asomó.
5   Enjuto, colérico
—las flemas, la tos—,
resopla, escupiendo
los bofes al sol.

Sus canas relumbran.
10 Su nuez es atroz.
Las sienes le saltan
al ritmo torpón
de un pulso de hierro.
Destemple en la voz...

15 Torpemente gruñe,
sordo, su rencor:

«Anda, condenada,
y haz tu obligación.»

Caracol, col, col,
20 *saca los cuernos al sol.*

Dentro está su oíslo
que mulle un jergón.
Tiene la voz fresca
y la carne en flor.
25 Su romance dice
de ansias y dolor.
Como el viejo es sordo,
no apiana la voz:

«Tu cuerpo de mozo,
30 tostado del sol,
perfuma las noches
de mi corralón.
La carne del viejo
mata con su hedor.
35 Tú a la luna duermes.
Con él duermo yo.»

La mujer, a hurto
del viejo temblón,
se enjuga los ojos
40 que lloran amor.

En sus labios secos
expira la voz.

Caracol, col, col,
saca los cuernos al sol.

(167)

EL TORTÍCOLIS
(VOZ DE MARIDO)

EN solo tres días de tortícolis
he conocido, dolorosamente,
tensamente,
tendinosamente,
5   todos los secretos del mundo.
¡Oh, mi oblicuo inquirir!

—¿Decía usted que en mi hombro diestro
se acostaba la cigomática
superficie correlativa?

10   ¡Ay, ay! Usted no sabe
lo que se sabe así.

Es la postura
del enterarse inevitablemente
de todo.
15   ¡Ah! Y usted dio en el hito
con la verdad de una feliz imagen.
¿Tendría usted tortícolis?

¡Ay, ay, ay! ¡Cómo supe
mi desdicha!

20   Yo tenía una amada
fiel.
Me prendía los besos,
trémulamente,
—como quien ensarta
25   libélulas
con un aguijón de oro—
en el frunce
desengañado, escéptico
—comisura izquierda
30   de los labios—, que arruga toda boca
que se estime.

Allí me los prendía
en racimos copiosos y agridulces.

Sólo allí... Y tal cual vez, las menos,
35 en la esclerótica: («besar en blanco
y hacer llorar», son sus palabras.)

Y, ¡ay, ay!,
un aire se llevó mi dicha;
truncó en mi cuello mi ventura.
40 —«Llevad la izquierda.»—

Yo viví a zurdas, cordialmente,
para esa amada —mi isotónica—;
jamás me volví a mi derecha,
en un diestro inquirir;
45 así tuve a mi izquierda
la felicidad —tan soñada.

(¡Qué felizmente traqueteado
anduvo mi corazón!)
Pero... ¡ay!
            (No, no hay nudo sin ay,
50 sin desenlace lastimero.)

El acicate del dolor
me indujo a la mirada torva,
estrábica, de la sospecha,
en la exoforia delirante
55 del tortícolis...
            Y no hay más.

Hubo, a mi derecha, un escarnio
de bocas juntas, y unos bucles
satánicos, a modo de cuernos
o símbolos de mi dolor...

(168)

POEMA INSALUBRE

ESTÁ a pique de nacer
el poema.

Bajo la lluvia,
la seroja.
5   (–¡Ay, ángeles caídos!

Con tantas manos secas
–de pato–,
podría improvisarse una ovación.

En remolino,
10   luego,
las brujas del otoño
–ayer princesas
verdes–,
pueriles,
15   jugarán...
¿Al corro? Al corro. ¡Al corro!
Vertiginosamente.)

En la charca
–légamo de la tarde, pecina–,
20   la rana...
(–¡Ay, ay! Curvas innocuas;
matriz de las curvas innocuas;
¡...no se las puede ceñir!
Por superflua, dos veces
25   viscosa parabolicidad.)

En el borde,
el ranúnculo.

(Alma y ojos alagadizos,
espíritu de pantano...,
30   aquí, aquí, en el ranúnculo,
aquí,
está la muerte.)

Unos sauces —¡qué pena
de jóvenes melancólicos!—
35   sondan la charca,
laciamente,
con sus cabellos húmedos.

...El alma de légamo
—tremedal romántico—,
40   ¿qué joven llora
junto a ellos
la ausencia
de una mujer?

(Tin, tin, tin.
45   ¿Lamartine?)

¿El amor? ¡Los mosquitos!
Hay fiebre trémula, de légamo.
Y una libélula azul.

EUTRAPELIAS
MITOLÓGICAS

(169)

GÉNESIS

UN espadón –Urano– en cuyos genitales
está la savia innúmera de innúmeros rosales,
solloza.
    Y Afrodita –compendio-indicio-suma
de todo lo creado– florece entre la espuma.
5   Su rostro, aunque divino, como los palimpsestos,
evoca lo pasado...
            –¡Tu cornamenta, Hefestos!
¡La virgen que de espuma se nutre, candorosa,
y cuyos pechos –flanes, como de espuma rosa–
se yerguen, es la rubia sirena de succino
10 que inaugura una danza mortal, a lo divino!

(170)

DIONYSOS

¿Y DIONYSOS? Temulento,
es la báquica diplopia
de su zumo: azogue liento
que duplica cuanto copia.

(171)

AFRODITA

AFRODITA es el acezo
clandestino, y el bostezo
público. Salacidad
forrada de vacuidad.

5 Triunfa al caer en decúbito
supino —viejo sarcasmo—.

Profesional del concúbito
y virtuosa del espasmo,
entre alcocarras y ariscos
10 tics, da, en escorzos obscenos,
las llamas de sus mordiscos
y el bálsamo de sus senos.

EN LA MUERTE DE UNA MUJER
QUE NO LLEGÓ
A LOS TREINTA AÑOS

(172)

ELEGÍA CONDENSADA

I

UNA vieja genetlíaca,
preñada de augurios trágicos,
masculló entre sus encías:
«No llegará a los treinta años».

II

5 Ya casi con voz de sombra
y con sombras en la voz,
suspiró: «Dentro del pecho
oigo el tic-tac de un reloj».

La del rostro aliacanado
10 repúsola con dulzor:
«Duerme. Cuando estés dormida,
yo pararé ese reloj».

III

Sopor intenso, de mármol,
de lápida. Sueño grave.
15 «¡Despierta!» –clama, con grito
desmelenado, la madre.

IV

La diestra en garra: los dedos
como cuchillos de angustia
sobre el corazón hermético.
20 Apagadas las pupilas.
La boca en un «¡ay!» eterno.
A los gritos de la madre,
responde, piadoso, el eco.

V

EVOCACIÓN

Con sus pupilas acinosas
25 –alacridad, solicitud–,

con sus hombros de cumbre, rosas,
–majestad, vida, excelsitud–,

con sus maneras luminosas
y sus palabras de inquietud,

30 enfervorizaba las cosas,
ponía en todo juventud.

LA VOZ NEGRA

SONETOS

(173)

ACIBARADO FRUTO...

ACIBARADO fruto serotino,
acibarado fruto, ¡odio divino!
Para mí, enfermo y triste, más que el vino
gustoso, en la aridez de mi camino.

5   ¡Oh fruto serotino, acibarado,
que de la Vida pendes, tan ajado,
tan cubierto de polvo y abrasado
como mi corazón de iluminado!

¡Oh qué sabrosa al paladar tu pulpa!
10   ¡Qué deleitoso su amargor de culpa!
¡Odio divino, engendrador de impulsos,

acicate brutal de mi impasible
vivir, estímulo de mi terrible
abulia, roja espuela de mis pulsos!

Juan José Domenchina
(dibujo de José Moreno Villa).

JUAN JOSÉ DOMENCHINA

POESÍAS
COMPLETAS

(1915-1934)

CON DOS CARICATURAS LÍRICAS
Y UN EPIGRAMA
DE
JUAN JOSÉ DOMENCHINA
POR
JUAN RAMÓN JIMENEZ

S
IGNO
MADRID
1936

Portada de las *Poesías completas*
de J. J. Domenchina (edición de 1936).

(174)

FATALMENTE...

FATALMENTE –fanático o lascivo–
hoy o mañana te derramarás
en una carne hermana: injertarás
en ella tu *por qué* definitivo.

5   No intentes conocer hoy el motivo.
En dulces besos te desglosarás,
y, en unos hijos, que maldecirás,
al sentirte morir, te verás vivo.

Eres eterno. Cuando, descompuesta,
10 la carne va a la fosa, ya repuesta
se halla en la esfera de la realidad.

¡Oh plática primera! ¡Oh primer beso!
Te hiciste inmortal, hombre. ¡Sufre el peso
abrumador de tu inmortalidad!

SÁTIRAS MINÚSCULAS,
PALABRAS, NOTAS

No cansar. La brevedad es lisonjera y más negociante. Lo bueno, si breve, dos veces bueno, y aun lo malo, si poco, no tan malo. Lo bien dicho se dice presto.

BALTASAR GRACIÁN

(175) 1

¿SENCILLO y taciturno?
¡Ese hombre no es un hombre ilustre!

(176) 2

INTERROGÓME, de manera
sarcástica: «¿Su profesión?»
Yo, serio y triste, le repuse:
«Funámbulo, meditador».

(177) 3

HAY hombres muelles, que hacen
escalas de los tálamos,
y suben, conjugando, infatigables,
el verbo conyugal, a lo más alto.

214

(178) 4

VÍRGENES ácidas de medio siglo:
hidrofobia, dispepsia, misticismo.

(179) 5

VIRILIDAD y empaque
alectóricos: ciencia.
Este hombre estulto es un científico
–prolífico– que se supera.

(180) 6

VOCABULIZAN, serios: «Sancho, el tonto».
Y Sancho fue un ilustre paremiólogo.

(181) 7

ESTE hombre ponzoñoso –esquirla
de malevolencia– es pueril.
Al cabo: un mozalbete que se mirla
creyéndose malo y sutil.

(182) 8

UN hombre orondo: ¡lo rotundo!
Un hombre sin silencios.
¿Conservador? Conservador –¡sin duda!–,
ensotanado y apoplético.
5   Un hombre gravedoso,
un hombre lominhiesto
–rayo en miradas desdeñosas:
en gerundiadas, trueno.

    Y el porvenir de todos
10 está en la médula de su talento
    —de su talento de hombre
    sin silencios.

(183) 9

DESIGNIO que no cuaja
en acto: niño muerto.
Verdad conclusa para
los gusanos y el féretro.

(184) 10

LA sandalia del vencido
—dinamismo congojoso—,
la sandalia del vencido...
no le aleja de sí propio.

(185) 11

¿UNA eternidad sin palabras,
con sólo el frío de las almas?

(186) 12

EL ojo mortal ve la sombra
—el misterio— que hay en la luz.

(187) 13

¿SEGURO y recto juicio?
La bruja —que es tu interés propio—
cabalga sobre ese carrizo.

(188) 14

(Génesis de lo inesperado)

EN el sopor nublado del olvido,
la mano solapada que se adiestra.
Y junto al hombre –Agamenón dormido–
un ectópago: Egisto y Clitemmestra.

(189) 15

(La Rochefoucauld)

ELLA –veraz el gesto– me decía:
–Como yo soy tan poco inteligente...
Y, al decirlo, con pena, sonreía.
Y sonreía melodiosamente.

(190) 16

LA Catalepsia:
muerte con sorpresa.

(191) 17

IMPOSIBLE: voluntad rota,
brazos flojos, hiel en la boca.

(192) 18

MENTIRA: beso malo,
lívido, de soslayo.

(193) 19

LAUREL del esfuerzo: la muerte.

(194) 20

SEÑOR: ¿por qué pesa mi alma?
Sus manos débiles, de niña,
¡no pueden jugar con mi alma!

(195) 21

AQUELLA mujer decía
con voz de llanto: «El amor
es una verdad eterna
que brota del corazón».

5   Y aquel hombre, con penosa
mueca, decía: «El amor
es un ímpetu que muere
sobre unas carnes en flor».

(196) 22

¡PUDO ser! Por lo mismo
que «eso no puede ser»,
pudo ser...

(197) 23

PON a tu vicio un nombre austero
y te lo tendrán por virtud.

(198) 24

MUJER. Palabra rubia,
de miel. Vaso de oro.
Persistencia monótona, de lluvia.
Silencio puro. Balbucir sonoro.
5 Mármol o bronce. Simulacro.
Corporeidad rotunda. Lanza
de emoción. Fuego sacro.
Cumbre de todos los instintos. Danza.
Médula de lo ignoto. Áurea vedija
10 incoercible. Vientre de los nombres.
Arca de la eternidad. Hija
del Hombre. Madre de los hombres.

(199) 25

PALABRAS, palabras...
Dos viejos comentan.

Dos viejas rezongan,
rezongan y rezan.

5 Dos mozos, hostiles
y bravos, se increpan.

Dos niñas, acaso
ya púberes, sueñan.

(200) 26

LLEVO los ojos clavados
en el azul, y tropiezo.
Otros hacen el camino
con los ojos en el suelo.

(201) 27

EL sialismo te dará gozo
—fe en ti mismo—; el gozo, adiaforia.
Y luego cabalgarás, mozo
de alma y cuerpo, sobre la euforia.

(202) 28

EL pasado y el porvenir:
la inconsciencia y la muerte.
Señor,
¿cómo es la vida del presente?

(203) 29

LOS párpados se arrodillan
ante ese icono de sombra
que es el sueño. Dios benigno
que da las noches sin horas.

(204) 30

¡AH!, cabalgo sobre una silla,
en mi recepto.
Le dije yo —poeta erubescente—,
le dije al amigo dilecto.

5   Él, dicaz, me repuso,
como un hombre:

—Tal caballo, de *indómita* madera,
¿no temes que te desarzone?

Y yo, triste: —En las bestias
10   de carne y hueso montan todos.
En una silla de madera...,
yo —y los niños— tan sólo.

(205) 31

JAMÁS podrás llevar a cuestas
lo que no te pertenezca.
Lo que parto difícil de tu esfuerzo no sea.
Hasta los cuernos que te pongan,
5   ¡hasta los cuernos!,
si te los ponen sin mérito,
te los llevará tu sombra.

(206) 32

EL pasado ya no es nada.
El futuro es... esperarse.
El presente: una jugada
que se pierde con ganarse.

(207) 33

TÍRALO todo, ¿qué importa?

(208) 34

UN chapuzón en la onda negra,
y el ascua –el hombre– pierde su tuétano
de fuego.

(209) 35

NO decir la verdad, sino sentirla,
heroicamente, entre sonrisas.

(210) 36

TIENE el designio, cuando es puro,
la aptitud y la realidad.
De un punto a otro, el brinco es recta
mínima, fácil, eficaz.
5 El éxtasis es el obstáculo.
La curva, el tardo caminar.

(211) 37

PARA el fervor, un abditorio,
y para el desdén, un ergástulo.
Sonrisa y rictus siempre a raya.
Ecuánimes los ojos y los labios.

(212) 38

UN brinco: hacia la cumbre
un paso más.

Una oración: el grano
de la siembra, y el pan.

5 Un beso: el alcrebite
de Satán.

Un coito: lo que exige
la tierra y se le da.

Una lágrima: obstáculo
10 en el camino, malo de salvar.

Un parto, un óbito: la vida,
nada, lo natural.

(213) 39

SALTOS irónicos de metafísico,
parábolas de sangre cerebral.
¿Está mi alma en el deleite físico?
¿Vive mi cuerpo el gozo espiritual?

(214) 40

¡CONDENSA tu silencio en tu vida,
aliacanado adepto!
Y obtendrás una piedra
fervorosa, de oro.

EL TACTO
FERVOROSO

(1929-1930)

Publicado por la Compañía Iberoamericana de Publicaciones, Madrid, 1930.

A «Miss Perjurios».

(215)

TACTO FERVOROSO

TACTO
laico,

¿qué me
quieres?

5 Sombras
sordas

lijan,
finas,

esta
10 pena

fría,
fría,

de mis
sienes.

15 ¡Senos
negros!

(Yo no
toco

más que
20 fraudes.)

Tacto
laico:

soy la
poda

25   de lo
feo.

¡No me
sobes!

Busco
30   pulcros,

quiero
netos

arduos
tactos.

35   Pido
limpios

senos
ebrios;

que la
40   yerta

farsa
lacia

de los
pechos

45   que se
venden,

puso
sucios

estos
50   dedos

de mi
fiebre.

¡Arduos
tactos!

55 ¡Mutuos
lujos!

Soy la
poda

de lo
60 feo.

(216)

AMOR

AFÁN cóncavo –atroz– del sexo; se estiliza
en garra: un ademán terrible, de codicia.

La especie –seriedad de seriedades– eco
sin fin– es la tensión, la fiebre del acecho.

5 Una pequeña muerte, de dicha –¡tan fecunda,
tan vital!–; ¡una efímera ausencia de la lucha!

Sobre un seno de flor, la sien de amor caída.
La garra se hace mano de piedad: ya es caricia.

(217)

TRIÁNGULO DE PRIMAVERA

ACABADAS miniaturas.
En las pupilas de esmalte
sendas mujeres desnudas.

Dos deseos. Coexistencia
5 de agonías. (La nostálgica
rubia, la insomne morena.)

Será –porque Dios lo quiso–
esta duplicidad, norma
dúplice de mi destino.

10   El hallazgo es especioso.
En el triángulo sexual
el fraude subviene al logro.

¡Forma de mujer, huidiza
forma, que no es el fragmento
15   límite de la caricia!

(El tacto se toma: es él
el que se toma a sí en sólidas
vanidades de mujer.

Cuando, limpio, se re-crea
20   en el opulento don
antagónico, ¿qué tienta

sino su imagen, la forma
de su deleite, que el terso
cutis adverso le copia?

25   La fémina, dura linde
del espejo, impenetrable,
nada le da: es superficie.)

¡Ay, epidermis! Hartazgo
desfallecido. Y el alma,
30   famélica, entre las manos

hartas de sí. El fraude es triunfo
de la psique: aguas —no espejos—
para el espíritu puro.

En la ausencia, en esas aguas
35   de la ausencia —aguas, no espejos—,
¡qué bien se mojan las ramas!

Presencia, no. La codicia
del espíritu, en lo ausente
—sin obstáculos— se abisma.

40   He aquí el dúplice deliquio:
carne contra carne, y alma
tras de forma: errante niño.

(218)

CORCELES

CORCELES
de fiebre:

–Galopes
de bronce,

5   aromas
de sombra,

violencias
de seda–:

tus muslos
10   desnudos.

(219)

IDILIO

CELO y cielo, con luna de escarcha. Verdes fríos.
(Respetad la estridencia reentrante del idilio.)

Zapaquilda se siente penetrada de trinos,
de alborozo de nidos,
5   de plumitas grifadas por el terror; de píos.

Zapaquilda es un vientre feliz, con un ovillo
y una zarpa.
            Mostachos de Micifuz, ¡qué líricos
bajo la sal etérea y oxidada del frío!

La eternidad le corre a Zapaquilda en ritmos
10   de ratón.
            Y devuelve, en las tejas, maullidos
fatigados: las plumas y huesos de su ahíto.

(220)

VÁNDALO AUGUSTO

AL fin, yo soy lo que mi ser abstracto,
de espectro múltiple y veraz, proyecta.
Concéntrico el fervor, la vida recta,
nada me mueve sino el dulce pacto.

5   Divina forma y aprehensión del acto
que encarna el verbo: furia de mi secta.
La vida inmune, virgen, está infecta.
El alma viva de mi carne es tacto.

Ascético rencor, turbios regímenes,
10   mística farsa de la pura frente:
sean de amor y de verdad mis crímenes.

No estanque, sino cima de torrente.
Vándalo augusto de floridos hímenes.
Doma de eternidad es el presente.

ESPEJOS

(221)

EL ESPEJO

Espejo de mi cuarto: vanidad
de vanidades cuando Dios quería.
Befa y escarnio, al fin, de esa ufanía
conmovedora de la mocedad.

5   Inmutable, implacable tersidad
donde se arruga, frente a mí, la mía.
Se reía en mi rostro, y así urdía
sus verdades, sus redes, la verdad.

Pupila moza, ayer: mirar alacre;
10   labio sensual, pletórico, de lacre;
guedeja en ondas de cabellos lucios.

Hoy: mirada glacial, belfo caído
y cráneo mondo, apenas sostenido
por dos parodias de aladares rucios.

(222)

EL ESPEJO
(BIS)

TERSO, terso
como un verso
parnasiano.

Mano en mano,
5   boca en boca.

Pero choca
con su roca
(que es arcano)
todo humano
10   que lo toca.

(Boca en boca,
mano en mano.)

Terso, terso
como un verso
15   parnasiano.

(223)

DISTANCIAS

DISTANCIAS.
En la vida hay distancias.

El hombre emite su aliento,
el limpio cristal se empaña.

5   El hombre acerca sus labios
al espejo...,
pero se le hiela el alma.

(...Pero se le hiela el alma.)

Distancias.
10   En la vida hay distancias.

(224)

CONFIDENCIA

Lo que el espejo me dijo
no lo olvidaré nunca.
Pudo no decírmelo.

Fue –no haya duda–
5   porque Dios lo quiso.

(Hipos
de luna.)

Verdad desnuda.
Mentira de vino tinto.

10   Desde entonces, ¡aleluya!,
en aleluyas medito,
en elegías me río.

(225)

ELEGÍA DE LOS OCIOS ESTIVOS

Guadaña de idilios,
la luna de otoño
sobre el río.

(Guadaña.)

5   Y gavillas de esperanzas:
cartas son cartas.

Otoño: luna de espectros
en la luna del espejo.

Otoño.
10   Me duele de amor un hombro.

(226)

GLORIA DE AYER

EN búcaros de ceniza,
nardos del primer idilio.

—No, no; si no puedes ser
verdad, almendro florido.

5   Diríase paradigma
tu flor, y es fraude y martirio.

¡Ay, diseño
fugitivo!

(227)

REMEMBRANZA

OTOÑO.
Me duele de amor un hombro.

El hombro que más querías:
el de tu sien predilecta
5   de mi boca en carne viva.

¿Te acuerdas?

¡Todo mentira!:
tu sien, mi hombro, tu alma
y mi alma.

10   (Seroja de ayer, facticia.)

¡Ay, qué huracán de hojarasca!

(228)

OTRA REMEMBRANZA

HOMBRO-YUNQUE
de tu sien.
(Pena agridulce.)

Martirios que tú tenías,
5   mujer,
me martillaron la vida.

(Martirios
que yo hice míos.)

Me duele de amor un hombro
10   remoto.

¡Ay, ay, ay!
(Pena agridulce.)

He sido yunque.
Soy yunque.
15   Seré yunque.

(229)

RENCOR DE NOSTALGIA

NI yo alharacas de ruido,
ni tú frente pensativa.
Y, sin embargo, un idilio.

¡Ay, qué huracán de caricias!

5   ¡Qué luz!
El espejo sabe
la eficacia de tus dolos,
la ternura de tus fraudes:
tu sensualidad de otoño.

¡Ay, qué huracán de hojarasca!

10   El espejo lo sabe.
Yo no sé nada.
...Ni en qué traición recordarte.

(230)

BALANCE

...Y TAN inefable como
pedir sonrisas prestadas.

Se las pido al espejo
que es el que me las ensaya.

5   Triste. Triste
de esperanzas.

De locuras en colmo,
de pasiones frustradas.

Cesante
10   de gracia.

Ni mi ceño filosófico
me salva.
Ni mi mano pródiga.
Ni mi sonrisa ulcerada.

(231)

HALOS

DIOS dejó en la ceniza
los pensamientos
que no pudo hacer luz.

Más allá del espectro,
5   la obra de Dios frustrada
prolonga su silencio,
perenniza su angustia
en un sordo y concéntrico
rencor, que es aureola
10   de todo lo perfecto.

SIGNOS

A Manuel Azaña.

(232)

POLIFEMO

LUCERO azul de mi frente
que intuye y palpa el enigma:
luz-paradigma y estigma
de mi ciclópeo inconsciente.
5   Todo, a su luz, es presente,
pues, retina pineal,
cabe un mundo de cristal
en el instantáneo intuito
con que deja circunscrito
10   en su orbe el orbe cabal.

(233)

HOMBRE

DEL andrógino la grupa
sobre el malestar del arte.
Obsesión de mala parte
que el esteta ve en su lupa.
5   Déjame, Venus, que escupa
sobre tantas posaderas
como hoy mueven las esferas;
que yo celebro, viril,
tus réplicas, viernes mil
10   que dan su carne a las fieras.

241

(234)

PENSAMIENTO

PENSAMIENTO, ¡odiosidad
de rabia la que suscitas!
A la concordia que invitas
no acude la vacuidad.
5   Su sentimentalidad
cursi, corazón te niega.
Y, al motejarte estratega,
técnico y simulador,
es pólvora de rencor
10   su pensamiento de pega.

(235)

ESPEJO DE MERETRIZ

ESPEJO de meretriz
de aberraciones centón:
vértigos del corazón
y urgencias de la matriz.
5   Se hipertrofia el mal cariz
de los senos, tan mal llenos
de mercurio y de venenos,
que el cristal su rigidez
arruga en la flaccidez
10   de estos mártires obscenos.

(236)

SILBO DEL AMANECER

ANGUSTIA. El amanecer
se prolonga, estremecido
y remoto, en un silbido
de halos a medio nacer.
5   Coja, quien pueda coger

lo inaprehensible, esta rosa
de nieblas, pulpa radiosa
de un sol en vagidos, tierno,
que ni se presume eterno
10   ni se reconoce glosa.

(237)

LESBOS

URDE sus lazos infestos
la tribadera salaz,
halcón de garzas, mendaz,
que enliga inicuos pretextos.
5   Interpretación de textos
sáficos, de clave hermética
para la ansiedad estética
de la dulce catecúmena,
donde muerde la energúmena
10   cogollos de dicha herética.

(238)

VERSIÓN INEFABLE

¡CUÁNTA angustia soterrada!
Perennízase el coloquio
vital en un circunloquio
que no quiere decir nada.
5   De la huesa agusanada
el hipérbaton latino
surge, ecoico: desatino
que gongoriza verdad
y postula eternidad
10   de ceniza al ser divino.

RUISEÑOR AJILGUERADO
AMANECER - LUZ ABSTRACTA

A X de X.

(239)

RUISEÑOR AJILGUERADO

¿EN qué ramaje abstracto condesciendes
a no ser ya tu gloria, clandestino
augusto, y a las lenguas del camino
tu nombre das y tu locura vendes?

5 ¿En qué picota de ambiciones prendes,
como monólogo de camerino,
tu intrascendencia y vanidad de trino
adula-rosas y perfuma-duendes?

Dolor que da en plañirse menoscaba
10 su enjundia, que es decoro soterrado.
Auténtico sufrir nunca se alaba.

Jilguero, ruiseñor enamorado,
¿muerto de amor, la vida se te acaba?
El cisne es norma de ¡ay! inmaculado.

(240)

AMANECER

AMANECER: mi soledad de plata.
En torturas de ritmo, estremecido,
siento, cogollo de la luz, buido,
cómo un siseo sideral desata

5   estímulos de nieblas y amorata
el cierzo de la noche entelerido.
Y cómo el día tiñe su vagido
gris en un raudal de éter escarlata.

Senos de amor, los senos. Desceñida,
10   lomas en flor, la verde amanecida.
Nupcias de luz a conseguirle van

el lobo que pernocta en su majada
y el perro que la tiene atarazada.
Distinto el día, muere el lubricán.

(241)

LUZ ABSTRACTA

LA luz abstracta, de incomunicable
espectro, al ritmo puro se abandona.
Pero el ritmo, pueril, no concreciona
la nébula del iris inefable.

5   Sector de pensamiento, inalienable.
En cripta de individuo evoluciona
su enjundia intransferible, que se encona.
Senda, para el extraño, intransitable.

¡No! ¡Sí! Palabra: génesis de ruidos.
10   Sangre verde, letal, de mis sentidos.
Ponzoña, cáncer rubio que me come.

Sin nexo —mutua luz—, sin la acordada
recíproca visión, en mi sagrada
nada, ¿quién será el yo que a mí se asome?

MOMENTOS

(242)

PRIMAVERA

PRECOCIDAD. Impaciencia.
Sol. Un pájaro cautivo
presiente la primavera.

(Apenas un aleteo
5   o suspensión en el aire
pautado y cruel de su encierro.)

Huele a tallo roto, a nube
florida, a césped hollado,
a axila de rubia impúber.

10   En la sombra de las ramas
hay brotes de sombra: tiernos
mellizos de verdes bayas.

Eco de ayer: tibia anécdota
macerada, estilizada
15   con desidias de poetas.

Espíritu que no es
espíritu todavía:
espíritu de mujer.

(243)

FIEBRE

AMARILLO y verde.
Tarde mojada, de fiebre.

Verde y amarillo
el zig-zag del calofrío.

5   Amarillo y verde
el ramalazo en las sienes.

Verde y verde:
tiritainas de moaré.

Amarillo: sustos lientos.
10 Va a llover.

(244)

CORAZÓN

¡AURAS pretéritas!
Oculto tengo un rescoldo
de belleza:

tallados granates
5 con pelusa de ceniza:
cauterio inefable.

No es oro: no es torpe alquimia
de truco retórico,
sino enjundia apocalíptica.

10 Terciopelo tibio
para el tacto indiferente.
¡Tuétano vivo!

Un soplo. ¡Ay, ay, que se enciende!
Ya es belleza.
15 Así se gana la muerte.

(245)

MOMENTO ANDALUZ

...Y LE duelen a la noche
los senos –morena, ardiente–;
le duelen de amor de hombre.

De tanto soñar caricias
5   –huerfanitos en la célibe,
larga espera de la dicha–,
le duelen...

¡Le duelen!
Soledad la de su reja
10   florida de mustias rosas.

(246)

CAUDA DEL MOMENTO ANDALUZ

AGONÍA de la espera.
¡Cómo se retuerce –sombras
sin pisadas– la calleja!

(247)

INQUIETUD

INQUIETUD tornasolada
en zig-zás de lagartija.

Vivir azogado, trémulo
de zozobras y codicias.

5   A la zaga de lo bello,
y hollando bellezas vivas,

tras abstracciones
facticias,

«vivo sin vivir en mí»,
10   romántico a la deriva.

(248)

DOMINGO

Sɪ yo tuviera tu luz,
tu luz no me escocería,

domingo,
domingo de baratijas.

5 Tengo náuseas
de tu sol de algarabía.

En tu azul de rompe y rasga,
raso, mis dientes rechinan.

Cartel de feria, ¡qué cromo
10 de luz, la luz que nos rifas!

Amarillo de pastel,
verde-azul de percalina.

(249)

DESASIMIENTO

Mɪ corazón de farsante
dio ya todo lo que es dable.

Me queda: la úlcera roja
de mi pensamiento.

5 La úlcera verde
de mi sensibilidad remota.
Un espejo.
Mi vida de siempre.

Lo que doy, si alguien lo quiere.

TÁNTALO HIPERTENSO

A Enrique Díez-Canedo.

(250) 0

FLUJO de saliva. Afán
esférico, de glotón.
(Entre los dedos, fruición
de aprehensión: miga de pan.
5   Orbe minúsculo.) Dan
las doce: La refacción
meridiana. ¿A plan? ¡A plan!
Se compunge la ocasión.
Y se frustra el rojo imán
10   de las viandas en sazón.
(La lengua.) ¡Pobre! Entre el clan
de los dientes es flin-flan,
gelatina de aflicción.
La nariz (brújula, can)
15   se remanga, obscena. Son
las doce. Las doce dan.
(Crueldad de repetición.)

Científicamente, a plan.
Lo exige la hipertensión.

(251) 1

(Caldo de verdura)

EL sol en caldo: sol rubio,
vegetal, de zanahoria
y puerro.
       Ovoides de oro
líquido, que, en dos mitades
5   o cucharadas, absorbe,
inapetente, el voraz.

(252) 2

(Merluza sin sal)

ESPUMA de mar, cocida
en agua dulce.
           ¡Qué insípida,
qué árida pulpa!
              Ayer, viva,
meciéndote en la sal líquida
5   y azul del mar...
              Tus estrías
de fósforo opaco lijan
la apetencia y se aglutinan
con la precaria saliva
que su estropajo suscita.

(253) 3

(Compota de manzanas)

CADA molécula tuya
—manzana— transida está
por una espada de azúcar.

De azúcar incandescen-
5   te era la espada flamígera
del custodio del Edén.

Manzana: imagen plural.
Feminidad: dos manzanas
de amor. Por amor las dan...

10 Compota: amor con azúcar,
que está peor. De compota
es quien el amor endulza.

Sin su bíblica acidez
la manzana no es manzana.
15 ¡Compota de Eva sin ser-

piente: —ay, ay, ay, ay— sin ser!...

(254) 4

(Una taza de Malta Coffee
y un cigarrillo Good Health,
desnicotinizado)

NEGROS.
Negros sin mordente.
Tinte
que se destiñe.
5 Ceros.
Humo sin veneno.

(Bosteza la muerte.)

CURSO SOLAR

MONTES de violeta, frío
silencio, barrancos hondos.

Es como un presentimiento
la realidad del contorno.

5   En los antípodas deben
de estar encendiendo un horno.

Por el horizonte suben
vahos calientes, de plomo,

que dejaron de ser negros
10 y no llegan a ser rojos.

Los árboles se presumen,
sobre las tinieblas, mondos.

Antes del albor, diríase
que es el reino de los troncos.

15 Sarmientos de enjuta escoba,
barren con el viento escombros

de noche, inertes rezagos
de los imperios medrosos.

Un silbo de amanecida
20 dan en su Tebaida, a coro,

estos ascéticos monjes
de los mutilados torsos.

Y, de improviso, les nacen
pájaros y hojas, al soplo
25 de unas pavesas calientes
que son heraldos del orto.

(256) 2

EL rito blande su lanza
de estupro. Un ¡ay! de color.

Entrañas de nube virgen
sienten la enjundia del sol.

5 ¡Rosas de sangre en el orto!
Nuncios de ventura son.

Ya grávida de tormenta,
la nube gesta a su dios.

Lo dará en parto de lumbres
10 y en rugidos de león.

(Se ha visto a la amanecida
desnuda sobre un alcor,

arrebolada de gozo
y con ojeras de amor.)

(257) 3

LAS estrellas sueñan ríos
de leche en las cumbres altas.

Quieren abrevarse, rubias,
y abandonar sus sandalias

5 luminosas en el blanco
manantial de las montañas.

Allí, allí, en las altas cumbres
surte el raudal de la audacia.

El mundo es talle de novia:
10 con un brazo se le abarca.

Sabe subir a las cumbres
aquel que, al bajarlas, canta.

(258) 4

LA alacridad, mariposa
del revivir, herboriza.

Y unge sus plantas ingrávidas
con jugos de hierbas finas.

5 Recientes la hoja y el árbol,
reciente la amanecida,

chozpa como cabra errátil,
atónita de colinas.

Diáfana de agilidad,
10 ¡qué diáfanamente trisca!

Sus pechos, al saltar, dejan
como un temblor de caricias.

En su red coge esta trémula
prodigalidad la brisa.

15 Manos toscas de cabreros
palpan transparentes dichas.

(259) 5

LAS cosas que yo he tenido
ni me tienen ni me valen.

Tener cosas que nos tengan,
guardar cosas que nos guarden.

5 He pisado en el sendero
las angustias de mis tardes,

oleaginosas y acedas
como de aceite y vinagre.

Si yo no soy lo que soy,
10   parecerlo, ¿qué me vale?

Tenga un amor que me tenga;
lleve, lo que ha de llevarme.

Sepa yo toda la dicha
mutua del perfecto canje.

(260) 6

ALÉGRATE con la novia
de tu mocedad, que es vientre

de tu verbo: manantial
de gracia y vida perennes.

5   Manzanas te corroboren
del árbol de sus deleites.

La sed que no te mitiga
su boca cuando la bebes,

te la colmará mañana
10   dándote a ti en tus rehenes.

Halla en sus muslos caminos
de vida para su vientre.

Vive, que es vida su amor;
nace, que ella está naciéndote.

15   ...Brota en su dolor de madre
tu verbo encarnado en Siempre.

(261) 7

EN los almendros precoces
un candoroso aleluya.

Los tomillos tienen flor
y olor de niña desnuda.

5   Sólo los chopos más verdes
huelen a verdes de luna.

Los vericuetos del monte
suben y quieren que suba.

Como las vides, mi agraz
10 siente promesas de azúcar.

Los tomillos tienen flor
y olor de niña desnuda.

Sólo los chopos más verdes
huelen a verdes de luna.

(262) 8

EN el oro de la luz
viene el azul de las sierras,

que tiene forma de senos
y olor mojado de nieblas.

5   Transida de azules húmedos
¡qué amarillos azulean

en esta luz, raudal bajo
que lame, humilde, las hierbas!

Los pájaros, bajo el sol
10 de la mañana, se asperjan,

y una gotita de luz
azul en sus picos tiembla.

(263) 9

La siesta tiene abejorros
que tiznan el aire seco.

El sol se rompe en los muros
de cal los rabiosos cuernos.

5 Bodega o zaguán de sombra
busca una llama de viento.

(264) 10

Huele el agua, suena el agua
en el aire de las cinco.

El campo canta, regándose
con sus soterrados lirios.

5 Huele el agua, suena el agua
melodiosa de las cinco.

(265) 11

Cuando los montes se acuestan
y el sol se desangra mudo

trasciende la filosófica
malignidad de los búhos.

5 Redonda, la luz que emiten
se cierra sobre el nocturno

como una anilla amarilla
de fiebre, obsesión y susto.

(266) 12

LUZ amortecida y lienta.
Relente occiduo, de otoño.

Ya senil, el ascua pura
se aterciopela en rescoldo.

5   Las carreteras son éxodos
hacia un más allá remoto.

Nubes de túmulo acechan,
compactas, el trance sordo.

¡Oh, si pudiera gritar
10 lumbre el extinto coloso!

Meditación de palabras.
Parábolas del otoño.

Angustia de Ecclesiastés
y de Apocalipsis. Polvo.

15 Ceniza. Aridez. El viento
se emite, cauto, sin soplo.

La luna surge. La luna.
¿Qué ves, carrillos sin ojos?

Los cipreses te dan guardia
20 de honor: zaguanete irónico,

harto de chismes de muertos
y de tu verde insidioso.

Es como un plato de sangre
el cáliz cruento del orto.

25 ¡Ay atardecer frïable
que se desmenuza en polvo!

Lo dice en sus jeroglíficos
de vuelo en trizas, medroso,

la goma negra y deleble
30 de los murciélagos topos.

Lo dice el pío, que es llaga,
del pájaro en abandono.

Y un ceño de nubes sobre
las lejanías de plomo.

35 Vanidad de vanidades.
Hojas muertas del otoño.

Esqueletos de venturas
verdes con guirnaldas de oro.

Vanidad de vanidades.
40 ¿Quién sopla sobre el rescoldo?

¿Vas a amontonar seroja
—ciencia— en tu agonizar sordo?

Traspiés del hombre señero
que da en la tierra. ¡Ay del solo!

45 Sin mano que le solivie,
sin lecho de mutuo arrobo.

Las heces de la alegría
son congoja: acerbo poso.

Mi bendito manadero
50 de dicha es fuente de insomnio.

Corza de gracias senectas,
cierva amada de mi otoño,

sus pechos exhaustos penden
como dos frutos serondos.

55 ¿cómo alegrarme con ella?
Sin ella... alegrarme, ¿cómo?

¡Barre toda la hojarasca,
viento occiduo del otoño,

látigo que acardenalas
60 de augurios y de sollozos:

ve cómo se alzan al cielo
de ira los brazos del polvo!

POEMAS
DEL MAL SABOR DE BOCA

(267)

¡TÚ SERÁS REY!

EL ventarrón barre la atmósfera
y lija las estrellas
que estridulan esdrújulamente.

¡Oh sagrada dentera del amanecer!

5   Al socaire de unos matojos
hay brujas insomnes.

Un guiño de luz frustra
la cópula de unos murciélagos.

Pasmo del silencio en el cono
10   violeta de la amanecida.

Las brujas se sofaldan
para gustar, lascivas,
el empuje viril del ventarrón sagrado.

¡Oh sagrado pavor!

15   El Gran Buco hace boca con una doncellita.
(Sutil himen de lágrimas.)

—¡Tú serás rey!

Y un gallo de veleta, sarcástico, taladra
con su aguja de lumbre el conticinio.
—Amén.

(268)

AMANECIDA

Un clarinete: el gallo.
Conos violetas.

Con el anular
los humanos pulcros
5   se quitan
las telarañas de la noche.

Hiede a humanidad resurrecta.

¡Qué brutamente mira
el hombre tumefacto que amanece!

10   Fielato. Afueras. El suburbio.
Cazcarrias de la ciudad.

Rebociño madruguero. Andrajos
y chanclas de comadre. (¡Guau!)

¡Ay vecindonas
15   despeluzadas del amanecer!

Los relejes, lascivos,
se acoplan con las ruedas
tempranas.

¡Anagnórisis conmovedora!

20   El sol, rubio,
lubrifica el gaznate catarriento
del madrugón.

Se atenúa el chirriar de las carretas.

El copazo
25   de aguardiente de moras
es drástico venial de las honradas tripas.

En los desmontes vive un clan
promiscuo: hiede a incesto.

En el meollo de la berza
30 que se pudre,
se contrae y distiende
la oruga del olor local.

Por un ventano asoma
un hombre con mandil,
35 a las sienes ceñido
el trofeo
marital: unas astas
de morueco.

(Se presiente el himplar de la parienta.)

40 Un braserillo atufa
a una sexagenaria con bocio,
cuyas haldas se hinchen.

He aquí un marsupial montgolfier.

Un gozque freza,
45 pulcramente,
en una lata de sardinas
orinienta: los ojos en blanco.

Y a su vista lujurian dos escuálidos
congéneres:

50 ligazón sucia,
estampa efímera del vínculo
sexual a ultranza. (¡Horror!) ¿Quién los desune?

Tiritaina de la amanecida,
mal sabor del ayuno.

55 Una vez sólo fue temprano
en el alma del poeta.

(269)

CEROS

EMITE ceros filósofo.
Fumador, emite ceros.

(Que «todo es humo y lo mismo»,
según Bergamín el Bueno.)

5   Dedo habrá que los ensarte,
porque nunca faltan dedos

para ceñirse el alarde
de unos anillos de viento.

El índice –el «allí está»
10   de la mano– no usa ceros.

Pero anular y meñique
son huéspedes más que dedos.

Y el «cordial» es tan infame
–o el «infame» es tan cordial–
15   que se ensortija de sexo.

(Del pólice –del pulgar–,
¿qué diremos?

¡Petulante violador
de la sisa del chaleco!)

20   Anillos de vanidad.
Humo de filosofía.

La boca bosteza, y pone
en el bostezar su cifra:

junto a los ceros de humo,
25   un cero de carne viva.

DESDÉN

(AUTORRETRATO)

(270)

DESDÉN
(Autorretrato)

CÍRCULO de mi desdén.
Mueca fofa. Comisuras
relajadas. Ver no ver.

Párpado oblicuo, de grima:
5   despectivamente oblicuo.

La linde de la sonrisa
se acusa lejanamente:
inmune, señera, nítida.

Iteración en las sombras
10   inertes de la mejilla.

Sin tensión, redondamente,
la grasa es lóbulo, jiba.

(Redundantemente ronda
lo redondo: ronda fría.

15   Hay un agobio de siglos
sobre un alma en carne viva.)

Bajo las cejas, dos ojos,
casi hostiles, que no atisban.

Esquividad. Y una mota
20   de lumbre entre la ceniza.

Los cables del entusiasmo
rotos. ¿Vale algo la vida?

Hombre ajeno. ¡Ay hombre ajeno!
Hombre ajeno alguien lo haría.

25   Enajenado y difícil
cero de fisonomía.

16 abril-930

DÉDALO

Con una caricatura lírica del poeta
por Juan Ramón Jiménez.

Publicado por la Biblioteca Nueva, Madrid, 1932.

JUAN JOSÉ DOMENCHINA

EL *Juan Pepe de papel amarillo y blanco iba, tenso, verticaleán-dose por la atmósfera sorda, saludante, con cabeceo tocado de invo-lable jipi, de las primeras estrellas, verdecillas aún en el gran malva de la tarde de verano. (Madrid de agosto, solo, remanso sumido de los dificultos.) Yo lo vi desde mi azotea regada, gordo termómetro flotante para los grados de colores de la fácil fiebre del poniente: naranja en el ya rosa de nosotros, rosa en el ya malva, malva en el gris ya; de su amarillo y blanco luego, nada más, en nuestra oscuridad; más leve cada vez y espectral a las nueve menos cuarto. Lo oí un momento, entonces, entre dos saltones tranvías hondos ya encendidos, como si el Juan Pepe llevara un pajarito en el estómago, como si dos manotas, arriba, le hubiesen aplastado el aire (¡uiu!) entre espalda y pecho. Y por un rápido juego de ideas, le grité: «¡Domenchinaaa!»*

(Juan José Domenchina, desconocido mío personal, no sé yo dónde estaría, mar o monte, lejos de su él de ocasión y de mí. Pero aquel Pepeimedio evolutivo de luces ácidas, solitario, solitarísimo en los lentos aires de caldo, iba repitiendo, por lo que yo podía oír, sin casi nadie que le echara un ojo, ajeno, en su escena ¡anchas altitudes españolas! como un ente de ventrílocuo, del público sen-tado, cosas peliagudas de un plástico asperón satiriásico, cuyo torneo de cuerpo humano registrado no podía borrar su no sé qué íntima belleza; versos enlazados como brazos, muslos con imán; neologismos, adrede, de cadera, falsete y bazo. Un cínico de Juan Pepe, sobre las posibles señoritas anhelantes de las azoteas y las guardillas, amigas ¡todavía! del grillo estrellero.)

Verano después, otra tarde de cohetes negros de verbena, vacíos tranvías traqueteantes, cerveza en las más impensadas aceras, me dijeron: «Ése es Domenchina». Alto, lleno, apeponado, lento, iba entre las acacias lacias en segunda flor de la calle de Serrano, un libro gordo, lastre sin duda, bajo el brazo, y unos niños chicos de las manos, amarras débiles a la vida. Yo sentí de pronto una extrasístole de las de corazón a la boca, miedo súbito con frío de que Juan José Domenchina fuera a elevarse hora arriba, ¿con los niños, sin los niños?, para decir en la libre capa tercera de los sofocos aéreos sus redondas hipocondrías sarcásticas, sus agrias, carnosas torceduras de monstruoso limón blanquiamarillo. Y creyendo más, más, más que se iba, temí por los niños, y corrí tras él un instante ciego, con un grito de mi otra voz: «¡Domenchinaaa!»

JUAN RAMÓN JIMÉNEZ
1930

(271) *a*

Bajo un sol anémico, luminiscente, aún en fárfara
(hombres blandos, ternillas de hombre, palmípedos
   de extremidades membranosas, reclusos en húmedas
   binzas, pero todavía libres del agobio calcáreo
   e infamante del cascarón),
en la llanura paludosa, donde las charcas viven
   para añorar el meteórico tumulto
   (líquenes: rezago y fruición última de un imperio
   fluido),
5   junto a las viviendas lacustres
   que flotan a merced de sus caireles o cabelleras
     vegetales
   (desmidias, aldrovandas: ¡vesículas de atmósfera!)
suena, ecoico, en los musgos, un largo trasiego
   de aguas.

El tremedal dice la palabra del cieno:
10   (Ojos perdidos en la ausencia, voluntad nómada:
   un soplo errante decapita el hálito de las
     altiplanicies.
Ya no hay más, aguas; quizá solo unas nubes
   o vellones dispersos
sobre la tristeza humilde y húmeda del valle donde
   florece el licopodio,
tierras alagadizas, con un verdín perenne,
15   ojos de mujer, fáciles a las lágrimas, charcos.

¡Aún sorda, ensordecida por el clamor de las aguas,
llanura de miedos!)

«Mi dolor *es* cuando se desentierran las sombras.
»¡Ay, cómo grita la mandrágora en gritos de raíces
de carne!
»Miembros viscosos en contorsión, blanquizcos,
20 »gelatina pelágica para una eternidad de futuros,
»ya piedra en el numen de Deucalión y su prole.

»¡Fiebres jaldes, fiebres del icor, del lentor,
»fiebres del telúrico puerperio,
»sobre la tierra monda, aguazal de míseros,
corrupto,
25 »donde aún sobrenadan las siete densidades del
hombre,
»es decir, la enjundia de la creación, indeleble!

»No hay más, apenas; la resurrección de la carne,
»que bosteza ahítos de diluvio sin término
»(deidad fecunda y húmeda, mujeres por doquier,
como algas)
30 »bajo la calentura verdinegra de los pantanos
»que suben sus mosquitos hacia el desdén de los
cielos incorruptibles.»

(272) *b*

Es de esperar que todo sea mi dominio.
(Deja, soberbio numen, que erradique los hierbajos
rebeldes,
raíces adventicias
de mis glebas.)
(Frentes desnudas al sol, socarradas: ¡que la celeste
lumbre abrase el píleo de los libertos!)

5   (Se susurra; bajos fondos remueven su pecina
      infamante: se intenta ahogar en légamo el fluir
      del espíritu: ¡súbditos miserables urden clandestinas
      reticencias, reconcomios famélicos, calumnias!
    Pero, ¡bah!, los cobardes agonizan y mueren,
      contumacia de angustia, infinidad de veces antes
      de morir
    y el harakiri hace de tripas corazón.
    ¡Aj, corazón del pusilánime, gallina implume,
      siempre estremecido de alarmas!
    Sea mi nombre: con las entrañas en la mano, sea. A
      un lado y a otro, las salpicaduras de mi sangre.)

10   He aquí toda mi verdad: si «la fuente solo puede
      pensarse corriendo», yo únicamente concibo la
      existencia de mi paso victorioso.
    Todo, incluso las asechanzas turbias del enemigo,
      robustece mi cántico.
    Depredaciones, violaciones, incendios: ¿cuál es mi
      musa sino la que vive en las llamas?
    Os diré aún mi secreto: soy el icono que aborrecéis
      y adoráis
    debatiéndoos bajo las ligaduras, en el poste de
      mi soberanía.
15   Controlad mi poder en los estéreos de leña resinosa
      que han de ser pábulo de vuestro suplicio,
    no os engañéis contando las adujas del zumbel
      que os impuse;
    libres, vuestra danza sería la del vértigo en mi honor:
      repugnante palinodia.

    (Alerta es mi nombre.
    Marsyas –el desollado– vive: oíd cómo apologetiza
      la excelsitud de mi Mens Diviniors y Su Cauda.)

20   Pero todo podéis esperarlo de mi alta misericordia,
    si sabéis acatar mis designios providentes,
      magnánimos.

Os conmino: imaginad el dolor inmarcesible
que habrá de presidir mis exequias.
¡Tanatusias de sombra!
¿Concebís a un dios aherrojado, en un túmulo?
¡Cómo tañen y tañen melancólicas gringas!
25 ¡Dolor de mis mujeres!
¡En un planto sin término, innumerables plañideras
regarán con sus ojos de sombra el cáliz de los
lacrimatorios,
pues la diagonal de mi orgullo sesga mi Raza
desde el Cantón Diestro del Jefe hasta el Cantón
Siniestro de la Punta,
y soy la sumidad de los Linajes
30 porque todas las mujeres conciben mi verbo
en la vasta prelibación, ornato de sus bodas,
bodas en donde erijo el Cántico de mi Progenie!

(¿Quién habla de derechos que no sean los míos?
¡Nupcias que autoriza mi pierna entre los muslos
de la joven desposada, ineludible privilegio que
me augura y asegura el auge inmarcesible de mi
Semen!)
35 No son graciosas dádivas los poderes que exhibo.
Porque supe enfrentarme con el primogénito de
los muertos que venía con las nubes,
agitando torrentes de voz «como ruido
de muchas aguas», y diciéndose el Primero
y el Último, Alfa y Omega de todo lo creado.
Y si él no pudo sojuzgar la arrebatadora elocuencia de
mi poderío
(¿cómo arrastrar una vida preterida, menesterosa,
de segundón –de accésit?),
¿ha de empavorecerme la rebelión de los siervos,
40 indignos hasta de mi guantelete o manopla?

He aquí que señoreo las extremas latitudes,
sin curarme del rencor de los caídos –¡indigencia rebelde!
¡Así conservo y exalto mis prerrogativas,
y, a modo de peruétano,
45 mi inefable jus osculi sobre todas las mujeres
hermosas!

(273) *c*

CONTEMPLAD y exaltad el aplomo con que toma
su desayuno el mayorazgo,
y el gesto heroico y digno con que «reprende
y castiga a todos los que ama»:
dilectísimos siervos
que llevan su sangre.

(Cuando la paternidad se investigue,
—¡oh plúrimo cogollo poliadelfo!—
5   sabréis que todos sois hermanos.)

Exaltad y admirad asimismo el atuendo de la Corte,
la ofuscadora magnificencia del brocatel del pórtico,
los dilatados intercolumnios por donde apenas
cabe la grandeza del Ungido,
las broncíneas arrendaderas del atrio, sólidas argollas
donde muerden las espernadas de las cadenas
cautivas, la impaciencia del mensajero y el belfo
de la piafante cabalgadura;
10   la lienta pulcritud transparente del impluvio,
los bostezos seculares del puente levadizo,
la deliciosa nariz del vino de las cavas,
el primor del infantil zaguanete: ¡bellísimos pajes!,
¡la marcialidad primitiva de las rudas mesnadas
15   y la perpetua exhibición de guardainfantes suntuosos
que traslapan el grito de Algún Poder Fecundo,
la Realeza de Un Padre!;

¡las costosas dalmáticas de los heraldos,
las piruetas chepudas y al rojo de los bufones,
20   donde chillan unánimes los escrupulillos de los
cascabeles áureos;
el bote hueco, anémico de la vejiga —drolático
estampido,
la hermética gravedad de los emisarios,
portadores de presentes maravillosos,
de mensajes plomados, signos de amistad
a través de un desierto de arenas;

la ambigua prestancia de los arduos augures, que
espurrean su saber astrológico, agudos de
prestigio y capirote, duchos en prestigiar, en
embaucar con las verdades de los astros;
la gárrula asiduidad de los halconeros –¡cumbres de cetrería!,
25 que majan en sendos almireces la concluda,
exquisita para la voracidad del halcón predilecto;
la forja de los alquimistas, sótanos de la piedra
filosofal, laberinto salitroso de la panacea
universal,
refugio de macilentos lémures,
donde los alambiques interrogan a los dioses o
demonios auríferos;
30 las hidrias, con el tesoro refrigerante e insípido de
las nubes o del venero oculto,
las magníficas cráteras para las bodas y afición
mutua del agua y el vino,
el regio alabastrón, hisopo que asperja
orientales perfumes
y la lobreguez de la ergástula, donde la más hermosa
cautiva menea obscenamente su cuerpo, entreabre
los ojos profusamente ciliados e impetra la piedad
magnánima del Señor
desatándose la cabellera de espigas para ceñir
y enjugar con su anadema el cruento tributo de
la más solitaria y ardiente de sus lunas!

35 Todo respira subyugante poderío en el feudo:
¡tierra fecunda de cabezas rapadas,
aladares lacios de sudor, agonías,
torsos encorvados sobre los surcos, siervos
de la gleba!
Día y noche, ajimez por donde se asoma la vida;
40 ved el adral siniestro de los carros que estallan de
mieses.
¿Dónde está la calígine sanguinolenta del medievo?

¡Bestias en libertad, corcovos de rebeldía: nada
tan bello como la doma

de los caballos salvajes,
cuando los vencedores se apropicuan
45 azotados por el viento geológico de los epinicios,
socarrados por el sol implacable de la enjuta
paramera,
rotos de gloria,
enronquecidos por los vítores y la sed de
las marchas
y vibrantes aún del furor loquendi del caudillo,
suasorio energúmeno destrizado de aspavientos
marciales y arengas!

50 Decid a las mujeres que el vaso legítimo
no se convierta en libatorio; que no derramen
nunca en tierra el licor de la vida,
porque el Ungido, ducho en espumar nupcias,
exhibe la irreprochable genealogía auténtica,
las nóminas de su deseo augusto, bajo
el prestigio vermicular del totem;

decidles que abreven sus ojos en los arbustos
laurifoliados,
porque el cielo comienza a encelajarse
y los mancebos dejan al pie de las murallas sus
evacuaciones alvinas
55 al soplo de un vasto terror druídico
que viene de los dólmenes
(pestilente quejumbre
del eléboro fétido y la cañaheja hedionda.)
Y decidles también que descubran sus gargantas
de leche, favorecidas por los símbolos más puros
—pequeños falos de doncel, miniaturas perfectas.
60 (Corceles tordos peceños de la noche, ¿quién
los fustiga?
¡Hondo terror del rapto!)
y que obtendrán las condignas dádivas del
augusto Señor
si saben hacer deliciosos y breves los largos
minutos de su conciencia insomne.

(274) *ch*

¡No, no es cierto que el aceite de colza ahuyente
    los terrores,
ni que mitigue la disnea convulsa de las huidas
    paralíticas a través de los oníricos cepos
    que arma un pasado de sangre.
(¿De qué sirven las despabiladeras y el humo de
    los candiles, demonios?)
El Ungido sufrió pesadillas de angustia, cárdenas y
    jaldes, incruentas,
5   agarrotándose en la horca de su torre, florecida de
    cuervos
y supo el gran sabor de la muerte que tiene la
    ceniza,
hasta despertar demudado y febril para acogerse,
    loco de horror y rico de babas seniles
    y súplicas,
al regazo de las simpulatrices
en demanda de purificación y sosiego!

10   Sin embargo, es ya mediodía y la muchacha
    muerde el calículo de su clavel,
y el ambidextro y el zurdo se saben la mano
    izquierda de memoria.
Las pesadillas macilentas de donde penden los
    lívidos ahorcados
ya no entenebrecen al Déspota.
(¡Arde el sol en el páramo, coraje;
15   entrañas redivivas, loor!)
Ignominiosamente erecto, bípedo de la injuria,
    sonríe.

Palomas duendas de mi torre, arriscadas
    palomas zuritas:
no dejaré ni un jeme de mi poder en manos
    mercenarias
(¡gente ahorcadiza, chusma vil, pelambre y
    harapiento despojo: advenedizos!)

20   Mis desfallecimientos equivalen al vahído
     o morrión del águila caudal, ahíta de cumbres:
     ¡vértigo de dominios absolutos, alturas!
     No me empavorecen las noches purulentas:
     en la horca se apiñan mis augures funestos.

     Y si los arduos demonios telúricos ponen sitio a
       mi Numen...
     ¡vasto es el mar
25   contra los terrores y asechanzas de la tierra!
     Un estribón heroico ha de dejarme en salvo:
     en el centro fluido de mi Talasarquía
     inalienable.
     Mas, ¿quién se opone al vendaval de mi antojo y
     sus huestes?
     «Toda batalla es con estruendo, y con
     revolcamiento de vestidura en sangre».
     ¡Soy (gargantas, laderas de mi poder) la cumbre!
30   Y oigo impertérrito la amenaza mítica:
     «Los montes se desleirán por la mucha sangre
     de ellos».

(275) d

SE dicen, oímos decir, cosas extraordinarias, sin
     interés, magníficas;
cosas seculares, cosas que ocurren en la faz de
     la tierra, inverosímiles
para nosotros, hijos de la sombra, raíces inefables
     de sombra.
(Y ¡qué tentáculos más puros los que aprehenden
     la verdad amarilla, y esa otra verdad pálida
     —pero asimismo digna de los ojos y el tacto:
     dientes con que sonríe la entraña terrenal,
     verecunda!)
5   ¡Ojos duchos en palpar lejanías,
     oídos ávidos de resonancias fugaces, externas:
     fehacientes testimonios de una realidad al
     margen,

mestureros que involucran la puridad de
    los mundos,
fantasmas!
10   Quizá existe algo que no toco ni me hace falta ver:
    a guisa
de hipótesis pueril, no me es costosa la aceptación
    de todo lo improbable.
El dar por buena la realidad de lo que no logra
    afectarnos
es señal inequívoca de una psique magnánima, de
    una imaginación casi poética.
Nuestro es el mundo, queridas raíces.
15   Sean los hijos de Adonay oficiosos, solícitos y
    diligentes.
Todo es perspectiva a lo largo de la vida
    subterránea.
Halagüeño y fácil recinto para el báculo que
    tentalea certeramente el filón inagotable.

Se susurra que el monte grita sus jaras; que los
    vientos impregnan,
y que el ládano albino, montaraz e insurgente
    (¡nómada!) unge a los naturistas:
20   nada más justo ni plausible.
(Más allá de los soplos salinos,
mar:
la sonrisa blanca de unos verdes recónditos,
quizá las velas que se hinchen bajo la arrebolada
25   o un alborozo de espuma en los cantiles.)

Asimismo se dice que a las costas escuetas del
    crepúsculo
les brota una erupción de cangrejos cocidos,
y que de la luna de otoño caen hojas de lechuga
—lo cual no es infrecuente
30   desde el día latino y vegetal que inventó y
    descubrió los lacanópteros.
Acaso la verdad de la noche solo la averigüen los
    recodos propicios,

viendo en cada triángulo de sombra un baluarte
    idóneo;
quizá la luna se aprende de memoria una luz que
    repite sin comprender,
y no es nada improbable
35   que Prometeo, mito, se atiborre de lumbre, frente
    a la indiferencia de los ciegos hieráticos
    —porque hoy, posiblemente, la verdad de
    la música,
esa verdad perfecta, más pura que los ruidos,
escarba, vivamente tenaz, con su auriscalpo, el
    cerumen del sordo
y el inerte tapón del melodioso diletante.
40   (Un vaticinio de Tiresias, ilustre: el color es
    un pan que no comen los ciegos: ni lo
    comerán nunca.)

Por sí o por no, desdeñad todo aquello que no se
    toma con la mano.
Una amistad existe: la del amigo poderoso.
    Un hombre es el caudal que derrama o
    adjudica. Institúyete en la voluntad
    última, sagaz heredipeta.
Algo hay, lucro, bellísimo para los que trafican: la
    señal del converso en el hombro: un pasado
    solvente.
¡Transacciones! Daca aquí tu meollo. —¿A qué
    tipo? Voy a decirte toda la verdad de mis
    fraudes.
45   El aliento amarillo del mercader empaña
    el insolente resplandor azur de los nobles.
Se huye de las almenas —dientes de torres,
    hechos a comer nubes,
pero los cimientos se minan: zapadores eximios: es
    suficiente una ventregada de ratas voraces.
El tintineo del oro corusca con los mismos
    quilates que el titilar de las estrellas:
    repítelo. Y adjudica a tu prójimo lotes de
    astros.

(A todo señor, todo honor.)
50   Porque las alhajas no solo etimológicamente son
         cosas necesarias
     y es inútil buscar en la momia sus vísceras: están
         en el canope.
     Cartas hay, aceptas, que no son simplemente
         cartas: las nuncupatorias.

     Ardientes Súmulas: en las mestas de las pasiones
         puede segregarse la corriente del oro, felicísima:
     distribuyamos sabiamente las partes suculentas
         de nuestro buey (¡humildes
55   hijos de Prometeo,
     sagaces sombras de la luz que todo lo penetra!),
     y si los insensatos repugnan el exquisito paladar
         del bodrio,
     hombres habrá que socaven la tierra dadivosa,
         donde luce la veta purísima, junto a los
     esqueletos de las vestales perjuras.

                    (276) *e*

AQUÍ está el vientre de la ceca (¡oh amigos
     fraudulentos!): morada clandestina donde
   se acuñan los alegres discos que soba, sopesa y
   acaricia morosamente el tacto del conocedor de
   voluptuosidades supremas,
sótanos insalubres, o bostezos de moho y salitre,
que trascienden a recodos sin luz, olederos,
     como ángulos amables de mujer: fuente limpia
     en que abrevar la sed que no se sacia nunca:
hedor suntuoso para las narices de corvo
     abolengo.
5 Porque aquí cunden los miasmas de los números
   y se arromadizan las sombras,
   sombras espesas, casi grumos de leche, densidad
     que amamanta a los judeznos, cachorros que ya
     afilan sus uñas de gancho; rapaces:

adrián azogado,
avecicas de presa, conmovedoramente vivas bajo
la liviandad del plumón ralo y pardusco.

10   Se inicia la jornada fraudulenta, provecho.
Ea, vosotros, los de las barbas chivas: es preciso
delinquir eficazmente: ¡oh braceaje heroico!
El acordonador está en su punto — es hora de
cerrillar la moneda.
El oro vegetal de los almiares y el del hórreo
15   se ahervora de delirios de grandeza sin límite.
¡Troqueles!: no haya sino módicas réplicas del
sol que todo lo sojuzga.
Aquí están las arenas de oro de los grifos
y la que atesoran las arcas de Raquel y Vidas
(lastre de nuestras transacciones de urgencia, a
cierraojos)
20   y las auríferas de los ríos fecundos –gustosos de
ahocinarse en curvas de meandro;
es preciso cernerlas.
¡Ea, que idóneas cribas aguardan el placer de
Dánae: su lluvia!,
junto a los numismáticos duchos en limar
–mitigar– la moneda trabucante,
exuberante, ilícita,
25   que un espíritu justo transforma en medallas
incusas.
Oro y plata, profundos solaces: tan profundos
que habitan el corazón de la tierra.
Ea, bruñidor: no se diga que el sol resplandece
sobre todas las cosas.
He ahí el don de ubicuidad que posee el
numulario,
y ese otro don, tal vez más envidiable:
el de Midas, que le retoza en las yemas de
los dedos:
30   el atesorar no alarga las orejas de los hombres
de pro.

Desconfiad, si os place, de la moneda fiduciaria,
valor que no se acuña, deleznable:
convencional especie:
sólo hay un timbre auténtico: el de la moneda
    que se bota en el mármol.
35   Empero, el signo del papel sea el que enjugue
        tus deudas,
porque todo está a punto de no ser, de extinguirse,
ya que el canje es oficio universal y a destajo.
(Mas hay trueques sin un margen de lucro: he ahí
    las blasfemias.
Que se lapide al heresiarca con lingotes de oro es
    el deseo de los más justos.)

40   Amaestrar, hacer hombres.
Ni alardes de hígado, ni baladronadas de
    corazón: ¡redaños!
Es plausible y benéfico adorar la glándula del
    monopolio, preterida;
la adquisividad, el instinto de poseer, la eficacia.
Sean los hijos de Adonay tan opulentos como
    útiles.

45   Todo saber humano es saber zancarrónico. ¿Qué
    ha de enseñar el hombre sino precisamente
    todo aquello que ignora?
La estabilidad del orbe está en discordia con las
    ondulaciones sísmicas
que tienen un ombligo puro por epicentro.
Urge eludir los intermediarios
y que las mujeres paguen en buena moneda
    el placer y el honor que sepamos conceder
    a su vientre:
50   que el vientre pague la simiente que le fecunda.
Incalculables, inabarcables latifundios con
    entrañas de oro,
oíd el grito de mi deshondonada avaricia.
¡Ah de los siglos! Un poseer que sólo vale lo
    que vale la vida; poder en precario:
    usufructo.

(277) *f*

EXALTO la garruda e inexorable rapacidad de
  mi prole
que soporta todo un pasado –doble jiba de
  camello– a la espalda:
seculares vejaciones, ultrajes cruentos y, ¡ay!,
  incruentos escarnios:

justamente la médula del dominio.

5   Si el gozque famélico muerde la fimbria
      hedionda y harapienta de la mendicante,
    afila así sus poderosos colmillos.
    El futuro estiliza la nariz aguileña.
    Hijo, escucha mi palabra: has de ser varón
      prosperado.
    No te acongoje el que huyan de tu lecho las
      bellas mujeres ortodoxas:
10   por usucapión serán tuyas, un día.
    Vástagos de Israel inundarán el mundo:
    todos tendrán tu nariz, como pico de accípitre.

(278) *g*

ABOMINAD conmigo de los grandes pecados
  del mundo.

La lujuria está en el origen del Hombre. (Hijo
  mío, lo dice la tabla pitagórica.) Pero uno
  no debe exhibir el grito de sus genitales,
  porque los psiquiatras siempre aciertan
  en el peor de los casos. Y, además, el fuego
  sagrado de la ilusión lo alimentan a placer
  los falocriptas.

Pisón, Gihón, Heddekel, Eufrates: ¡gloriosos
auspicios! Todo hacía presentir el aura
indemne, la luz paradisíaca exenta,
la genesíaca reiteración del primigenio
asombro: la inicial maravilla.
Pero
5   la flor de las entrañas bebe amor en los pechos
de su madre
y el ojo clínico, avizor, involucra su lente.
(Sin embargo, que la ciencia no investigue.
Eludid el odioso regodeo de los psiquiatras.)

«Toda cabeza está enferma, y todo corazón,
doliente.» ¡Intelecto, creador de lujurias!
¿Quién tañe el pífano de sus melancolías?
Ortodoxia de flautas, ¡qué triste! Secuela del
venusto furor.

10   Que no se encone tu pasado, que es mito. Cáncer
de la suspicacia. Úlcera del fulgor increado.
Edipo, ciego, se alimenta de lotos.
Cuando esté a punto de decaer tu semblante,
y antes de que la saña germine en tu corazón,
vomítale a Jehová tu primogenitura de lentejas.
Sea tuya la justicia de las calaveras que ríen,
pero no descubras la desnudez de tu madre.
Científico numen: si las vitaminas del bien y
del mal corroboran idóneamente,
nada más bello que comer manzanas.
Dientes blancos y azules, ¡voraces!

15   Pero hay que sigilar el módulo paradisíaco.
Uno no debe hablar mal de un padre, de una
madre,
y está prohibida la fruición del incesto.
(Tabú, dime tu nombre.
¿No eres el complejo de la neurosis originaria?)

(279) *h*

En su despecho genealógico hay quien apenca
con los monos de Darwin,
¡glándulas de luz! ¡vida!
(¿les ha cesado ya la costumbre de las mujeres?)
Que se desantañen las dueñas quintañonas:
5 ¡menopausias, pasados!)

Frente a mí se depura un perfil de perfiles:
catógrafo egipcio. Exento de la chatedad
infamante. Sin plato de pómulos. Neto.
Pero el arquetipo se signa con la diestra, que
tiene el pulgar oponible.
Manos rapaces: hay que aprehender solamente
los glúteos huidizos, las trémulas dichas.
(Dios puso avidez cóncava en las manos
del hombre, y convexos aplacientes en el
torso y las nalgas de Venus túrgida.)

Aún el espíritu jipa y se compunge: tiene,
refalsado, proteico, entretelas sentimentales
y lágrimas de cocodrilo. Es su propio baldón.
10 (¡Quitad los prepucios a vuestros corazones: que
no haya corazones incircuncisos!)

Carne cruda de la pasión sexual, delirantes
omófagos: hay un sadismo caníbal que nutre
y pone los ojos en blanco.
(Odisea del hambre.)
Si escuchas el zureo de tu idilio, advertirás
cómo te arrullas —menesteroso huérfano en
la soledad de los hombres.
Pero no abuses de las gracias divinas de las
mortales, si quieres hacerles, a toda hora,
como hombre, la injusticia que merecen.
15 (Ellas son tu deseo. ¡Vida de supervaloradas!)
Porque el menoscabo de la apetencia es
ignominia que cae sobre el manjar
codiciado: la codicia de las fauces es quizá
la única belleza de la ambiciosa víctima.

(Nada hay más triste que una fuente exhausta.)
Cámphoras, nardos, canela, incienso, azafrán,
    mirra,
áloes del divino momento:
20   las muchachas deben ser doctas en la ciencia
    de los pechos duros.
Lo demás es tristeza.

(Cuando las matronas exuberantes se arrancan
    el amictorio,
sus senos rebotan en la bóveda celeste,
¡caída de tristes!
25   —Sosténme, sostén mío, que tengo mis palomas
    cansadas...)
Porque la gloria auténtica no se concibe con
    puntales. Y sólo lo erecto aspira a la verdad
    de los astros.

Cómputo rojo y plata —sangre y luna— de las
    mujeres.
¿Quién sueña en el pezón único de las amazonas,
divinas mutiladas?
30   Plural es el sueño de mi ambición, sin duda.
Pero el fraude atisba, aun en el único contacto
    verdadero.

(¡Ancla viril en el abismo de los mares incógnitos!)

¡Deseo!
A tu sola palabra, qué desfile de virtudes
    macilentas, difusas, con un halo de castidad
    exangüe, y qué huracán de bronquios:
35   ¡qué turbios simulacros de rameras asmáticas!
Alcocarras y clímax fraudulento:
mujer, celeste andrómina.

Le dije a la elegida de mi concupiscencia: Te
    escogí y bendije entre todas como dilecta
    de mi corazón.

(Suave perjurio en las Ascolias de la Verdad.)
40 (Siempre a la coxcojita sobre los odres
engrasados en honor de Dionysos.)
(Por corcova, un mundo: Atlante de mi propia
miseria.)
Pero, aun hoy, después de la resurrección de la
carne,
vivo a merced de una tristeza mítica:
ardua peregrinación hacia el éxtasis mutuo, donde
la Esfinge no podría ocultar su secreto.
45 En tanto exhibo mis vanidades ilesas
y virgulo mis pausas con idóneas salivas de
desdén.

(280) *i*

A MANERA de edícula, o espermático exvoto,
coloqué un hijo entre tus muslos.
«Fiat —dije—; que el éxtasis se transmude en
palabra.»
De tu amor opulento, logos.
Logos de mi supremacía.

5 Y yo fui el Edicto, y el peruétano de las
aclamaciones;
se habló de la anémona y del trébol
y aun se quiso exaltar el estímulo de la simiente.
Pero me detuve pesaroso del fraude y grité mi
covada.
—¡Hijo de luz!
10 Entonces el mundo clamó en mis hipocondrios,
y alguien vino a arrancarme las ojeras facticias
y aun el rictus doliente de mis comisuras de
padre.
(Sin embargo, es preciso que el hombre simule,
entre sábanas, el dolor de su vientre.)

¡Belleza!

15   El Gran Sacrificador estentóreo lo dice:
     Jehová puede estar harto de holocaustos de
          carneros,
     pero los dioses tienen sed y se abrevan en el
          manantial rojo de las hecatombes.

     He ahí la Translúcida, Exangüe.
     Postrada.
20   He ahí la Belleza
     (lustración del puerperio, calígine: purísimos
          flujos)
     que nace de sí misma, cabal, sin un velo de arte,
     en el lazareto nupcial de la inmunda,
     cuando el cónyuge exalta, virilmente, la
          perfecta dignidad de los loquios.

25   Desoíd la facundia ululante y cruel de los
          sacerdotes,
     trenos apocalípticos de vociferador,
     largos como las ínfulas falsamente sagradas que
          detentan y exhiben,
     ínfulas del alarde
     que a las veces sitúan sobre el terror convulso de
          las víctimas propiciatorias.
30   «Purificad –dicen– el húmedo recinto, las losas
          salpicadas de cruor y miserias, los cendales
          polutos, y el ambiente, no exento de mácula;
     explotad la hemofilia del fuego: rojas lenguas
          voraces sobre negros coágulos
     (¡pira de los sentidos!),
     y que el agua lustral asperje la incendaja, ante
          todo,
     y después, el homogéneo hacinamiento de los
          residuos, todavía contaminados.»

35   He ahí la voz del energúmeno: Y se piensa en la
          Sombra: Arúspice con las entrañas de su
          madre en la mano, absortándose en vaticinios
          funestos, frente a una infamia eviterna:

patrón incestuoso, en cuyo entrecejo cunde un
  erostratismo inminente:
¡ciudad de noche y sarmenticia carroña pasto de
  las llamas!

Sí, la carne es espíritu.
En el jadeo del Pancracio se tensa la psique de
  los adolescentes a punto de embarbecer.
40 Y ante la pugna de los gladiadores
¿no es acendradamente espiritual el espasmo de
  las matronas
(muslos, gloria del circo,
abiertos por la dicha)
cuando la red del reciario atrapa el pez del
  mirmillón imbele?

45 Desoíd también el salterio o dulcémele de los
    poetisos,
porque el madrigal contrahace la voz de las flautas
y abemola el aliento.
Nada puede esperarse de una voz de alfeñique ni
  del huelgo de un cuarto de pulmón,
  boquirrubio.
(Es inminente el vejamen del lirio, el escarnio de
  las estrellas pisoteadas, y el encumbramiento
  de las pudendas luces, preteridas.)

50 Ávidos oídos exigen la verdad entrañable, monda:
oír lo que apenas insinúo,
acaso la inscripción del marido caldeo, lapidaria.
(Que el whitmamiano vértigo enumere la copia
    innumerable, el pródigo florecimiento de todo
    aquello que exige a gritos una boca de amor,
    unos labios de hombre.)

Contra el pecado de la frente,
55 la virtud de las ingles.
Contra el pecado de los ojos,
las axilas y el pubis.

(Que se arracime en glomérulo de dicha el fervor
de las yemas sobre el secreto dulcísimo de las
corvas e indague la virtud opulenta de los
dorsales pechos, nalgas de amor, réplicas de
las victoriosas vanguardias.)

Sólo sabrá de la dicha pura quien haya bebido en
luz las sombras de un regazo de mujer.

60   (Ávidos oídos quieren la verdad entrañable, monda:
oír lo que apenas insinúo,
acaso la inscripción del marido caldeo, lapidaria.)

(281) *j*

¿CONOCÉIS la leyenda del cártamo que se creía
azafrán? Es un bellísimo enxiemplo: el de los
ojos color tabaco de la más fotogénica
pelirroja.
Pero ¡ay! quien no eyacule exabruptos,
vagará errante por la falda del Helicón, sin llegar
al manadero de la fuente Hipocrene,
aunque el arcabuz desabrido es de estirpe
pegásida
5   como todo lo que sube –y da coz.

El placer reside en la vena ranina o leónica.
Y la conciencia es el atajasolaces del hombre.
(Nada incomoda más que un escrúpulo en un
zapato.)
Por eso la Fundadora sacudió sus sandalias,
10   antes de ponerse en camino,
aun sabiendo que la perfección es exordio
y que el vino de Yepes se sube con elocuente
facilidad a la cabeza.

Desde luego:
famosa cosa holgarse con las místicas es.

15 El combid de las monjas es algo que no puede
rehusar un experto.
Pues qué, ¿ahí es nada estar uno mano sobre
mano y sentir de improviso que le arrebatan
el alma?
(Si la paráfrasis os disgusta, os contaré el
cuento de los tres lunares
nacidos —de ¿qué ósculos?— en la siniestra
mejilla de la Monja Descalza.)
Pero aunque el numen herético apologetice el
cántico espiritual de los sentidos,
20 uno no deja de aborrecerse a sí propio, bajo la
científica suspicacia de que quizá las
transverberaciones se fragüen en el útero;
porque, si bien nadie habla peor del hibridismo
que el burdégano,
en la condenación de las vísceras se salva
únicamente el Cacique,
y una vagina rota
no valdrá nunca el halo de un corazón transfijo.
25 Por lo demás, los eunucos afilan sus sopranos
en las caderas de los guardias nobles,
y el Flamante Liberto, con su carta de ahorría en
la tiara, dice a los que no se manumitirán
nunca:
El cordiocolismo es innocuo —benéfico—,
como el amor indulgenciado de los Príncipes de
la Iglesia.

(282) k

¡DOLOR de la mujer que ama!
Desconfiad de las burdas pantomimas o
simulaciones a base de exudado bronquial
y ronquidos;
los vientres mercenarios apenas danzan para su
placer.
¿No es el ritmo trófico la aguja que orienta
nuestros actos?

5 El clandestino vaivén tiene sus daifas y
   tarifas:
         proletarias, selectas, de lujo.
   Y ¿qué se oye en el dédalo pestilente y
   arrebatador del prostíbulo
   sino el «tú me mueves, señor» –el huelgo
   entrecortado de la idónea venus transida?
   (Si vuelves la cabeza, Orfeo, te ha de
   transverberar el fulgor de tu úlcera.)
   (¡Olor amarillo de la clínica insomne!)
10 Y si la Musa letrinal escribe en las paredes
   encaladas, con sus ardientes tizos,
   ciclópeas obscenidades,
   ¿qué va a ser de las criaturitas de sucios
   alvearios, que contemplan absortas la
   belleza, sorbiéndose el descendimiento
   vil de las narices?
   Las vírgenes ignoran el revolotear de los senos
   –y su telotismo, que es cántico.
15 Y desconocen el sahorno de las ingles infames
   que halconean en la urbe,
   ulceradas peripatéticas.
   Pero, aunque nos atruene la alarida de las
   beatas,
   Euménides arrebatadas por una gimnofobia
   delirante, epiléptica,
   todos estamos conmovedoramente desnudos
   bajo el liviano atuendo de nuestras
   vestiduras,
20 y poetas hay que nos hablan en prosa sin
   saberlo.

   Preguntad a la egipcia cómo va la transpiración
   de su cuerpo,
   y a las tribaderas de ojos oblicuos habladles de
   su arroz: interesaos acerca de las peripecias
   digestivas del arroz que consumen;
   pero no sobresaltéis, estentóreos gañiles, ni aun
   en el cateconto de la intimidad, la hiperacusia
   sutilísima de su pudor, guardada

en unos zapatitos minúsculos–
25 porque la joven esquimal sabe oír los requiebros
    del amante,
orinando de delicia ante el orgullo de sus
    progenitores.
(Habéis de saber una cosa curiosa: el poder del
    tirano sólo se desmaya entre los muslos
    de su concubina dilecta.)

(283) *l*

EN la gamomanía de las posesas,
en la nostalgia del recelador, famélico greñudo;
en el bocio de las vírgenes añosas,
    marsupiales;
en la deificación de la Letrina
5 (auge del siglo, y nuncio de un porvenir de
    gloria;
momento y monumento
al que un sagaz futuro evemerista ha de imponer
    el nombre de Máximo, el ya Epónimo);
en la piedad del monje que estupra soledades,
en el regodeo palatal del asceta que fruye la
    inviscación de la espinaca,
10 en el prurito didascálico, turbio, del jesuita;
en la ojeruda pusilanimidad del adolescente,
en la fiebre del tísico,
en la arrebatadora elocuencia del líder de
    las democracias,
en la mano que empuña el cuchillo homicida,
15 en el pecho del déspota, creador de sicarios;
en el repiqueteo del tacón femenino, timbre de
    urgencia de las faldas;
en el perjurio,
en la blasfemia,
en la piedad,
20 en la ternura,
en el odio...
¿qué hay sino hambre y sed de dios,
    insatisfechas?

(284) *ll*

NADIE diga: soy esto o lo otro.
Porque el poeta, cigarra pertinaz del estío, se
    convierte en hormiga para gozar a Clítoris,
y la vaca de Dédalo, hecha para el placer
    culpable de Pasífae,
se ayunta con el toro de Perilo, que tiene
    entrañas de hombre,
5   ¡humeantes!
«Engañoso es el corazón más que todas las cosas,
    y perverso. ¿Quién lo conocerá?»
La psique adúltera en el lecho conyugal noche a
    noche.
Pues qué, tú, la más casta, ¿no has tenido nunca
    frente de mala mujer para tu amante?
Olvidado está que lloran lágrimas ardientes de
    desvío
10 las vírgenes enjutas e inopulentas,
cuando van los hipnóbatas, al filo del alero,
    con el inconsciente a modo de pértiga
    equilibre,
mas ¿qué mujer no se abre a todos los deseos
    infecundos?
Y los uluris triangulares, que traslapan el mons
    veneris de las danzarinas,
agudizando la terrible oxifonía del eunuco,
15 ¿no crean coitos felices en los lechos legítimos?

(Senos de niña
que sueñan ya con locuras y arrebatos de
    hombre.)
Todo lo eréctil es bello para las manos de las
    muchachas,
obscenas de símbolos.
20 Manos mordidas, besadas, retorcidas y aun
    impregnadas, mártires
de simulacros,
que llegan, avidez, al secreto encendido, donde
    ha de hablar un día

el verbo fecundo del hombre.
¿Oís la carcajada del dios sobre el pudor de las
humanas miserias,
25   cuando las estrellas aleves, malignas cantáridas,
escupen vejigatorios de luz sobre la ansiedad
de las vírgenes
y cuando silba de furia el insomnio de amor?

Los maridos uxorios conocen la voluptuosidad de
la infiel impregnada
recientemente.
(Adulterio de esquinas, de tapias, vertical y
maldito,
30   ¿quién supo tus glorias
vergonzantes, quién supo tu vértigo?)
No olvidéis nunca este dulce pecado: es el
cuadrigentésimo nonagenésimo nono.

(285) *m*

DICEN que es la era –y la hora– del eunucoide;
se habla de la glandulación pectoral de
los muchachos,
y los endocrinólogos se signan
porque el diagnóstico es cruel: ginecomastia
galopante.
5   (Uno piensa en los pechos de las amas de cría.)
Se susurra que en el efebeón cunden las blancas
hecatombes,
anémicas hecatombes de espermatozoos
yugulados,
que anuncian y pronuncian el finiquito de los
sexos.
Porque el águila se cierne sobre el garzón de
Ida, que ha de suplantar los buenos
oficios de la ortodoxa Hebe,
10   y, si los dioses tienen sed, el gran copero
escancia el néctar del andrógino,
mientras los efebos estilizan pantomimas
frutales.

Y como los coruscantes atletas tienen en sus
pupilas nostalgias de la Hélade
—¡un telo opaco!—,
los Narcisos se beben en su charca,
15 mientras que las viudas, y las doncellas
opiladas, exigen que se reglandule a los
omisos.
¿Qué va a ser de las noches de insomnio,
perfumadas; de los vientres fecundos?

(Rojo y enhiesto es mi grito: ¡recógelo, Venus!)

Imaginad el dolor de una isla: su rocalla.
¡Oh poetisos puros!
20 Vuestro cantar es blondo como la boñiga de
estío.
Algo hay en el dulcémele que induce a
la piedad, y reprime las náuseas.
No haya sino desdén triste en el ánima viril
que os escucha.

(286) *n*

«OÍD el canto de nuestra molicie.
»Somos muelles y lánguidos, como bayaderas.
»Tenemos la medida del ademán y el ritmo de
las actitudes.
»Ráfagas de luz ¿no os abrirán los ojos?

5 »Se miente la feracidad de la dicha;
»la dicha es estéril.
»Se exalta la fecundidad del amor;
»el amor es él solo, infecundo.

»Nunca le vemos la cara a la felicidad.
10 »De espaldas, la sentimos con los ojos inútiles.
»La sazón es efímera:
»no nos dejéis embarbecer solitarios.

»A extramuros languidece el fervor juvenil de
    nuestra carne;
»venid
15 »(pero no lenguas de misericordia sobre la
    pústula del lazarino,
»ni menos científicas y terapéuticas piedades;
»¡oh, no!: que no involucren
»el gozo auténtico, la verdad pura).
»¡Venid!
20 »Creemos en la gloria inmarcesible de los
    patriarcas,
»en la voluntad de conquista −áreas, límites
    rotos− del guerrero,
»en la imperforada celsitud de los ángeles,
»e incluso en la arrebatadora belleza de las
    niñas de nueve años.
»No nos pidáis otra fe sino la del obelisco
    glorioso y sus réplicas,
25 »fustes erectos con que la dicha huronea en
    nuestras entrañas.

»Venid, los viriles;
»los portadores de estandartes, trofeos;
»los nervudos, membrudos héroes, enhiestos
    como lanzas,
»sofocados por la continencia del desierto y
    sus noches,
30 »jinetes de gloria sobre caballos guarnecidos de
    ricas gualdrapas
»(¡ah, tú, príncipe rubio del alazán piafante cuyo
    jirel pontifica en la grupa soberbia:
    −hemos de soñar, como ninfas, violaciones
    ecuestres!)

»Venid al oasis;
»los que exudáis poderío y triunfo;
»los que rugís de deseo imperioso,
35 »de perentorias hambres;

»los que portáis sobre el hierro mohoso de
la armadura gigantesca –de heraclida
o de cíclope–,
»la púrpura alardosa del paludamento.

»¡Somos más dulces que mujeres, delicias!»

(287) ñ

CIMBRAR, blandir virilidades.
Porque la mujer –¡dicen!– es parte alícuota del
hombre.
Las viudas carilamidas y ojialegres
tienen escrupulillos de cascabel, y besos.
5 Y si la virginidad es bien fungible, que se
escome,
mujeres hay que restauran el graciable precinto.
Exaltad el triunfo de las hembras
hipergenitales.
Las estériles se llevan a sus tiendas cálidos
mancebos en las noches estuosas
(ardua labor inútil: ¡bendecidla!),
10 cuando el hipomanes de la yegua perfuma la
montaña
y dilata los ollares del potro en celo, que
relincha
apetito de nupcias,
justamente a la hora en que los efebos muerden
la flor de la caléndula
y las muchachas impregnan su saliva con la flor
del castaño.

(288) o

¡ECOS, multitudes!
Ellas, senos al aire del tumulto, ojos de ira que
tiñe idóneamente el silbium,
hermosas de furor,

que portan el sagrado desorden: hijos ¿de
quién? por el gusto y el placer de su
vientre,
5   como un estandarte en huida.
Ellos, austeros y nobles,
que vociferan poder y dominio.

Las mujeres arrojan en el séquito viril sus
ojeras.
Despeluzadas furias: el falo magnífico del
patriarcado se hinche:
10   aullad vuestros cánticos.
Hetairismo: tu vagina se entrega.
¿No oís el clamor de las nupcias?
Pero «delante de castos oídos no se ha de
nombrar aquello de que no pueden
privarse los castos corazones».

(289) *p*

Lo que sabe el hieródulo –¡flemas del
atardecer, rosas puras!– no lo ignoran
las telarañas del templo.
Porque la verdad que se teje y desteje a destajo
es una tunicela de ocio, que no cunde ante
la mirada inquisitiva, avizora, de los
inquisitivos e ingenuos Pretendientes.
(Aprended a adulterar con mesura, diluyendo
la anécdota en una miscelánea tertulia
de jóvenes barbiponientes, osados,
y de graves, sesudos, provectos varones,
poderosos en pregorrativas y de poder
viril en entredicho.)
5   Siempre habrá janicéfalos que propugnen la
verdad de dos caras,
porque la utópica ambición del irenista
se encuentra en el cuajar de todos los
rumiantes.

Y se aspira, sin duda: no hay sino oír las
ruidosas resorciones de los chicos del
arroyo que se nutren de su propia miseria.
(También el fraile deglute latericio soconusco:
mixtura opoterápica de su propio intelecto.)
10   Lo sé: de lejas tierras viene la palabra marrano,
que los etimólogos tienen por cosa prohibida,
aunque el Sanedrín se pronuncia por los
suculentos perniles del Inmundo,
harto más gustosos al paladar que la caromomia
de Egipto.

Es difícil salir de los malos deseos, de la vanidad
rota, maltrecha; del orgullo vejado.
15   Mujeres: oíd el secreto de los aeropagitas,
jueces incorruptibles
que saben prevaricar a su modo y manera: sólo
por el placer que les dais humillándolos
hasta hacerlos mortales.
Pero todo aquel que perora sabe que el din es más
que el don, y procura doblarlos
como quien tañe unas campanas.

20   Tú, quienquiera que seas, de testa bicuspidada o
biastada, quizá ramificado como el ciervo,
posiblemente con más cuernos que el amable
dragón apocalíptico:
di a tu honesta mujer que no minotaurice
a los honrados padres de los hijos que adoptas;
que no los traicione en tu lecho
de genitor estéril, honorario;
25   de Patriarca putativo.
¿No te adorna las sienes, en raíces, la madera del
aire?
(Bebe en tu aliara, rústico; y tú, noble, abreva
en tu rhytón las fauces sitibundas.)
Bella es la náusea del vómito idiopático,
vómito de verdad, que es solamente vómito:
30   ¡ay, todo bálsamo remueve las vísceras del
verdadero hombre,

que le escupe a la luz en una espadañada de
　　repulsa!

Todo aquel que no estrangule o degüelle a
　　su hermano
en el instante puro del furor y la ira,
posiblemente será acepto a los dioses exangües
35　y bienquisto de los hombres de buena voluntad,
pero no será nunca el ápice de las grandes
　　empresas,
ni el Conquistador y Fundador de la Gloria,
ni el Poeta caudal, el Magnífico que señoree la
　　Cima y sus vértigos.

Oh tú, hijo de cien padres, síntesis de la podre
　　de todos los suburbios,
40　concebido entre mondas de frutas, relieves de
　　hortalizas y gusanos,
junto a un estupor fétido de alada de gallinas,
¿ignoras que te llama máncer mi boca llena de
　　improperios,
cuando se agarrotan los ganglios y las venas de
　　mi cuello de cíclope,
insolente diámetro que cunde
45　mientras los cascos de mis potros de sangre
　　pura hienden
los cráneos de villanaje, hediondos?
(Escupid, escupid saliva virulenta:
es la expuición más pura.)

Collada de vendavales:
50　mi furor os responde de mi honor. ¿Acaso no
　　sentís el restallido de mis viriles
　　gualdrapazos?
Yo soy el hombre que defeca en las progenies
　　más ilustres,
porque no encuentra otro muladar más idóneo.
Y no se hable de la ozocrocia de las turbas,
manada pestilente:

55 mis narices no osan percibir otro efluvio que
    el que rezuma mi epidermis, siempre
    ungida
    de odio y nicerotino ungüento.

    Relámpago falcado del furor: esa lumbre
    es la lumbre que arrebata las sombras del
        camino,
    lumbre fulminatriz de la pugna de los cíclopes,
60 resplandor de la gigantomaquia delirante;
    uno, dos, tres; sólo tres hombres, mejor héroes,
    hijos de la deidad que hace trizas el Mundo:
    ¡Vednos!
            nos cuelga en túrdigas de blasfemia el
        coraje,
    y en los odres del viento detonan
65 nuestras eructaciones ácidas.

    Huye ya, sodomita dulcísimo,
    pringoso del panal paterno de Gargaris,
    ¡oh senciente y pensante manojo de orquídeas!,
    ¿es nulo mi intelecto?
70 Lo ciñe el lemnisco del atleta.
    Y en los anales de mi festilogio,
    maravillosos fastos,
    está mi furor, mazo de hierro sobre la zafra de
        un coraje hecho polvo,
    que grita: todos sois hijos de mujeres rameras y
        de viejos cornudos.
75 Sólo hay un hombre bien nacido, de madre casta
    y limpia, y de padre potente. Sólo hay un
    hombre: Yo.

                    (290) q

¡JUSTO es que ya sepamos a qué atenernos,
    mitos y fábulas milesias!
Bucoplo, dios de estío, rezongador, ¿qué moscas
volantes involucran la mirada del présbita, el
    leal saber y entender de los hombres?

Y si la tradición se enturbia, y se cuaja en
    la antítesis del hecho originario,
5 ¿por qué los hermeneutas se dedican a los
    placeres solitarios de la exégesis,
a la rumia de hipótesis fraudulentas: a la
    masturbación del intelecto sobre los manes
    trascendentes de la criptogamia?
¿No era Jonás el hombre que bebía aceite de
    ballena?
Pues bien: un histórico rencor le introdujo
    en el vientre del colosal cetáceo.
Y el maná del desierto, que no era azúcar
    cande, floreció en canutillos de langosta,
    gratos al paladar de unos hombres
    totalmente ayunos.
10 (Y aun hoy, por homonimia, se asegura,
    ¡dispépticos, interesentes contumaces,
    voraces anfitriones!,
que la langosta es plaga de todos los
    convivios.)
Dad a los dioses lo que a los dioses pertenece,
    tras la libación inicial: que nos sean
    propicios;
dadles las ablegminas, entrañables substancias
    que no ha de catar ni el hemiteo,
15 en tanto las esclavas contrahacen una lluvia de
    pétalos de rosas.
El anfitrión no deja de plañirse de su estado
    saburral, exhibiendo la lengua;
pero en el vomitorium propincuo se escucha el
    fluir de las aguas.
Y... ¿qué adjetivo, sino el eminencialmente
    abundancial, puede darnos idea, aunque
    pobre,
de la copia sin número de manjares egregios
    que aquí se paladea y consume;
20 del curso torrencial y oloroso de unos vinos de
    antigüedad y estirpe augustas
(¡oh pagos de Campania!: el paladar es crótalo
    que dice vuestro nombre),

y de la fastuosidad indescriptible de toda
  suerte de adminículos de comer y beber?
Belleza es –no haya enojo– la que trituran
  nuestros dientes en valientes roznidos,
belleza trófica y sin tilde de vanidad que
  restaura nuestros cuerpos
25 ufanamente derramados sobre acúbitos y
  triclinios suntuosos.
(¡Belleza de la hartura, acicate
en el ijar siniestro del instinto!
Pero las portadoras de viandas –suculentas
  mujeres–,
no rehúyen sus muslos a la cariciosa asiduidad
  de los hartos
30 que disimulan pertinentes pellizcos y húmedos
  besoteos justamente en el lendel de los
  tirantes cenojiles.)
He ahí el manjar dilecto del probo
  simposiarca.

(291) *r*

¡Dolor!: los suspicaces juran oír, al devorar la
  tierna carne joven de los gamos,
un menesteroso balitido:
algo que empavorece y que castra los dulces
  panales de la grima,
desgarrador escrúpulo que no afecta a los esclavos
  que hozan en las humeantes calderadas
  de fréjoles con tripas y tocino.

5 Edesia: los pastores crióforos saben que
  en nuestros vientres anida una alcahazada
  de inexorables buitres
que no conocen la saciedad: como la pituitaria,
  nunca ahíta
de los ásperos olores cabríos:
efluvios que enajenan y enloquecen la
  voluptuosidad carnívora del anfitrión

que se monda los dientes con el dérmatoesqueleto
de un insectillo acicular.

10   Lo que importa es que el dolor perfile la
exquisita degustación de las viandas
lipotróficas;
que el hígado del pato se hipertrofie para
nuestro placer;
que la seta amenace con su larvada toxicidad
de légamo.
Nadie es agudo en la sobremesa inmunda de
relieves,
pero las almas atisban en los gavilancillos de
las alcachofas.
15   Y no hay angelón de retablo que no sienta en
su vientre los efectos del loto.
Toneles de tripas: aflojad vuestros aros, porque
crujen
de hartura las esclerosadas duelas:
¡maldito de los dioses el harto que no promulgue,
ciscándose en el rencor de la memoria, la más
amplia amnistía!

Bergamotas, cohombros, duraznos y limones:
20   es preciso absterger las vísceras polutas,
los redaños paupérrimos del chofista, que nutre
con bodrio y manjorradas hediondas
los instintos del hambre.
(Sabido es que los devoradores de sangraza y
de bofes propenden al amor pasivo de
las bestias.)

25   (Todo deleite trófico –¡oh dolientes hermanos y
hermanas de la danza del vientre!–
provoca una corriente pura –uretrovaginal– de
simpatía,
que mueve a los más dulces movimientos.)

(292) *rr*

HE aquí un mundo sin duda que no es cabal:
   basta fijarse
en el belóculo del emperador tuerto
cuando el festín se extingue
y se ríe el apóstata viendo cómo se escurren los
   secretos de Edesia
5   que empurpuran terriblemente los manteles.

(He aquí una obra de Dios, que no es obra de Dios,
   sino de los arcontes:
potestades al uso, subalternas, felices de la rigidez
   de movimientos que embaraza a los tibios
   homúnculos:
resortes en que abundan las falacias corpóreas de
   los automaturgos.)

No hay sino gastrólatas: Numas Pompilios
   prestos a henchirse al soplo de su Egeria.
10   Todos somos iguales: Mi automorfismo
   lo declara
ante esta luz solemne que consume las cenizas
   o heces del festín,
y ante la gota de dolor que horada tenuemente
   —¡lancinante!— el dedo más sensible de mi
   pie predilecto.
(A ver: disuelve ya mi antipodágrico.)
Numen del vientre (el colgajo de tu cogullada
   remeda el caer insigne de mi pestorejo):
15   no dejes de decir que hay pasiones funestas,
   como la antomanía.
Y si las muchachas, tenaces, pertinaces,
   se obstinaran en recoger sus flores,
diles a grito herido,
y como quien ventosea regüeldos yugulados:
Delicadas estúpidas, ¿no os duele en la matriz el
   descenso o rapto falaz de Proserpina?
20   Porque hoy, ¿quién dice, refiriéndose al
   hartazgo de algún banquete, opíparo?;

¿quién exhuma las venerables larvas de
Pantagruel y de Heliogábalo?
Los vinos se templan sin aguar sus estratos
libres —ahí está el enotermo—,
y el pan ázimo sabe leudar el quimo de los más
entusiastas.
De Gargaris aquí, nadie gulusmea en el destiño
obscuro,
25 y la insipidez o desabor de los manjares
compunge incluso a los consumidores de berzas
y otros flatos.
(Comed cabrón: es delicioso al paladar de
los solteros.)
Y al hacer incursiones en parajes desérticos,
acordaos de mi numen:
30 con cecina y cecial no hay quien corrobore la
fatiga marcial de las marchas.
Dipsómanos felices e infelices sitiómanos,
claman en el desierto:
¡Pronto una vieja hidrópica en quien comer y
beber (dulcísimos caníbales) hasta hartar el
delirio!
(No olvidéis una cosa: en cada cónyuge late,
latentemente, el corazón perverso de un
conyugicida.)

(293) *s*

EXALTARÁN las cualidades ilusorias de tu émulo
(Oíd: los onicófagos se roen las uñas virulentas
e inútiles),
colocarán su nido de molicie, don gracioso, sobre
la cima ardua y austera de tus trabajos
cruentos, de tus limpias virtudes,
y querrán que no decaiga tu semblante
5 (mi antagónico huésped me aventajó en
auspicios felices y en próvidas cosechas):
que no se ensañe tu corazón.

Los amantes del vino puro dan custodia y honor
    al acratóforo
(Dionysos: ménades del furor alimentan el fuego
    sagrado de tus viñas),
frente a las asechanzas de los turbios
    hidrópotas que viven en las márgenes del
    río.
10 Deja, pues, que la bruja desenhetre los
    porcipelos de sus crenchas
    enmarañadas: ralos nidales de idóneos
    anopluros;
no indagues el origen de tu pan: adóralo de
    hinojos y agavilla sus fustes para ornato
    de tu mesa:
en el viento se mece la canturia de los
    mendicantes artólatras.

¡Ay! Aunque se arrugue el ceño de los cándidos,
15 he de decir mi verdad al oído de los más
    entusiastas:
La vida es mediocre planipedia
y no hay sino calzarse el coturno (¡oh engolado
    fantasmón que peroras!)
para ser el hazmerreír de los mortales y los
    dioses.

(294) *t*

EL corindón va a la zaga del diamante, mas no
    le muerde el calcañar; preterido, es dos
    veces mordido por él.
¿Y queréis que las menos agraciadas de las bellas
    no lleven un cangrejo —o cáncer módico— de
    rencor y de angustia en la matriz delirante y
    sin amigo?
¿Ignoráis acaso que el tahúr perdidoso
    propende a soltar la bramona?
Respetad el dolor más profundo: ¡ay, dolor de
    las propias entrañas!

5 (No, si no llega a accésit, y sentirás al punto
  en todas y en cada una de tus vértebras
  la elación soberbiosa del Premio.)
  Algo habrá, que aún no obtuve; porque
  mi saliva es aceda.
  Jerarquías y clases: en el sollozo está la faz
  ilícita de las preeminencias frustradas.

  Los cisnes inefables, blancas nubes del cielo,
    inmensamente puros,
  ¿no grifan su plumaje
10 de arpegios,
  al sentir, entre ráfagas, la eumelia del ruiseñor
  divino, pardo manantial de intangibles
  blancuras?

                    (295) *u*

  Es la hora terrible del justiprecio. Y ¿quién cree
  en la infalibilidad de los jueces?
  La honda va tras el fustíbalo y no le alcanza.
  Sólo hay un rango eminente, indiscutible: el que
  otorga la premoriencia.
  Macilentos espíritus, que no proyectáis sombra:
5 advertid el fervor de los coéforos.

                    (296) *v*

  PALABRAS en libertad: he aquí un hombre
  que balbuce sin el control del cálculo:
  por mucha que sea mi desmaña de ambidextro mi
    canicie sitúa su nieve sobre el negro carbón
  de los cretinos, seres amables, desmadrados,
    quizá reata y resistencia acemilar; pero dignos
  de su emporio, por lo demás, miseria, y ¿qué
    pizarras dicen válgame Dios ab urbe cóndita?
  Me reduzco, y al diablo quien me diagnostique el
    proceso larvado de una micromanía incipiente
  y compatible con la hipertrofia de mi hígado:

nada tengo que ver con el elephas primigenius ni
　　con la macrogénesis luética, enormes larvas
　　que pululan detentando y estuprando virtudes
　　espaciales;
5　digan lo que digan de mi medro latitudinal es
　　calumnia: apenas soy yo, y no me llego al
　　ombligo del éxtasis, triste de nirvanas
　　ocultos, y apenas puedo debatirme bajo
　　el turbión de mis angustias;
　　pues qué, ¿no me acongoja la estética de la
　　hormiga y su ética, hética de ruindades, en
　　donde cunde la renitencia a la cópula
　　fecunda, algo que da origen y estímulos
　　a la pornocracia triunfante?;
　　soplen, soplen las Musas, vergonzantes consuetas:
　　que se inflen de sí mismos, de vientos, los Poetas
　　del orbe. «Mas porque eres tibio, y no frío ni
　　caliente, te vomitaré de mi boca.» Si el principio
　　morboso universal recibe el nombre de
　　Cagastrum, no hay sino bajarse las bragas.
　　Algo supe ya de mi propio ludibrio, pero quien
　　hable hediondamente de lo bello es más
　　hombre que quien finge primores de luz
　　en el estiércol, ¡poetas nauseabundos!;
　　el alma del zullenco ventosea suspiros, y el halcón
　　abezado siente el odio feroz de su estúpido
　　instinto; pero ved la maniota que vive de
　　pesebres: la tradición de Agaberta y
　　del mijo;
10　¿no es el bastardo el hijo de la dicha? La
　　legitimidad de la prole bosteza, según el
　　casto aviso de las malmaridadas insurgentes,
　　duchas en los matices biológicos que preconiza
　　la eugenesia: ¡el auge de las Musas científicas,
　　pedantes!;
　　mas no, la novia que sonríe de su más dulce
　　menoscabo os dirá cómo miento: ¡la flamante
　　impregnada propugna y ambiciona la eviternidad
　　del amor, las noches perdurables! ¡los besos

hechos puentes de siglos! ¡el espasmo sin
término de Un Hombre!;
azul, de azul estamos llenos, de azules aeriflujos,
de ese inmisericorde azul de todas
las Purísimas;
clamaremos de angustia, rojamente villanos, de
este azul que se torna aliacán o lívido
recuerdo (las momias son friables arquetipos
de cohesión y firmeza),
frente a la cianofilia de los próceres anémicos:
filántropos: es preciso que no tratéis de
edulcorar la vida de los héroes: ellos son su
viril amargura; ¡llorad vuestra desidia para
el dolor, emasculados!
15   y no morigerarse es síntoma, eutrapelia, de
hombredad: el homúnculo sueña vivir su vida
impunemente,
pero todo aspaviento está de más, calambres: en
la escamondadura de mis bosques va el azul
de unas ramas de cánticos.
(Que no se me postergue: soy capaz de
enloquecer si no alcanzo justicia.)

(297) *w*

HOMBRES del sur, cansados oleófagos que se
aceitan y aceitunan de mitos y fritangas;
comedores de sal y de sol, otorgadores de
promesas sin fruto y de alardes de garbo
—en las mejillas el envero de la uva
(y dispensadores de mercedes vedadas, escarnios
de hombre, al decir de las bocas fétidas
e insalubres, duchas en fomentar
las discordias tribales);
estoicos recostados, por molicie, en aristas
de espera sin término, ¡oh perspicaces
jándalos locuaces, impregnados de ládano
y resinas del monte!:

5   alómanos que remolcan al páramo amarillo
      –¡castillos de Malange!– carretadas de sal
      de las costas, auras del mediodía!,
improvisadores de piropos cetrinos y de oles
      macilentos,
que escupen por la luz del colmillo el donaire de
      eses y zetas;
oh garbosos chalanes de las transacciones
      legendarias, insólitas;
increíbles hipérboles de los fraudes y el lucro:
10   verba elocuente que persuade al suspicaz y cotiza
      la jineta, ¡oh tributo pecuario, indiscernible,
      sobre el suministro de semovientes rancajados,
      con raíces de espundia y repletos de aceite de
      aloe!;
¡ojos de sombra, huidos de la urbe; pasiones
      fronterizas; extrañas procedencias del alijo!
no es menos acerbo el dolor de estos hombres
      audaces y de lenta andadura:
la fratria más indolente de la tribu.

(298) *x*

PUES qué, decidme, ¿qué he de hacer sino
      hartarme de vida,
en esta pausa que es el breve existir de
      los mortales,
inercia que me trae el pan hasta la boca?
¡Verídicas historias sospechan el delito del
      hombre
5   ajeno al afanoso trajín de los ilotas
perennemente atrafagados y quejosos;
lejos del sol, mis huesos calcinados por la
      lumbre del odio
han de mezclarse con la ceniza de los siervos;
hoy por hoy, sin embargo, vivo a costa
      de las más onerosas renuncias,

10   y en mi reposar, bello como las rosas y los
        ángeles, cada minuto mío de holganza me
        trae los despojos sangrientos de la vida
        de un hombre!

(299) *y*

¿QUIÉN remolca la luz meridiana por burlas?
Dilectísimos: dadme el secreto inmarcesible de
        la turbia leyenda.
En los dorsos ajenos las mazas de la dicacidad
        maldiciente
y las chepas de abulia. ¡Y se habla de
        abnegación y de vida!
5   El catador prorrumpe en alabanzas:
¡oh caldos olorosos, oh generosos vinos!;
¿quién, con la nuez al cubo, deglute los jipíos de
        la noche?
¿Acaso no afiláis vuestros tufos, como facas, en
        la nuez prominente de la sombra que
        proyectáis en la cal muerta?
Oh laringes de agudos vidrios; vidriosas,
        estridentes angustias:
10   quejumbres de mujer que pare, en el crepúsculo
        del sur, frente al mar:
¡celos, pulpos de celos que desgarran los
        bordones!
De los dinteles en sombra penden los suicidas
ahorcados en la soga del delirio, que semeja las
        terribles adujas de una culebra verde.
Y... ¡ay! Mujeres torvas, desgreñadas, mujeres
        percudidas, todas pringue en las greñas,
15   relámpagos de acero en las negras pupilas,
desgarran su pasión, que ruge descosida y
        convulsa
en los faralaes polutos y en los descotes de las
        blusas sardosas
¡mugre que se mitiga en el moreno de las carnes
        macilentas!

(300) *z*

HONDO es, en sus hondones, el dolor de este
    clan sedentario
que aun ignora que la siesta es rencor amarillo
    en las parvas
y que allí han de encenderse las teas del
    exterminio inexorable en poder de las
    turbas:
solamente quedarán en la ceniza los rescoldos
    de las reivindicaciones imposibles.
5 Trogloditas del Norte, entrañas rotas en las
    entrañas de la tierra,
¡oh lamentables larvas asfixiadas por la mofeta
    de horror subterráneo!,
vienen sobre la estepa. Y blanden sus martillos
    al fulgor de las hoces.
Dejadme. Hay que dormir, frente a la gloria
    cruenta
de esta sazón. Despojos de viejas jerarquías
    periclitadas se ahogan en el fango.
10 Entornad vuestros párpados –vírgenes tiernas,
    tiernos adolescentes–: hijos de la locura
    patriarcal y pacífica de nuestros ascendientes
    ilustres.

Es menester dormir, viejo amor de los siglos,
    ácrono, delirante. ¡Y se habla de eternidad
    en tu nombre!

MARGEN

Publicado por la Biblioteca Nueva, Madrid, 1933.

MARGEN

(301)

¡EL solitario numen!
No islote de rocalla.
Sí pensamiento, margen.

Difícil, nunca esquivo.
5   Llegó a ser él —ni menos
ni más—: claro y difícil.

Soberbia es su agonía.
El intelecto es pugna
a ultranza: vida y muerte.

10   ¡Inmune a las discordias
estériles, rencillas
de plazuela, alharacas,

vive! Ese es su secreto.
Cumbre y fervor del cántico.
15   ¿No es ya su vida gloria?

Azotado de vientos
geológicos, un grito
de génesis le salva,

en tanto se despeñan,
20   estrepitosamente,
los truenos del alarde.

¡Gloria del intelecto!
Gloria sin fin; ser ápice
del propio ser: dominio.

25   ¡El solitario numen!
Ya no es vida de sótanos,
húmeda, sino ráfaga
de cumbre: está en los dioses.

VOCES REMOTAS

(302)

TIC-TAC. La una.
Noche de lluvia.

¿Quién pide treguas
a la tormenta?

5　Tic-tac. Remotos
truenos barrocos.

Tácitas plumas
moja la lluvia;

gárrulos ecos
10　el aguacero.

Tic-tac. La noche
me desconoce.

¿Quién pide treguas
a la tormenta?

15　Tic-tac. La una.
Noche de lluvia.

(303)

ANGUSTIA de calleja,
luces de vino tinto.
Siempre en zig-zag, la sombra,
curva en pena, me piso.

5 (Laminada de muros
y aceras; lazarillo
y cauda; rompe-esquinas;
zócalo traslaticio.)

¡Hacia los anchos campos
10 y el sol de rubios gritos
por lo angosto, en la lóbrega
fealdad del laberinto!

¡Hacia la luz, por sombras
aleves y mezquinos
15 callejones, con lodos
de inmundicia obstruidos!

¡Hacia los anchos campos
y el sol de rubios gritos!
Aliento de taberna,
20 náuseas de vino tinto.

(304)

PRÍNCIPE, sí: de angustias.
Larva
de sótanos, amigo
de sabandijas pálidas.
5 Y a ras de tierra, dime:
¿qué amor,
qué amor de zócalo,
me mueve, me solivia
hacia esa luz segunda
10 y angosta;
hacia esa luz, ceniza

de luz, turbia y aceda
—tan empolvada y sorda,
tan emplomada y húmeda—;
15 hacia esa luz, que es eco
de luz; qué amor me mueve
a ese rencor de réplica
que cae,
gotea y se derrama
20 desde el ventano exiguo
e inaccesible, espejo
de días empañado
de largas noches?

(305)

ECO:
maldición de día negro;
noche de exultante luna,
réplica burda.

5 ¡Eco!
Maldije tu prole, ingrávida
prostituta de los vientos.

Palabra sin germen, ala
ajena que se desgaja
10 y vuela adioses eternos
del dolor extraño. Sombra
de vida, apariencia, ruido.

(¡Ese tu no ser, que robas!
¡Este ser, sordo, que vivo!)

(306)

OJOS. ¡Ojos nictálopes
para estrellar angustias
de huida, en donde sea!

Muros: hitos y topes
5   del arrebato, muerte
cruenta de la locura.

Si, pensamientos negros
y elásticos, restallan
las fustas de la noche,

10 ¿cómo, palabras limpias,
de luz, ojos insomnes
de la eternidad, visteis?

INCISO DE OTOÑO

(307)

(LA GRANJA)

BESOS fríos del crepúsculo.
¿Quién tirita, mal de amor?
Si los árboles se asperjan...
¡lluvia y pájaros al sol!

5   Fiebre gualda de las cinco.
¿Quién tirita, mal de amor?
¡Qué amarillo de hojas secas
rueda el viento de mi voz!

Aun te tose, Margarita,
10   tu nostalgia, mal de amor.
La seroja se empurpura
con la sangre de tu voz.

(308)

(DIALOGUILLO DE OTOÑO)

—Tú, ¿de qué sueños de madre
naciste, que estás en signo?
—X soy: me parió abstracta
la madre de mis suplicios.
5   —¡Amor de mi amor!: quisiera
corroborarme contigo.
—Soy pura ausencia: si gustas

del manantial escondido...
—Quiero el ardor de tus labios...
10   —(¡Mis labios, sosos, de niño!)
—Tus senos de niña virgen.
—(Mis senos de nardos fríos...)
—¿Tan lejos estás que nunca
podrás llegar a mí mismo?
15   —(Tan lejos estoy, que, en cruz,
te juro... y me crucifico.)

(309)

SUPE. ¡Cómo me supo
ese saber dulcísimo,
ese sabor profundo!

Si no es ella mi nido,
5   ¿en qué rama, desnudos,
cantan sus senos míos?

(310)

(NOVIEMBRE NORTEÑO)

ALTAS las casas, ¡qué vagas se alzan
bajo los arcos arcaicos, presagio!
Llueve noviembre su muerte, solemne.
Melancolía de vidas occiduas.

5   Corren, salobres, al bosque de bronce
—fraudes inanes— raudales exangües.
Flotan gaviotas de sombra. Y se ahoga,
turbio, en sus humos de luto, el refugio.

Como remotos responsos barrocos,
10   cirrus, tañidos y gritos, que el frío
tensa. Tragedia de lientas esperas.

Múltiple nube que cunde: ataúdes.
Cárcel errante, la carne se evade.
¡Pero el silencio del miedo es eterno!

AZAR DE PALABRAS

LO INEFABLE

MEJOR, lo inefable.
Lacia de vigilias,
¿qué sabe mi fría
sapiencia: el detalle?
5   Mejor, lo inefable.
Molicie no es fraude.

(Cosmos de ternura.
Barrocas acucias.)
¡Que palpite en ritmos
10   –corazón de niño–
la frente madura!

(312)

AGUA DE SOMBRA

AGUA de estanque –límites,
bordes duros–, caída
de espaldas, frente al cielo.

Mujer: oigo tu nombre.

5   (¡Cuántas veces un torso
de varón, cuántas veces,
fue cielo de mujer!)

327

Agua de estanque..., ¿limpia?
Superficie sin mácula
10   ven mis ojos de angustia.

Mis ojos enturbiados
con tu pecina —madre
de tu diafanidad.

Para la sed, un fondo
15   de fiebres, agua inmóvil.
Siempre quieta tu vida.

Ni una brisa te rice.
Nadie llegue a la negra
verdad de tus entrañas.

(313)

LIBRO

MAREADO de hojas
con nervaduras múltiples.

¿Cómo en el Paraíso,
sin que los ojos trepen
5   al árbol de la Ciencia?

Desde la brizna al pájaro,
todo es gloria, aunque hermética,
muda, estampada en negro.

(¡Tu luz, inteligente!,
10   que hay, entre surco y surco,
algo que no es cizaña.)

...Y como fin de fiesta,
un suspiro. ¡Un suspiro!

No es, ¡ay!, talle de novia
15   este cosmos humilde.

(No se abarcará nunca
el designio, la extensa
ambición de la mente.)

Cae en su otoño el libro...

(314)

TODO SE HA CONSUMADO

GUÁJARAS de mi psique
infantil: escondrijo
pueril, de cierraojos:
son las tres de mí mismo.

5   Todo se ha consumado:
todo se ha consumido.
Mis cenizas aventa;
guarda mi angustia, hijo.

Mi angustia, malograda
10   también, como yo mismo:
¡todo aquello que quise
decir sin mal... decirlo!

(315)

SENOS:
NOSTALGIA DE LA DICHA

SANGRE en el seno: ¡salta!
Fue ventosa el mordisco.

Bebo la linfa, al rojo,
del seno puro, virgen.

5   —Mañana, encanecido
tú, caudal, sin violencia
de borbotón, en boca
de criaturas ya pábulo,
has de sentir exangües
10   nostalgias de esta dicha.

(¡Dientes de mi locura!)

(316)

FERVOR DEL TACTO

¡FERVORES de mi tacto!
¡Gloria de mis arribos
felices! Letra muerta
en arte: puro signo.
5   Estilizados, puros
collados femeninos,
¿qué sois, hoy, en poema,
sino icáreo designio,
fuste de surtidor,
10   parábola de ritmo?

(317)

CASI PRESAGIOS

ERA el espíritu.

Sobre la noche tierna,
reciente,
murciélagos de tinta:
5   ceñudos entrecejos
peludos, fríos, móviles;
obsesionados, tercos,
suspicaces atisbos
¿de qué?
         La noche topa
10   ciegamente —murciélagos
vesperales— su enigma.

¿Dónde y cómo? Algoritmos
de la obsesión, en ráfagas
negras: casi presagios.

(318)

EL CORAZÓN

EL corazón no sabe más que nombres de angustia.
¡Queridas luces!: filos de pensamiento, ¿cómo
hendir ese compacto luto de los sentidos?

Aquí se instala el Hondo Negligente, la sombra
5   negativa del ser transverberado y puro.
Ciliada de rencores y de insomnios, ¡pupila
nictálope!, el dolor te da un nombre: conciencia.

(319)

CÁSCARA DE NOMBRE

CÁSCARA de nombre.
Meollo de congoja.
Advienen auspicios
de una noche remota.

5   Te maldigo, especie
podrida de mis bodas.

Te calcé coturno;
tus zuecos me abochornan.

Hijo de mi mente,
10   podre de entrañas sordas.

Te esperé intelecto
y no instinto que hoza.

Espada de luz
y no légamo en sombra.

15   Arquetipo o molde
y no réplica tosca.

Te calcé coturno;
tus zuecos me abochornan.

Cáscara de nombre.
20 Meollo de congoja.
Advienen auspicios
de una noche remota.

(320)

POETA VIEJO

—¡QUÉ viejo soy! Me quejo de viejo. Ya caduca
hasta mi numen: ritmos seniles lo atraíllan.
En la longevidad consciente de mi nuca,
los reconcomios, grises ratas puérperas, chillan.
5   ¡Letargos! ¡Negligencias! ¡Amor! Todo es mi
nombre.
Abjuro las doctrinas del pensamiento inerte.
No la ingrávida luz, la pesantez del Hombre.
Verdad de vida vale, no palabra de muerte.

¡Venid, sutiles ánforas de carne, bayaderas
10 de trémulo perfil: ansiedades, delicias!
¡Pléyades luminosas del sexo, tribaderas
vírgenes: apetezco sólo cruentas primicias!

(321)

POETA JOVEN

—CONTRA ambición, desidia.
Zumba de cascabeles.
Me he de ceñir laureles
para tu escarnio, envidia.

5   No hacer: perfecta acidia.
Regusto de... ¿qué mieles?
Palpo en mis oropeles,
no vanidad, perfidia.

Que es simular mi oficio
10 de semidiós facticio
y a su antojo creado.

Así, falaz, exhibe
cien vidas que no vive
mi insólito dechado.

INSTANTES

(322)

NOCHE transverberada
de estrellas: ¡Dolorosa
de los insomnes!

(323)

Y DIJO, desnuda:
—Mi carne
va a ser más mía: tuya.

(324)

HOLLÍN de noche y cadmía
de luceros. Amanece.
¡Qué fuga de gatos negros!

(325)

NOSTALGIA amarilla.
Un árbol transverberado
de otoño: siesta dulcísima.

(326)

(SUSPICACIA DE AMANECIDA)

ESTÁ amaneciendo.
Tejadillos de escarcha;
pájaros sin pluma, trémulos.

MARGEN
DEL PENSAMIENTO

(327)

DONCEL PÓSTUMO

CALIENTE amarillo: luto
de la faz desencajada;
contraluz que es atributo
y auge de presunta nada,
5 ¡muerte! Por la hundida ojera
se asoma la calavera,
ojo avizor de un secreto
que estudia bajo la piel
su salida de doncel
10 póstumo: don de esqueleto.

(328)

GALGOS

CORREN mi silencio galgos
agudos, noble jauría,
que más que afanes del día,
o fruición de nimios algos,
5 persiguen, limpios hidalgos
de la traílla, la presa
nunca atarazada, ilesa,
que vive monte bravío
e indómito poderío
10 de luz a campo traviesa.

336

(329)

HIJAS DE LO ABSOLUTO

COGITO, ergo sum: ¡cizaña!
Que si vida voy pensando,
pensamiento vivo, arando
tierras de instinto y de entraña.
5   La vida cunde; patraña
de síntesis, tedio en bruto,
cronológico tributo
para las voraces furias
que viven, arduas espurias,
10   las hijas de lo absoluto.

(330)

UNICIDAD

UNICIDAD, pensamiento
que soy, pena que devoro.
No tengo el dolor sonoro
del gárrulo alharaquiento.
5   Siénteme tú en el acento,
ya que es ansia intransferible
esta congoja apacible
que no se vierte en el grito.
Dolor tácito, inaudito,
10   de la verdad indecible.

(331)

PENA DE LOS SENTIDOS

PERSEGUIDORES de huellas
libres, en sombras cautivos;
si aherrojados, fugitivos
hacia un dédalo de estrellas
5   que presienten sus querellas

lóbregas, salitre en flor
de la ergástula, dolor
macilento: taciturnas
larvas de noches diurnas,
10 ¡sentidos para el horror!

(332)

MENTE SUPERFLUA

Si no acezos de fatiga,
fatiga de inteligencia.
No hay pacto. Hay opción, conciencia.
Rubio pan de negra miga.
5 Que la verdad atosiga
y que el ocio es un trabajo
de torturas a destajo,
dícelo la ociosa mente
que, a cuestas y en cuesta, ingente,
10 sube su inútil atajo.

(333)

PERFECTO, PARA LA MUERTE

Sí, perfecto; recreado
en perpetuas soledades.
¡Llanura!: cinco verdades,
las del estigmatizado,
5 llagas vivas, en tu fuero
de altiplanicie, señero,
viven de mirar lo inerte,
de oír y oler lo indistinto,
gustando y palpando instinto.
10 Perfecto, para la muerte.

(334)

PARA NO VOLAR, LAS ALAS

EN tu frío, pensamiento,
que sienes de laurel moja,
es el designio congoja,
y el logro, anonadamiento.
5   ¿Vanidad? El macilento
rezago quema sus galas:
color en gritos, bengalas.
Sube ya el numen, que sabe;
que tiene, gravedad, grave,
10   para no volar, las alas.

(335)

QUIASMA ROMÁNTICO

¡CUITAS de Werther! Detonan
los románticos de non.
Gongorino el corazón
no es si no en sí lo traicionan.
5   Líricamente le abonan
perjurios inmarcesibles
que, en aspa, juran, falibles,
por San Andrés, eviterno
amor, y arden en su infierno
10   frustrados e ineludibles.

(336)

DESIERTO

VOCES del desierto, hirsutas;
gritos cárdenos, melena
de adioses. Honda es su pena.
Médanos, perdidas rutas.
5   –Sueña palmeras y frutas

mi horror. Y las caravanas
mueven mis arenas vanas.
¡Corre duna, sed de abismo,
que mi oasis, espejismo,
10　vive ambiciones humanas!

(337)

SOL

SABE tanto el sol a sol,
que nada en mí lo mitiga,
surtidor de luz, la espiga
ondúlase en el bemol
5　de un céfiro tornasol,
polímito de las sedas
u óxidos de las roquedas.
Y así arde la tarde: llama
que en las viñas desparrama
10　verdes pupilas acedas.

(338)

SOLEDAD

DIRÍASE soledad,
pero es consciente amargura.
Ausencia viva: cordura.
Sensación de eternidad.
5　Todo en redor es verdad
retórica, alarde y ruido
hueros de lo sin sentido.
¡Cómo trepa a su Babel
el fonético tropel!
10　(Alma, rencor escondido.)

(339)

UNA VIEJA VERDAD
EN EL DESIERTO

TRENOS de pampirolada
con rencor de moraleja.
¿Qué es, en el fondo, una vieja,
sino una joven usada?
5 ¡Válgate Dios, en tu nada
filosófica, desierto
de vanidades de muerto,
donde tu yo, constreñido,
no halla ni el oro molido
10 —vieja a solas— de lo cierto!

(340)

ÍCARO

LA pluma quiere volar.
Y eso es la pluma: su vuelo.
Mas para el desdén del cielo
¿qué vale un aletear
5 de Ícaro, entre sol y mar?
Surcan, rezago de ala,
pero no la etérea sala,
celestes, sino un papel
de infidelidades fiel,
10 los palotes de tu escala.

(341)

ELOGIO DE LO EXACTO

DIFÍCIL, Suma Verdad
—criba en mi numen prolijo.
Del dolor me nace el hijo
bello: perfecta arduidad.
5 Ni alarde ni vanidad

de virtuoso impenitente.
Tanto aquilata mi mente
cuanto le exige su alcurnia.
¡No empañe mirada turnia
10 la recta resplandeciente!

(342)

HIELO AZUL, COMO EL FRÍO

NOCHE de sal. Por enero
luna sin nubes, en marcha.
Estalactitas de alero,
o ¿verdes? flecos de escarcha,
5 cairelan, bajo rencillas
de amor felino, amarillas,
nictálopes, la impiedad
de la noche, transparente
hija de azules y fuente
10 de hielos: eternidad.

(343)

ANILLO DE NORIA

CIERRA perfecto el lendel
un ciclo mudo de historia;
paciente, ciega victoria
del esfuerzo sin laurel,
5 camino de la memoria.
¿No es pertinacia de ciencia
la estricta circunferencia,
ojo ciego que precisa
la verdad de quien se pisa
10 los talones a conciencia?

(344)

FIEBRE IDEOLÓGICA

HACER por no hacer, acidia,
vale mi onomatopeya
de hombre de pro: la epopeya
del ¡plaf! cuando me fastidia
5   en mi redondel la lidia.
¡Dime, acidia, por los dioses,
a qué secreto de adioses
la mosca tenaz que aplasto,
se va, por el mundo vasto
10   que en tu displicencia toses!

(345)

FUNERAL Y PANEGÍRICO

AGUDIZA tu siseo
de locura mercenaria,
noche, que zurces el aria
monótona del jadeo.
5   De asco se murió el Deseo.
Funeral y panegírico
corren a cargo de un lírico,
que del mucho desnudarse
ya... ni puede despojarse
10   de sus hábitos de empírico.

(346)

TARDE

MEJOR que tú, pensamiento,
este olvido de enramada
donde todo vive en nada:
hoja al sol, pájaro al viento.
5   De azul de luz sin cimiento,

¡qué cúpula! Maravilla
de ingravidez amarilla.
Mejor, pensamiento, el río;
donde apenas moja el frío
10   de su límite la orilla.

DE

POESÍAS COMPLETAS

(1915-1934)

Con dos caricaturas líricas y un
epigrama de Juan José Domenchina
por Juan Ramón Jiménez.

Publicado por la Editorial Signo, Madrid, 1936.

SOLILOQUIO PRELIMINAR

La poesía no es bien allegadizo ni logro excogitable, sino gracia o carisma que confieren, por excepción, y como don de rareza, los dioses.

La poesía se dice a sí propia y jamás se desdice, en todos los derroteros, a su manera única.

El poeta es legión. Su número está en las innumerables congojas que suscita.

Una cosa es la profundidad de un poeta, y otra, su vanidad deshondonada.

La técnica, que es frecuentemente cómodo echadero de todas las negligencias del oficio, se improvisa tal cual vez como refugio o acogeta del impotente intelectual. Entonces sirve de desenlace al agobio de crear sin fruto.

Hay poetas que se sitúan olímpicamente a la vera del hijo de Laomedonte y se ponen a inventar en sus barbas la poesía bucólica.

«Perfección es trabajo». Lo dice Valéry. Lo sabe todo individuo capaz de sentirse honradamente perfecto.

La personalidad es un halo; el manerismo, un perfume al peso, módico y nauseabundo.

Vida y muerte, coevas, son la antorcha y la llama del poeta auténtico. Eso que se dice inspiración es vida y muerte: vida que se consume, muerte que medra. Sólo el versificador sin enjundia puede producirse y aun superproducirse impunemente.

El poeta luce a su costa: el óleo que consume su lucimiento no es otra cosa que su vida.

El poeta ducho elude conscientemente los riesgos de su destreza. Sólo a la zurdez le place el virtuosismo del diestro.

Los númenes estevados o paticojos son, según ellos, númenes de mucha rectitud.

Todo lo críptico —si es original y valedero— lo es a despecho del que lo produce. Nadie que es estime soslaya adrede ni el más nimio conato de su pensamiento lúcido.

Donde menos se piensa, salta lo críptico.

Las virtudes suasorias son eminentemente poéticas. Persuadir es expugnar un recinto de hostilidad o de ignorancia. La elocuencia es la elocuencia. Pero las gentes, por lo común, le dicen elocuencia al énfasis.

La charca de Narciso es su pecina, y su pecina no es el «ego» ni la mitad o complemento del andrógino, sino la caquexia palúdica.

Por mucho que se sobaje, exprima y ordeñe la ubre cerebral, el pseudopoeta sólo podrá sacarse y secarse a sí propio.

Ojo con el garbo. A lo peor, se toma por garbo la marchosería. Y a un poeta marchoso no hay sino clavarle con un alfiler, como a una mariposa, en un cromo con hipérbole de color local.

¿Poesía de sótanos, estadiza y exangüe? La poesía no se compadece con la clorosis. Es hora, pues, de que las musas de la ergástula se aireen y tomen el acero que las desopile.

Poeta: nervio. No se concibe la posibilidad del poeta blandengue.

Hay poetas sin numen que no son pseudopoetas. El trance de la inspiración no presupone nada. Porque el trance de la inspiración auténtica se confunde a las veces con el falso deliquio. ¿Poeta? Vidente, vatídico, vate. Estigmatizado, sobre todas las cosas. Un poeta es, sobre todas las cosas, un estigmatizado. Quien no sea un «cinco llagas» del amor, que no simule pasmos ni arrobos místicos. Pero aun sin numen, sin trance de inspiración –pasmo o arrobo–, puede el hábil sagaz escribir versos. Que pueden ser poesía. Y poesía acendrada, de auténticos quilates. Esto es, poesía intelectual. El poeta sin numen es un poeta sin entrañas. Pero no es solo entrañable la voz de la poesía.

Poeta de hallazgos es poeta que no se malogra. La mengua de la expresión no frustra el hallazgo. Porque, en el fondo, no puede haber mengua ni desliz de expresión ante el hallazgo genuino.

Pero la enumeración, la similicadencia, el trueque y el retruque de las palabras, ¿son poesía?

«Ojos que no ven, corazón que no siente». La poesía *entra* por los ojos.

La estética propia nace o se desgaja de la propia labor. El que se aviene a una superstición calológica preconcebida, el que se ajusta a un canon apriorístico, podrá exhibir una estética flamante; pero no una obra personal y espontánea.

¿Vaguedad poética? Vagancia. Un poeta vago es siempre un poeta vago. Y viceversa.

El farraguista juega a echárselas de barroco. ¿Gradaciones, matices, jerarquías? Flujo espontáneo. El orden del azar es el único orden –¡cósmico!– respetable.
Ignorar y concebir no es misión de poetas, sino de feminidades selváticas.

¿Poesía de alfeñique? Rúbrica de boquirrubios. El poeta sólo puede ser delicadamente viril.

Un poeta auténtico entraña una hecatombe: el sacrificio de cien bueyes melancólicos.

Poesía, esto es, esencia. El cribado riguroso se impone. La simple ambición de poesía pura no es, claro está, poesía pura. A menudo es retorizante congoja.

Una poesía, según Valéry, debe ser una fiesta del intelecto. El intelecto en fiesta es siempre poesía.

El horror a un cuño poético trasnochado acarrea e impone el auge fatal de su antítesis.

La verdad de un poeta está en la cima de su delirio. Pero esta verdad hay que ir a sorprenderla concienzudamente.

Poesía es verdad y no «veracidad». La verdad absoluta –la Poesía– prescinde de todo lo adjetivo. Incluso de los adjetivos veraces.

Si el poeta se somete a su propio yugo, si se subyuga sin reservas, subyugará de fijo a los honrados díscolos que se le acerquen.

Vigilia de poeta: fórmula en ciernes. El poeta, pues, no se produce como tal sino cuando dormita.

Pedirle a un poeta «su realidad» es algo así como exigirle a una rosa «su estiércol».

¿Un juego de palabras? Exactísimo. Pero que las palabras jueguen de por sí y entre sí. «No vale» que sea el hombre el que juegue con las palabras.

Una cosa es, y es la Poesía. De los poetas, por ahora, no hay nada que decir.

Belleza: aquí está el omnímodo tribunal de los sentidos.

La Retórica le dijo al Poeta: «No haces versos perfectos». Y el Poeta, piadoso, quiso inundarla de Poesía. Pero no pudo.

«Desde mi nombre hasta mi angustia, la línea recta es un verso». Vanidad de poeta.

Creación es fe. Y aquí brinca, ineludible, lo que es ya manido retruécano: creer, crear. ¡Sinónimos exactos en el «país» donde no existen los sinónimos!

Presente, sí. Pero enjundia larvada de presente en vaticinio. Lo que no es vaticinio no es poesía.

El conocimiento exacto no debe nunca traducirse en inexorable pesadumbre.

Vocación y afición no son términos sinónimos: jamás se sustituyen. La vocación fuerza y obliga; la afición sólo induce frívolamente. El elegido de los dioses es un ser arrebatado por la vocación poética. Pero el numen de los juegos florales se posa en la frente del aficionado.

«Oquedad» vale lo mismo que «vanidad». Exactamente.

¿Poeta para todos? Musa infeliz, de burda estofa: ramera enajenada.

La entrega absoluta de un poeta es siempre una excepción.

El vulgo dice «verso» en lugar de «poesía» o de «versos». Pero el letrado, a lo peor, escribe o pronuncia «poesía» en lugar de «mala prosa en añicos».

El poeta es el único ser perecedero que concibe la eternidad. Y acontece así porque, en efecto, la concibe, la gesta y la escupe lejos de sí en un parto de gloria.

Decidirse es «decirse exactamente».

Estar «de vuelta» de un propósito no siempre es retornar de una conquista. A lo peor, se regresa, por principio, del principio: de los prolegómenos del hecho, de la voluntad *nonnata*.

Aquel amante de Sofía –la risueña púber de los senos inmarcesibles–, por el hecho de amarla, sin poseerla, se llamaba filósofo. Pura presunción etimológica.

El don poético constituye una calidad mensurable. La poesía es puro vaticinio. Un poeta vale exactamente lo que anticipa.

Bécquer, cohibido por el pacato recato de su época, no pudo ofrecernos la definición exacta de la poesía. «Poesía –le dijo a una mujer, a la mujer de su codicioso deseo– ...eres tú.» Le faltó coraje para definir a la mujer y a su trasunto: para definirse. Juan Ramón, años después, le socorre en su desfallecimiento y concluye por lo concluyente el madrigal póstumo. La insinuación becqueriana se integra en el decir absoluto de Juan Ramón. «Poesía eres tú, desnuda», debió decir Bécquer. Poesía es, en efecto, «la mujer desnuda».

Amar a una mujer es una ocupación poética. Escribirle versos, una preocupación poética.

A lo mejor, la Poesía nos cela con algunos de sus dechados o arquetipos. No nos impone la réplica, pero nos hace respirar su atmósfera y nos encadena con su ritmo. Ningún verdadero poeta –ningún poeta conscientemente libre– debe eludir esas hondas cautividades.

La poesía, que jamás cambia de nombre, se apellida distintamente en cada poeta. Pero nunca adopta apodos ni se disminuye en diminutivos.

Hay quien supone que «hacer poesía» es indeterminarse o hacer gárgaras. De ahí que no pocos gusten de indecidirse o indiferenciarse helénicamente haciendo gárgaras –pero «hervor» no es «fervor»– entre Escila y Caribdis.

La obsesión de «llegar» –el tormento de Sísifo– es absolutamente estúpida. Pero los estúpidos olvidan fatalmente la fatalidad: la arribada forzosa. Y a lo peor se llega sin saberlo. Los tontos alcanzan la madurez absoluta sin sospechar el «punto» o la sazón de sus mieles.

Ir lejos no exige siempre alejarse del punto de partida. Hay quien está siempre lejos, a mil leguas de sí mismo.

Si el mundo es redondo, como dicen, su redondez explica la dificultad de acomodación telúrica con que tropieza todo lo recto.

Sin embargo, y a despecho de la carne, y de sus molicies o curvas, la rectitud es la más honorable cualidad humana. «Hombre» es un nombre que se escribe con huesos. La carne, que dicen que es flaca, viene a ser el lardo repolludo de la osamenta. El principio sólido del hombre acredita enjutamente, descarnadamente, su fin. El verdadero hombre no pierde nunca la rigidez de su esqueleto.

La poesía –como el esqueleto– es la verdad interior y póstuma del hombre.

DÉCIMAS
(1933-1934)

(347)

PRIMAVERA

RENOVADA en brote tierno
otra vez: ¡verde impostura!
Llamarada de verdura
sobre cenizas de invierno;
5   capullo de luz, eterno.
¡Quemar savias, arder rosas,
vivir cánticos! Acosas,
Primavera, tan sin tino,
que no es vida, es torbellino
10   la algazara de las cosas.

(348)

SOLEDAD

SI ya en lo exacto me «dije»,
huelgan el eco y la glosa.
Por verdad, tira la rosa
múltiple: un pétalo elige.
5   Mi vanidad no me exige
reiteración ni porfía.
Mi alma está en su mediodía
meridianamente pura,
libre de contrafigura
10   y exenta de letanía.

354

(349)

DOLOR DE DOLOR, AJENO

Si por mi exigencia, canto
es luz, dame mediodías
y no evidencias sombrías,
húmedas: sol y no llanto.
5   Porque el sol me mueve a tanto
amor, que me transparento.
Luz de mis ojos, mi acento
te ve, mirada avizor
que buscas en mi dolor
10 el tuyo, que yo no siento.

(350)

PASIÓN

Y ÉL, eco de grito, hirsuto,
fue más que tú; exacerbada
realidad tuya, estrellada
por sobre ti, en lo absoluto.
5   Más que tú misma, tu luto
o arrebato fue clamor
de entrañas: amor de amor
que hacia lo eterno se abría
robando a la noche un día
10 perenne para el dolor.

(351)

VERDE ESCULTURA

LLAMA de carne, mujer
de cuerpo ardiente y salobre.
Talle vibrante, de cobre
elástico, en su placer
5   de frenesí, que es saber
enajenado, locura.
De nuevo, verde escultura,
por arrebatos de vida,
vas a sentirte, fundida,
10   réplica de ti, criatura.

(352)

OTOÑO

REITERACIÓN de amarillos
pendientes, en parpadeo
o lágrima, del deseo
de caer. Áureos anillos
5   en dedos exangües. Brillos
opacos de la otoñada.
Con la fronda encarrujada
corren, en sus ríos rojos,
vidas que se escurren, ojos
10   de agonía desangrada.

ELEGÍAS BARROCAS

(1933-1934)

PRIMAVERA DE GOZOS

(353) 1

ALBOROZO de verdes iniciales: apunta
en grito y luz (¡amor!) tu congoja divina.
¡Asir, maciza rosa, aprehender! Se desciñe
tu secreto en delicia, porque el viril empuje
5   pide gloriosamente la verdad más profunda.

Bien está tu perfume misceláneo, el que exhala
la iniciación unánime y ciega de tu fronda,
el deje agudo y limpio de las lientas axilas
y el que arranca, en redondas, trémulas y
    calientes
10   ondas, del oleaje de los bustos perfectos.

Bien está la ternura de tu caos: las lágrimas
que anidan en los árboles gozosos, transparente
gravidez: verdes ojos cargados de esta lluvia
que llora el paso errante y el perfil entrevisto
15   de la Belleza, ¡soplos de luz, color de brisas!

Bien está este sopor de la siesta, este ámbar
de la hora, molicie que enerva y crispa a un
    tiempo.
Entrevisión fugaz de mujeres que huyen
de sí propias, al celo de la umbría, desnudas.
20   (¡Desnudas, palpitantes de acezo y de sofoco,
de luz! Mujeres rubias que llevan en la espalda
rosas verdes, improntas de líquenes, de musgos
y el dolor o la muerte exprimida de un trébol.)

Pero el amor... La fronda cobija a los vencidos
25   triunfadores, hidalgos que se ocultan o duermen.
Allí, dulce refugio, cita feliz, exacta
coincidencia, en minutos de eternidad o gloria,
el paisaje, a merced del amor, se mecía.

¡Ay carne enferma, torpe quejumbre sin sentido!
30   ¡Ay avidez y envidia frente al robusto hallazgo!
Rubia deidad, o ángulo de la dicha, promesa
de oculta flor, instante sin término, ¡locura!

¡Ay corazón transfijo! Como agujas sutiles
lo transverberan risas, brisas y aromas. ¡Pájaro
35   heroico, estremecido siempre en un aleteo
de agonía, que es pugna con su ingrávido apoyo!

(354) 2

...HE aquí el mundo creándose, recreándose,
    exacto
en su sentido heroico, de frenesí: disperso
y unánime, cual bruma ya remota y aliento
contiguo de existencia caliente: ¡amor, tumulto!
5   Y en el ardiente ahínco vegetal, la ternura
íntima que se hace flor y perfume: anhelo
de eternidad, que apenas es pulsación o cántico
en el verde latido de las savias felices.

¡Cómo estallan las rosas y los besos! En carne
10   viva, el alma se abisma por un cielo de lumbre.
Fervor de tallo erecto que vive hacia sus nupcias
celestes un erguirse o superarse heroico.
Todo en amor, en brisa de amor, se mueve y canta.
Hay un vuelo nupcial de mariposas rubias,
15   briznas de sol ingrávidas que se funden, arrullos
de luz que se hacen cuerpo de gloria, transparentes.

Colmo y sazón. Axilas de mujer, coyunturas
felices donde el beso se bebe a sí, en un soplo
húmedo de exquisita acidez, y presiente
20   un cuerpo de mujer hermosa que se entrega.

¡Mujeres, arquetipos de sueños, con las túnicas
henchidas por el viento salobre, como grávidas
ménades, frente al mar, bajo el sol, en delirio
de goces, desgarradas por el deseo, atónitas
25   de dicha, todas cántico gutural o quejido!

¡Ay! ¿Y cómo poder enraizarte, divina
fugacidad que colmas el momento y nos huyes?
¡Oh, qué sazón perpetua de verdad se presume
en esta realidad de muertes entrañables!
30   Todo, ebriedad y gloria, se canta a sí en un vértigo
o locura que ciega y arrebata: es la vida.
¿Amor? El que se toma con las furias viriles.
¿Ternura? La nostalgia de lo que desfallece.

Aquí, presente, vive tu futuro que es vano
35   intento: tu sentido que, en ti y tras ti, te impide
que te colmes de ti, de cuanto a ti te tienta,
y que es tu inaccesible complemento, tu esencia,
ese ser sin verdad genuina en ti frustrado.

Senos, mellizos soplos de amor, sendas delicias
40   de unas manos que buscan su realidad o gloria.
Deseo inextinguible, insaciable: tormento.
¿Qué vale el logro, logro que no es sino un vahído
momentáneo, si el hombre vencido al recobrarse
recobra al punto toda la angustia de la vida?

45   Siempre a la zaga de tu zaga, superficie,
sin entrarnos en ti, tierra de vida y muerte;
sin entrarnos, entraña de tu entraña, con vida
cabal de muerte lúcida: ¡amor, clarividencia!

¡Ay! ¿Y cómo poder enraizarte, divina
50   fugacidad que colmas el momento y nos huyes?
¿No hay sazón para el auge de la vida? A la zaga
de su esencia ¿se vive de muertes entrañables?

¿Lo inmutable? Mentidos testimonios. No hay nada
inmutable, perenne: ni la Eternidad misma.
55   El éxtasis augusto de los siglos no es síntesis
atónita de vastos estupores; es cima

de vértigos, y fiebre de creación sin pausa,
ahita de sí, que vive su eternidad o asombro
sin un punto de tregua, que agonía es el nombre
60 de todo lo creado...

(355) 3

CABELLERAS y lágrimas de mujer: un tesoro
de primavera. ¡Rubios raudales que desbordan
los ensimismamientos viriles, guarecidos
puerilmente en regazos de abandono y ternura!

5 Carne de amor, elástica de perfumes vehementes,
íntimos; carne indómita y dócil, tan desnuda
que es pudicia o asombro de exquisitos recatos...
Brazos tibios, perfectos, que aprisionan ardientes
y rechazan hostiles, tornadizos de gloria...
10 Muslos, sendas unánimes del amor, que desune
el amor con su exacta exigencia profunda;
caminos del deleite entrañable, caminos...
Allí, el beso, que inicia su ascensión, se re-crea
porque los ojos viven simultáneas delicias.

15 Cabelleras y lágrimas de mujer: un tesoro
de primavera. ¡Rubios raudales que desbordan
los ensimismamientos varoniles, caídos
puerilmente en regazos de abandono y ternura!

A merced de sus íntimas soledades, congoja
20 de eternidad, el solo se refugia en su origen
—¡vientre de amor y vida!—, donde el dolor es salmo
de gloria, donde vive placer lo aun no nacido.
Y allí ve, así, su nombre renacer encarnado,
vida en nombre perpetuo, varón de eternidades.

25 Más allá de la frente pura, canta el instinto.
Dadle todo el placer que os pida: de placeres
hace, fecundo, vida: dolor de amor eterno.

EL ESTÍO Y SUS BRASAS

(356) 4

¿MIRAR? El mundo, apenas recién amanecido,
se absorta: ¡ya le nace su verdad, tan reciente
de luz! Pero aún se canta y se acuna, dispuesto
a brincar, por brizarse en triunfos de aurora.

5   Las estrellas más bellas se extinguen. (Él no sabe
sino vivir.) Los ríos arrastran su congoja.
(Él canta.) Las agudas cimas despeñan arduos
afanes. (Él, el día feliz, no ve ni siente
sino su luz, el lujo viril que desparrama.)

10   En torno... El mar, collados, alcores, femeninas
virtudes cariciosas de la naturaleza.
Y el sol en orto: el orto que presienten las cumbres
y que el águila, a punto de abismarse en vahído
o vértigo de alturas, enaltece y remonta.

15   Amanecer. Primicias de sol apenas niño.
Mirar y ver... ¿El triunfo de la muerte? Ya el día
es doncel que arrebata clamores y entusiasmos.
¿Vivir? ¿Salirse fuera del alma, contemplarse
en cuanto en torno vive, vivir vidas ajenas?

20   (No. La verdad es solo tu verdad, que es mi vida.
Vivir, ver... Tú eres todo lo creado. Mirarte
es ver verdades propias, de eternidad, logradas.
Mirarte es verme en vida perfecta, sin salirme
de mí: que, cuando vivo tu posesión, penetro

25   más en mí, soy más mío, ya tuyo, en tus entrañas.
Ver mujer, ver verdad, ver vida... Todo es uno.
Ver hacia mí tus senos henchidos de promesas.
Ver lo que tú, al sentirme vivir, eres: la vida.

Así, yo, al alcanzarme dentro de ti, te creo:
30   sé saberte dichosa de mí, por mí perfecta.)

¿Oír? El mundo es llanto: se desgarra. Un sollozo,
síntesis de infinitas congojas, lo sacude.
¿Oír? Los elementos bostezan de fastidio.
Maldicientes, malsinan las fétidas comadres,
35   los tribunos peroran y las pasiones rugen.

¿Hay más? Ahilada, tenue, la voz de los poetas
se inicia en su susurro pueril, apenas lloro,
que el llanto de los niños ahoga. ¿Oír? La muerte
reza en los estertores finales su agonía,
40   y el ladrar de los perros al filo de la luna
se prolonga en un largo aullido tenebroso.

(¿Oír? Oír tu nombre, de tus labios. Y todas
las cosas de este mundo a través de tu voz.
El resbalar equívoco de la seda en tu carne.
45   La canción de tu aliento. Oírte a ti, que vives
lo que yo sea, en vida que suscito y comparto.
¿Oír? Oír tu sueño, que acompasa su ritmo
a la celeridad de mis hondos afanes.
Oírte a ti, que dices mi vida y que la cantas
50   en tu regazo, madre de mi voz, que es vagido
en tus entrañas, mías ya en futuros de sangre.
Oír aun lo inaudible: el rezago insinuante
del sonido más hondo, que captan y transmiten
en una vibración de sombra tus pestañas.
55   Y oír más: el silencio que crean y recrean
nuestras bocas unánimes, al unirse en un pacto
de voz mutua, que es verbo encarnado en delicia.
Así, dos lenguas, tácitas, por amor, se persuaden,
oyéndose en recíprocas ternuras, de la gloria
60   infinita y sin pausa de un minuto de amor.)

Llueve a través del sol. Luz tibia de afán, húmeda.
Toda la tierra es búcaro, perfume errante, ráfaga
de sol embebecido en hierba... Todavía
las flores son aromas sin cuerpo, que persiguen
65   con ahínco la gracia profunda de enraizarse.

¿Amor lejano? ¡Nómadas del amor! Ya no existe
la distancia. Empinándose en su raíz, ventea
el aherrojado numen de la pasión inmóvil.
¡Ventea amor! Amor que dice su mensaje
70   fecundo, confiándolo al azar de las brisas.
Amor, esbelto y ágil, nostalgia de palmeras,
múltiple afán de ser, en las ráfagas, polen.

(Con aspirarte toda me colmo de belleza.
Son tus efluvios, carne en flor, los que resumes
75   en un beso, feliz síntesis de tus rosas.
Yo te busqué en el tibio latir de las axilas,
coyunturas felices en su ilusión de vuelo.
Y recorrí, a la zaga de tu esencia, prodigios
sin nombre, para hallarte, total, entre tus labios.
80   Con aspirarte entera me colmo de mí mismo
en un beso, feliz síntesis de tus rosas.)

En el regusto agraz de los pámpanos, ¡uvas
sin envero de sol!; en la acidez aún rosa
de las fresas, ¿qué sientes, paladar de delicias?
85   Todo es pulpa feliz y zumo; para henchirme
se anticipa gozosa la sazón de los frutos.
Aún acídulos, son en mis labios promesas
de sus íntimas mieles de mañana, anticipos.
¡Luz, tibia luz! También exprime el sol su jugo
90   de alacridad y vida, ligeramente acedo.
Sabor de prematura madurez que me exalta
sin desfallecimientos de hartura y empalago.

(¿Sabor? ¡Este inefable saber que perennizan
tus lágrimas! En él sé yo beberte, a sorbos
95   extenuantes, de sed perpetua. Como un fruto
me corrobora y nutre tu sazón perfumada.

Al desbordarte, fruto y flor, ¡cómo me anegas
en ese florecer y frutecer conjuntos,
cuerpo y alma, que son, unánimes, la cifra
100   de mi pasión y el pábulo tibio de mi apetencia!
¡Cómo me colmas, dádiva entrañable, opulenta
sazón, cómo me colmas de dicha sin hartazgo!

A punto de olvidar tu sabor, en mi boca
florece el más sabroso de tus frutos, la pulpa
105   pródiga de tus ágiles mellizos, que se llenan
de amor cuando derraman sus trémulas delicias.)

Vida y afán. ¡Oh diestras fervorosas: el mundo
tangible se solaza ungido de caricias!
Ávidamente, el hombre, tras de asirlo en sus ojos,
110   lo hace suyo, aferrándose a él, en codiciosa
agonía. Febril mundo de superficies.

Hay que empuñar el arma homicida y el arco,
la herramienta servil y el bordón del paisaje.
Hay que amasar, palpando ahíncos, la fatiga
115   cuotidiana: ese pan salobre que nos nutre.

Primavera. En su cesto se desbordan los frutos.
Primavera, feliz de sensaciones. Cántico.
En la humedad del musgo se mitiga la fiebre
de mis dedos audaces y en las yemas o brotes
120   del árbol se atempera mi avidez sin sentido.
El mundo es como talle de novia: se le abarca
con un brazo; ¡feliz abrazo, coincidencia
de júbilos! También el corazón repica
y pugna por salirse de su encierro, en vehementes
125   latidos. ¡Primavera de luz, para mi tacto!

(Pero el amor, que clama tu nombre, se acurruca
medroso en tu regazo... y allí dice sus glorias.
¡Coyunturas de seda, gálibos de amor, ánforas
de carne!; así la línea feliz de tus caderas,
130   como tus senos, pide fervores y caricias.
Para ceñirte toda cunde mi afán, y sueño
la eternidad en brazos infinitos, de arrobo.
¡Síntesis de irreales primicias! En procela
de amor, ¡qué bien naufrago por ti y por mí en
tus olas!
135   Mas ya el sentirte es puerto y refugio, profunda
impregnación que enlazas dos torrentes de vida.)

(357) 5

DANAE

YA rosas, sí. Pasión en llama. Oler primicias
es júbilo. También el cuerpo, amanecido,
recién amanecido, nacido, es flor. Apenas
sabe su ayer. Ya vive su día y se deshoja
5   en pétalos fugaces de vanidad, gozoso.

Hondo solaz, o gloria perfecta: el sol me absorbe.
Ya soy lo que supuso mi ambición: elemento.
Elemento, latido de la luz, esto es, cántico.
La verdad que te colma, feliz: lluvia de oro.

OTOÑO

(358) 6

DEJAD a la fragua su cántico.
También el cielo es fragua.

El cíclope se sabe de coro su macizo
menester, ese sólido insistir remachado
5   en jadeos, que hinche los fuelles de su forja.
Y el martillo aún no supo aprenderse a conciencia
la superficie, dura pasividad, del yunque.
Pero ya, los oídos más próximos, zumbando
de dolor, se reiteran, en delirio de fiebre,
10   la hostil perseverancia de ese sordo repique.

Dejad a la fragua su cántico.
También el cielo es fragua.

Un vendaval tiznado nos azota y desnuda:
amarillo de fiebre y seroja se arrastra.
15   La paramera, enjuto testimonio, maldice
su aridez. Lumbre exenta de piedades, la hora
meridiana se hinca como aguijón de fuego.
El manantial balbuce, ahilándose, presagios
de sequía. Ya escuece la luz. Y el horizonte
20   se asoma, más allá de sus lindes, en vastas
transparencias que invaden lo remoto, a la vida.
Diríase que el mundo se ensancha: es la llanura
estival, hecha a galgos fugitivos, de ahogo.

Ardor. Ya se disipan los júbilos, albricias
25   de marzo, y se trasnocha el fervor de las voces.
El idilio, a la luz meridiana, desune
su coloquio, desdobla su unigénito fraude.
Ya la luna, aún caliente, da dos sombras: el dúo.

Los traicionados nidos, escuetos en los árboles
30 mondos, son elegías de píos, sobresaltos
de plumas, evidentes zozobras: el secreto,
ayer aun melodioso, de unos mustios verdores.

Como un leño, la siesta caída –siesta insomne,
que serró y derribó con serruchos hostiles
35 de dientes estridentes y acerbos la chicharra–
trasuda sus resinas recónditas y sueña.
¿Los límites? No hay límites. No los hay concebidos.
Solo clamores.
Clamores abismados en lumbre.
Entre las ráfagas,
40 se desmelena el júbilo de la madre, vidente
de entrañable locura: «¡Resucitó mi hija!»

(Un hombre denodado la besó en su más hondo
secreto.
Allí donde hace crisis la muerte del placer
45 y el placer de la muerte sobrenada.)

(359) 7

¡Dejadme ya dejar de ser! ¡Este fastidio
cósmico! En añagazas de pasión coercida
¿cómo creer? Dejadme dejar de ser. Dejadme
a mi sabor, insípido, falaz, ya fraudulento
5 defraudado, eludirme, falsificarme, impune.
¿Soy? Soy mi negligencia lasciva, bostezada.
¿Estoy? Sí, entre las plumas de un ocio derruido.
¿Voy? Sin adónde, en curvas de barzón, transeúnte.
¡Ah! ¿Por qué no bostezas por mí, por qué no
arrastras
10 mi desidiosa imagen por mí, que yo no puedo?
¡Dejadme ya dejar de ser! Vedme en mi copa:
posos de ayer, ya turbio sedimento. En un trago,
por apurar las heces, me bebí mi futuro.
Bah. Con asirme a todas mis curvas me complico.
15 Mejor es resolverse, zigzag lento, en caída.

Si me olvidé el camino, el camino no importa.
Por lo demás, soy madre de este dolor que acuno
en el ajetreado vaivén de mi regreso.

Dejadme ya dejar de ser. Por oficiosa
20 servidumbre la vida me sustenta. Monólogo
de carne y hueso, parto, comparto con mi sombra
la sed y este buscarme las vueltas a porfía.
¡Sueño locuaz, a trancas y barrancas, tan lúcido
que a persuasión me mueve! Pausados ademanes
25 suasorios. Convencido de mi verdad, me postro
en mi yacija, nido de soledad, insomne,
para sentirme henchido de olvido, reviviendo
el alcohol trasnochado de mi vigilia errante.

(360) 8

ZUMO de ocaso, el río prolonga su desidia
plañidera en los verdes húmedos de la tarde.
Ráfagas insalubres de cieno removido,
libélulas de luna reciente, con sus élitros
5 álgidos, estridulan y enfrían el crepúsculo.

Buscarse... ¿en qué? Ya el hondo vaho de las
    barrancas
sube, con los indicios de la noche, el silencio.
El día, en abismada soledad, se compunge:
sin atuendos de luz, preside sus exequias.

(361) 9

LLUVIA –color y olor mojados–... Persistencia
monótona, menuda, mínima... Llueve, llueve.
Y en esa iteración sin nombre ¡qué bien lava
su fastidio de lágrima continua, tan cargante,
5 esta lluvia de tenues recuerdos removidos!

Verdes esponjas ávidas, empapándose, viven
sus alborozos, húmedas delicias, y los pájaros

se asperjan, sacudiéndose la humedecida gracia
de revolar rocíos en plumas de contento.

10   Los cristales se asoman a la fiesta: en el vaho
que improvisan se quiebra la lluvia; allí, en añicos
trémulos, transparentes salpicaduras, canta.
¡Cristales empañados, salpicados, cristales
que funden el hogar y el prado en transparencias
15   y trueques!: a través de su lluvia, el recluso
se moja y el verdor transido se recluye.

Ved, allá en un espejo del fondo, guarecida
en lujo de cristales, la intemperie del prado.
Ved, allí, en la intemperie del prado, la silueta
20   del hombre, que se esquiva recluso en el hogar.

(Canta la lluvia)

Caí, condescendí. Del árbol cuelga
amortiguada y verde mi caída.
Descendí para ti, y he de llevarme
en mi ascensión tu disipado ahínco.
25   Perjuré nube por sentirme tierra.
Y a tierra fui. Caí. Descendí, rota
de amor. Estrellé vértigos de altura
sobre tu superficie, penetrándote.
Fragancias supe, nupcias prometidas.
30   Sólo fragancias, y me alcé a mi gloria.
Pero vendré de nuevo. Tus solaces
fecundos, que me absorben, precipitan
este caer que soy, cielos en baja,
a ras de tierra, del amor en busca.

(Canta la lluvia)

35   ¡Mis verdes veleidades, mis esbeltas
veleidades de ráfaga! Defíneme,
verde impostura, que si persevero
en mi fugacidad, no es tornadiza
ficción la leve racha con que insisto.
40   ¡Mi transparente ingravidez! ¡Mi lúcida
entrega! El canje es triste: me abochorna.
Inmaculada en mi caída, obtengo

para afanes de amor nupcias de barro.
Y si amasar belleza es hacer lodo,
45 lodo soy. Terrenales inmundicias
me absorben y me entierran. Las estériles
entrañas viven mi fecundo verbo.
Y este avatar de sombras, que me induce
a subterránea angustia, rebasándome,
50 desentierra su fruto y me abandona.
Y este abandono es cántico. Los sueños
madres, nostalgias del ayer, reviven.
Y el nuevo sol me alza hasta el martirio
glorioso de añorar tierras y frondas.

(Canta la lluvia)

55 A la orilla del río, sobre el río,
olor de margen, módico tributo, ¡qué sutiles
afluentes, espinas de agua, transverberan
con su hervor la apacible tersura apenas móvil
de la corriente, largo pincel estremecido!
60 De nube encinta pulsación o cántico,
tenues, sobrios, menudos latidos insistentes...
Porfía de caer. Ya el cauce angosto, al ímpetu
naciente de las aguas, sucumbe desbordado
y añora, en su vejamen, del lento ayer la exigua
65 corriente, aquella dócil serenidad de espejo.

Sobre el jardín, sobre el jardín ardiente...
Platabandas y arriates, bien mullidos de aromas,
acogen y mitigan el menudo fracaso
de esos cristales tímidos, trizas humildes, polvo
70 de agua tibia, que empapan ardores soterrados.
Sobre la fronda, sobre la llanura,
sobre el mar. ¡Taravilla de agujas incesantes!
El mundo es un cogollo de verdes infinitos.

¡Belleza, Dolorosa de las aguas, transfija:
75 transverbéreme el hondo perfume que te arranco!

(362) 10

Yo, en nombre de la rosa más fugaz, me desdigo.
Ayer tuve, anteayer poseí. Y hoy retengo
apenas un dolor que me crece, ajenándose.
Yo juro la verdad prolija del perjuro.
5 Creo tan puerilmente mi fe, que por creerla
dejé ya de crearla, crédulo y descreído.
Auras de ayer. ¿Pretéritas? Preteridas. ¡Presente
rancio, esquina trivial de los tropiezos, cauda
sin fin, ayer, memoria indeleble, eco triste!
10 El pasado no pasa jamás. Siempre está siendo
pasado en auge, cúmulo de marchitos presentes,
túmulo de lo innato y porvenir, historia.
En nombre de tu lacia belleza, de tus pétalos
ajados, me desdigo con juvenil coraje.
15 Creo en la inmarcesible potestad de tu vientre,
en tu tersura a punto de nacer y en la gracia
de tus magnificencias de otoño, tan pueriles
como tu boca, niña eterna de mi nombre.

(363) 11

Huyo de tus oropeles
marchitos, que no te creo.
Por doquiera, ya sin pompa,
pompas fúnebres, dolor
5 a ultranza, en fraudes retóricos
de ictericia, con sus crestas
de seroja encarrujada;
ayer sin ay en las brisas
contradictorias, memento
10 de sol húmedo, obsesión
de miserere, patética
soledad, lágrima absorta.
No, que no, que no te creo.
Torpe vanidad deshecha,
15 tu rüina aderezada

no compunge. Atente al fraude
que significas. Constérnate
ante tu inopia que es dolo.
Conténte, escenografía,
20 guardarropía, tramoya.
Otoño sobredorado,
no sobredores la angustia
auténtica, el dolor íntimo.
No me sobredores más.
25 ¡Allá con tus purpurinas
y puestas de sol! Te huyo,
que sé que has de simularme
un dolor de circunstancias:
la agonía de los ocios
30 estivos, el simulacro
de la partida, en adioses
interminables de dúo
infecto; la jeremiada
lúgubre, bajo una luna
35 perentoria, claudicante,
e insomne de tercerías.
No, que no, que no te creo.
Si me empujas, revalido
mi voluntad de seguir
40 indemne; que no te creo.
Aguadaña, con el filo
de tu luna, bizarrías
de bisoños al caer.
Yo me sustento en tus fraudes,
45 más allá de tus perjurios.
Y estoy en falso, a pie firme,
presuponiendo el derrumbe
de tu farsa en derredor.

(364) 12

(CAUTIVIDAD PRIMERA)

HONDO está aquí el silencio,
remansado en la inmóvil transparencia
de la tarde. Ni un ala,
ni un eco, ni una brisa...
5   Hondo es aquí el silencio remansado.

Crepuscular atuendo
de nubes rojas, cúpula radiante,
dosel ardiente, cubre
con cruentas llamaradas
10 este sosiego o soledad de olvido.

A punto de perderlo
todo, abstracción de tránsito, ¡qué dulce
es la vida! Se ahonda
el divino concepto
15 aquí en latidos de clarividencia.

Sólo un clamor de sangre,
sólo un latir de corazón, tan sólo
un suspirar profundo
de hondas presencias vivas
20 son los acordes de este apartamiento.

La dulce compañera
solícita, que todo lo comparte
y embellece, no vive,
concreta forma, formas
25 tangibles de pasión: es sueño ardiente.

Aquí, donde la vida
se acoda en largo contemplar absorto,
todo mueve a la inmóvil
meditación que hinoja,
30 mano en mejilla, la altanera frente.

El mundo se re-crea
ante los ojos niños que lo miran
y conocen de cierto:

proporciones, volúmenes,
35 perspectivas se encajan en lo exacto.

Nada al azar. El curso
de este vivir incluye lo imprevisto.
No es esponja, pan leudo,
este pan que nos nutre
40 de ázima soledad compactamente.

¡Tirar los ojos nuevos
a impulso de onda sobre la llanura!
Jamás alicaídos,
jamás aliquebrados
45 ceden al celo de los horizontes.

El tiempo se recobra.
Tiene, cabal, su contenido: el peso
de su gravidez, madre
de la acción, el sentido
50 de su tránsito, andar de permanencia.

El sueño es anticipo,
aprendizaje de sazón en ciernes;
ni hipótesis prosperan
ni cunden imposibles
55 en este sólido dormir que es vida.

La voluntad, conducta
emancipada de su servidumbre,
yergue sus fueros, vive
su redención, exalta,
60 manumiso el afán, su voz liberta.

¡Vanidades sopladas!
Se despoja de su auge transitorio
la floresta: amarillas
ráfagas de seroja
65 gimen en éxodo por la llanura.

Honda verdad, la carne
se busca su sentido: el esqueleto.
No hay miseria más dulce
que emparejar verdades
70 en rebeldía con resignaciones.

Hondo está aquí el silencio,
remansado en la inmóvil transparencia
de la tarde: Ni un ala,
ni un eco, ni una brisa...
75   Hondo está aquí el silencio remansado.

LLAMA DE INVIERNO

(365) 13

(SEGUNDA CAUTIVIDAD)

AUN cantan Amor y Muerte,
desgarrándose, su copla.
Yo la escucho.
Copla que es cópula, sangre
5 de nupcias, pasión de noche
revivida.

De la muerte, hondón macabro,
lúgubre bordón, se yerguen
las miserias
10 perjuradas de los hombres;
lo que fue o se dijo alma,
verbo impuro.
Lo que fue o se dijo alma,
que se abrasó en carne viva,
15 toma cuerpo,
resucita con quejumbres
de dolor recuperado,
perdurable.
¡Dolor del placer extinto
20 en indeleble perjurio!
La ceniza
recubre el agusanado
rencor, los sangrientos vermes
del rescoldo.
25 Amor con amor se paga,
muerte con muerte se adeuda.
Todo es uno.
Amor y muerte se dicen

el recíproco misterio
30   de sus fraudes.
El amor se impregna en muerte
y hace vida, esto es, camino
veleidoso.
Las veleidades concluyen
35   unánimes en lo inmóvil
de la huesa.
¡Bravo decir! ¡Amor bravo
que se resuelve en pavura
y en congoja!
40   Así, desdecido, entierra
su decir de eternidades
y de cielos.

Aun cantan Amor y Muerte,
desgarrándose, su copla.
45   Yo la escucho.
Copla que es cópula, sangre
de nupcias, pasión de noche
revivida.

(366) 14

INVIERNO.
No sé qué cosa sea
esta fruición infame.
En dispendios de luz quemé mis cánticos.
5   Fui noble.
No sé qué cosa sea
esta fruición indigna.
Encierro brasas últimas, rescoldos.
Llama de sangre, el corazón calienta
10   este huir superficies que recoge
sus arrecidas vanidades. Llaman,
imploran desde el frío: es la intemperie,
vida aterida, mendicante, ajena,
que pide asilo. Pero no hay asilo.

15   No sé qué cosa sea
     esta fruición infame.
     Vida apegada a las reservas. Vida
     de troje. Invierno sedentario.
     Piden asilo. Pero no hay asilo.

20   El bienestar, que cunde, se regala
     y repantiga en cómodas fruiciones
     miserables. Se evoca el infortunio,
     se evoca el frío, al margen de la lumbre
     que tuesta la sazón de la pitanza.
25   ¿Es hora de vivir? Se vive sangre
     propia, individuo; mezquindad se vive.
     Invierno. Invierno. Yo no sé qué sea
     esta fruición infame.

(367) 15

    AHÓNDATE, precipicio,
    que a precipitarme voy.
    Pusilánimes llanuras
    abren sus ojos de asombro
5   y el vértigo de las cumbres
    también se asoma al profundo
    ahínco de esta obstinada
    vocación de tierra adentro.
    Lendeles, rodadas, surcos:
10   poco ahondar es dejar huella.
    Precipitarse en abismos
    de fondo, en honda caída,
    rodar abismos a fondo,
    soterrarse, es menester.
15   ¡Perpetuas cautividades
    de superficie, aflictivo
    resbalar!
        Ahínco, ahíncame
    en esa entraña que grita
    —soledad de fondo, cielos
20   de abismo, gloria enterrada,

sangre, eternidad sin nombre—
escuetamente verdad.
(Reitera el vaivén ahorcado
del péndulo la remisa
25   perplejidad, el medroso
indecidirse, o decirse
y desdecirse, los fraudes
tibios, la desfallecida
resistencia, el ser no ser.
30   Befa exacta de dos polos
que repelen la porfía
pusilánime, el amago
corto, afán retrocedido
de «ni al vado ni a la puente»,
35   muletilla del tic-tac.)
¡Ahínco, ahínco, en raíces
de locura, tierra adentro,
fluye mi ambición, socava
mi voluntad, profundiza
40   mi sed! Náuseas de llanura,
aridez de superficies
mueven mi fervor: ahóndate
precipicio, ahonda, ahóndate,
que a precipitarme voy.

(368) 16

(Poeta: creador oculto
de un astro no aplaudido.
J. R. J.)

Tú, creador oculto de un astro no aplaudido,
sabe tu mengua: atónitos clamores, delirantes
cohetes, panegíricos de muchedumbres, giran
en redor de tu órbita con aflictivo atuendo.
5   Menoscabado ya, desmantelado, es sólo
estupor tu silencio celeste. La Belleza,
alicaída en rosas insomnes, acompaña
tu dolor de sentirte y oírte celebrado.

¡Incógnita! En el astro que te aplauden, aplauden
10   tu ausencia, rastreada de perjurios: el rastro
equívoco de alígeras veleidades ajenas.
No oses desenterrar tu secreto, piadoso.
Inspírate a ti mismo tu lástima, el aciago
huir, que la traílla del éxodo ventea.
15   No descubras tu incógnita vulnerable, los dones
de tu dolor, la incruenta mofa de tu martirio.
La noche en sus vigilias más lúcidas persigue
ese insomnio que crea los mundos, y te sabe;
que tu saber, acerbo sabor, lo gustan, ebrios
20   de hieles, esos súbditos de honor que te difaman.
Elude el eco, el soplo de vestigio inhollado
que emites en divinas incoherencias. Aliéntate
tan sólo con tu aliento. Reabsórbete, que aspiran
a aspirarte en su ahogo ansias de renegado.

25   Más, más aún, entraña de silencio, ¡más hondo,
más alto!, cava siempre tu ignominia perpetua.
Perseverante gracia de altanería, ¡abísmate
en el profundo error de la verdad, sin miedo!
(Verdad, esto es, belleza, esto es, entraña.) Nácete,
30   alboréate, vívete, a solas: es tu sino:
¡Descúbrete, en tu arisca eternidad, ajeno;
más ajeno quizá que tu gloria; abismado,
subido a jerarquías de irrealidad, perfecto
de arduos contrasentidos esenciales, incógnita!

JUAN JOSÉ DOMENCHINA

(1934)

JUAN JOSÉ *bajó de su aire espeso y sordo de aquel verano. Y en una trasmutación de aeronauta que llega de pronto, sin ser visto, por el lado opuesto a la espera, se plantó recio en el suelo verde de nuestro prado lírico, donde el gran sol visible traspasaba al ras, rojo, la menuda vejetación occidental. Se sacudió los brazos, pisoteó el entumecimiento salido por sus plantas, y con una risa de niño zangón, dejo ya hondo y aun alto, que le contajió los ojos nutridos, sangrientos de imajinaciones: «¿Cómo está usté?»*

Cosa buena es metamorfosearse hacia arriba, poder mirar a vista de pájaro grande el sótano que desde la bella nube propia es la vida diaria. En el aire, y sin más aparato que el cuerpo para el alma, se adquieren vigores inusitados. Luego, como luego del mar para el antiguo, la tierra es nada, de segura y firme. Quien vuela por sí, sin alas, sin otra ala que el impulso, el peso vertical ascendente, sienta bien la planta. (Al revés de los del artefacto injenioso, que andan tan mal como vuelan con alas de otro, salvavidas de nombre ajeno en su pluma, de lo celeste.)

Al final de la calle del retorno, río sólido, está siempre la boca-calle con la fronda y la montaña, para el recto vuelo horizontal de los gruesos golondrinos. Imanta, pega con un espesor verde rotundo de comida de carne vejetal. Allí, sin duda, con su poder ineludible, a las siete sombras, la mujer poesía desnuda, mitad del poeta. ¡Qué atracción de boca-calles, bocacielos, bocaparaísos terrenales, con azul propio, para el poeta multiforme, que tiene en la paleta lira de su corazón el rico pasto que asimila del tesoro natural!

Sí, y Adán. Adán con la lira y la Eva. Los planos de color y luz que limitan, en tienda trasparente de hermosura, los cuatro sitios del Edén, encerrando al habitante en un cubo diamantino de hori-

zonte en pie, imprimen a su voz, estraña lengua áspera y plástica, feota a veces, con fealdad de estilos de retrueque, tal chino, tal árabe, tal ruso, tal español, la armonía de la arquitectura cardinal, masa libre. Y dentro de esta doble cifra, vive a gusto, de la manzana a la estrella, y al costado de su primer jigantón perpetuo, el otro pájaro, esclavo feliz de la cuerda y la pluma: el ruiseñor o el gorrión cotidiano.

JUAN RAMÓN JIMÉNEZ

EPIGRAMA FINAL

(1936)

Aire y cimiento se amontonan
en este ser de sombra y luz
que del azul cae al abismo
y del abismo sale al Sur.

JUAN RAMÓN JIMÉNEZ

ÍNDICE DE LÁMINAS

ESTE LIBRO
SE TERMINÓ DE IMPRIMIR
EL DÍA 19 DE MAYO DE 1995.

CM
CLÁSICOS MADRILEÑOS

CM
CLÁSICOS MADRILEÑOS

Últimos títulos publicados

Ramón de Mesonero Romanos
4. MEMORIAS DE UN SETENTÓN
Edición de J. Escobar y J. Álvarez Barrientos

Fray Hortensio Paravicino
5. SERMONES CORTESANOS
Edición de Francis Cerdan

Tirso de Molina
6. POR EL SÓTANO Y EL TORNO
Edición de Alonso Zamora Vicente